课程教学与文化传承

宗志武 著

辽海出版社

图书在版编目（CIP）数据

文学课程教学与文化传承/宗志武著.--沈阳：辽海出版社，2019.4
 ISBN 978-7-5451-5289-0

Ⅰ.①文… Ⅱ.①宗… Ⅲ.①汉语—教学研究 Ⅳ.①H193

中国版本图书馆CIP数据核字（2019）第048158号

责任编辑：丁　凡　高东妮
责任校对：丁　雁

北方联合出版传媒（集团）股份有限公司
辽海出版社出版发行
（辽宁省沈阳市和平区十一纬路25号 辽海出版社　邮政编码：110003）
北京市天河印刷厂印刷　　　全国新华书店经销
开本：710mm×1000mm　1/16　印张：14.5　字数：230千字
2020年1月第1版　2020年1月第1次印刷
定价：68.00元

作者简介

宗志武，女，1970.10，本科，汉语言文学专业，文学学士。驻马店职业技术学院教师，职称副教授。北京大学访问学者，研究方向语言学及应用语言学。

前 言

近些年来,我国经济发展水平日益加快,高职院校教育模式逐渐发展成为大众化教育模式。学生数量不断增加,学校规模逐渐扩大,但学生的文学素养依然不高。想要提高高职学生的文学素养,在专业实操课程为主的高职院校教育模式中是一件比较困难的事。本书从文学课程教学现状分析入手,通过革新教学理念、改进教学方法与创建完善合理的课程教学体系等有效对策,切实解决这些文学课程教学中的难题,以期促进我国高职文学课程教学工作的健康发展。

文化传承创新是高等教育的又一基本职能,高职教育作为高等教育的重要组成,践行文化传承创新职能是高职院校转型发展走内涵式发展道路的现实需要,是提高教育教学质量的内在要求,是推进校企深度合作的必然选择,也是建立现代职业教育体系的重要任务。教育与历史文化是一脉相承的,我国的传统文化绵延数千年,博大精深,本书对中华优秀传统文化在高职教学中教育和传承进行了研究,为高职教育的发展提供力量,也为中华优秀传统文化的传承提供契机。

本书共分八章,各章之间既自成体系,又有逻辑关系,内容丰富,涉及面广,撰写形式新颖,体现了最新的教学改革思想,符合高职院校人才培养的目标要求;既遵循了文学教育教学的基本规律,又贴合高等院校素质教育的要求,是一本实用性很强的教学研究和人文素质培养著作。

罗马非一日建成,文学课程在高职院校教学中存在问题的解决也非一日之功,但千里之行,始于足下,我们可以从点滴小事做起。在当代多元文化背景下,高职文学课程应充分利用丰富的文化信息和教学方法,使高职文学课程的教学效果有效化,促进文学课程的教学改革。教师要根据学生的实际情况,明确教学目的,改进教学方法,充实教学内容,激发学生学习文学的兴趣,促进学生自主学习,实现课堂教学的高质量、高效率。

笔者在撰写本书的过程中,借鉴了许多前辈的研究成果,在此表示衷心的感谢。由于笔者水平有限,加之撰写时间仓促,书中难免存在不妥和疏漏之处,恳请广大读者批评指正。

作　者
2019年2月

目 录

第一章　文学课程教学改革探索 1
    第一节　高职文学课程教学现状及改革途径 1
    第二节　高职文学课程有效教学的探索与实践 6
    第三节　文学课程教学中人本意识的构建 14

第二章　文学概论课程教学研究 19
    第一节　文学概论课程与学生职业能力的培养 19
    第二节　文学概论课程教学方法的改革与创新 25
    第三节　体验式教学在文学概论课程中的应用 31

第三章　中国古代文学课程教学研究 39
    第一节　中国古代文学课程改革研究与实践 39
    第二节　中国古代文学课程研讨式教学模式的实践与思考 47
    第三节　情境教学在古代文学课程教学中的应用 52
    第四节　中国古代文学课程立体化教学的运用 56
    第五节　中国古代文学实践性教学模式探索 64

第四章　中国现当代文学课程教学研究 71
    第一节　中国现当代文学课程改革研究与实践 71
    第二节　中国现当代文学应用性教学的实践 78
    第三节　多层次教学法在现当代文学课堂中的运用 84
    第四节　翻转课堂教学模式在中国现当代文学课程教学中的应用 ... 90
    第五节　文本细读与中国现当代文学教学 97

第五章 外国文学课程教学研究 ······ 104

第一节 外国文学课程教学改革的探索与实践 ······ 104
第二节 信息化时代新语境下的外国文学教学研究 ······ 106
第三节 外国文学精品课程建设对课堂教学的作用 ······ 116
第四节 外国文学课程立体化教学模式的构建 ······ 122
第五节 现代课堂讨论法在外国文学教学中的运用 ······ 126
第六节 文本细读与影视鉴赏在文学课堂教学中的融合应用 ······ 131

第六章 比较文学课程教学研究 ······ 142

第一节 比较文学教学中存在的问题及对策 ······ 142
第二节 文化自信背景下比较文学课程教学探讨 ······ 148
第三节 个案教学法在比较文学教学中的应用 ······ 155
第四节 比较文学研讨式教学的实践与研究 ······ 160

第七章 文学欣赏课程教学研究 ······ 167

第一节 学生文学欣赏能力培养途径探析 ······ 167
第二节 关于文学欣赏课程教学改革的思考 ······ 175
第三节 外国文学欣赏课程合作课堂构建探索 ······ 180
第四节 文学欣赏课程与学生人文情怀的培养 ······ 189

第八章 文学教育与文化传承 ······ 192

第一节 优秀传统文化的传承与创新 ······ 192
第二节 优秀传统文化传承的逻辑分析 ······ 203
第三节 中国古代文学课程教学的文化传承探究 ······ 208
第四节 中华优秀传统文化融入高职校园文化研究 ······ 212

结束语 ······ 220

参考文献 ······ 222

第一章 文学课程教学改革探索

第一节 高职文学课程教学现状及改革途径

现如今，国人普遍认识到了教育的重要性，对高等教育大众化时代的到来起到了一定的推动作用。与此同时，高职学校顺势发展起来，但经济的发展、时代的变化，使得国家对人才的要求也日益严格。在2006年11月，教育部下发相关文件，要求高职学校更新教学理念，加大课程改革力度，在提高学生职业素养的同时，积极提高学生的道德素质，而文学课就是提高学生道德素质的重要方式之一。但是，高职学校的文学课仍采用"三尺讲台，一支粉笔"的传统教学方式、烦冗的教材内容，其作用没有得到充分的发挥。所以，高职学校文学课教学模式改革必须提上日程。

一、高职学校文学课程教学现状

(一) 学校方面

1. 课程地位较低，得不到重视

高职学校的课程主要围绕职业技能来进行设置的，因此，其技能课受到了学校领导的大力支持，而基础课程却得不到重视。文学课较低的课程地位，大大挫伤了教师教学的积极性。对于文学课教学方式的探索、教学活动的开展的兴致也不高。一些院校在采用二级管理后，为了获取更高的效益，更是不愿在见效低的基础课上下功夫。因此，在这种情形下，文学课任课老师就抱着完成任务的思想，这就直接导致了文学课内容无趣、没有意义。

2. 课程考核方式落后，与学生发展不适应

高职学校受其教学理念的影响，在课程考核方面仍存在一些缺陷，这就导致落后的考核方式与学生的技能素养发展极不适应。一个良好的考核方

式应该将过程性考核与期末考核相结合，精确性评价与模糊性评价相交融。而在实际教学中，文学课课程考核方式仍为较为传统的方式，即平时表现成绩、期末考试成绩。面对期末考核，学生通常是平时不用功，考试前两天临时突击，依靠短时间的背诵来应付考试，这种方式对于学生文学素养的提高极为不利。

(二) 教师方面

1.教学内容刻板，有程序化趋势

高职学校的文学课在教学时仍采用传统的教学方式，教师在讲解文学作品时，多以一种固定的套路来讲课：首先，简单介绍作家的个人资料以及写该文学作品的时代背景、写作目的等；其次，带领学生阅读全文，概括文章内容，领悟作者在文中所要表达的思想感情；最后，分析文中所使用的艺术手法。教师教学没有考虑到学生的实际需求，没有充分考虑到文学的现实性。同时，教师在利用多媒体进行讲课时，仅是对文学作品的简单概括，没有充分挖掘其中典型人物的设置意义，没有将文学形象对学生的影响进行良好的引导。

2.教学方法单一，课堂气氛不佳

现在，一些教师仍采用灌输的方式，即将自己所知道的东西全部教给学生，完全不考虑学生是否能够完全接受。这种方式对于文学知识储备较好的本科生、研究生来说可能还有效果，但是，高职学校的学生其本身的文学储备就少，根据问卷调查发现，高职学校有百分之四十左右的学生每年才能读一到五本书，而且文学基础较弱。若不考虑高职学生学习的实际情况，不采用多元方式进行教学，那么只有文学素养特别高且讲课幽默有趣的教授才能吸引到学生，让学生自主自愿地去学习文学课。但事实证明，文学素养特别高且幽默有趣的教授是非常少的。

(三) 课程设置本身

高职学校文学课程设置不合理，致使学生对文学课感到厌倦。

1.课程定位向本科靠近

目前，高职学校对文学课的教学目标以及教学内容的设置，与本科相类似。同时，在课时安排、课程任务设置也在逐渐往本科学校靠近，其出发点是好的。但却没有看到高职学校在招生、师资力量、学生培养方向等方面的差距，这就使得教学效果不尽人意。文学课开设的目的在于：一方面普及文学常识，提高文学素养；另一方面其辅助作用，间接提高职业素养。作为以培养学生的职业技能为主要目标的高职学校，其应侧重文学课的辅助作用，与本科侧重普及性的人文素养相区别。

2. 课程内容脱离学生实际

高职学校招收的学生为专科生，他们基础较差，文学储备量少，对文学作品的兴致不高，缺乏探索精神。他们在成长环境中过多接受影视作品以及网络小说，因此，在文学作品的选择上，他们更推崇快餐式的阅读方式，对于需要静下心来、花费大量时间阅读的经典作品却望而却步。而文学课的内容普遍内容较为深奥，与学生自身的知识水平、理解能力不相适应，因此，必须对文学课进行适当的改革。

3. 文学理论较为空洞

现如今，单纯性的文学越来越少，文学理论也逐渐失去了其原来的意义，部分文学理论不能根据实际情况来指导文学发展。文学理论应具有强烈的实践性，它应来源于实践却又高于实践，并最终作用于实践。但是，现在的文学理论却变成了无用的教条，如何改变值得深思。

(四) 信息时代对文学课程的冲击

信息时代的到来，给高职学生学习文学课以及文学课的开展带来了一定的影响。对于高职学生来说，学生能够利用网络来查询他们所需的资料，并进行网上学习等，将学习由课堂延伸到了网络，大大增加了学习时间。但与此同时，也要看到网络信息的爆炸给学生带来的负面影响，不利于课堂效果的提高。

在信息时代，随着互联网的普及，网络文学得到了极大的发展，以前的文学理论已经不能很好地解释如今的文学现象，这一方面需要对文学理论加以创造性的发展，一方面也需要对网络文学的发展方向加以引导。这是因为网络文学虽有其阅读方面、内容多样等优势，但受市场经济的影响，网络文学商业气息较浓，功利性突出，与传统的文学创作不追求功利相违背。

二、高职学校文学课程教学模式改革途径分析

(一) 设置多层次的教学目标

对于文学课,高职学校应设置多层次的教学目标。首先,在知识方面,应让学生了解一些基本的文学知识,如文学发展历史、文学体裁形式以及文学赏析方法等等。其次,在文化素养方面,应培养学生一种理性的思考以及人文关怀,同时,对于文学作品有自己独特的理解。最后,在职业素养方面,应充分引导学生学习经典文学形象,弥补自己的性格缺陷,将其变换为自己以后的职业素养。

(二) 引导学生感受教材中的情感因素

通过问卷调查发现,学生较为喜欢重亲情、友情、爱情之类的文学形象,对于重祖国以及事业的文学形象兴致不是很高。因此,对于这五种文学形象或者情感因素,应采用不同的方式进行引导。同时,列举学生耳熟能详的事情,慢慢激发学生的情感,引导学生自觉承担自身责任;对于亲情、友情之类,教师可以在课堂教学中加入讨论环节,引导学生讲述亲身经历,让他们体会亲情、友情;对于爱情这一类的作品,教师应结合高职学校学生的身心特点,逐步引导他们树立正确的爱情观,教授他们一些爱情中的相处之道,让他们能够使用正确的方法处理恋爱中的各种事情,学会理性看待爱情;对于职业观、生命观这一类的作品,应积极引导学生树立乐观豁达、坚忍顽强、热情开朗、厚道善良、自信自立等品质。

(三) 建立网络学习平台

1. 课程资源方面

高职学校应充分利用其校园网以及文学专业等相关专业的资源,定期在文学资源库上传高品质的经典文学讲解课程。这些课程的时间应在五分钟之内,便于学生随时观看,可有效利用学生的碎片时间。同时,就课程的内容来说,每一节应重点讲解一个故事或者一个知识点,便于引导学生进行深入思考。

2. 网络技术方面

首先,应对网络课程资源进行合理的设置,保障网页的美观大方,同时其软件的操作应该简单,工作流程应较少;其次,该软件的登录形式应该

多样化，应和目前的社交媒体相结合，实现多种方式的登录学习。当然，要积极引导学生绑定自己的社交账号，便于文学信息的推送。还可采用多种方式，吸引学生参与到网络平台的学习中来，可实行签到奖励制度，根据签到的次数以及任务获得积分，并定期举行积分兑换活动；同时，还可以设计一些小游戏，如文学知识闯关一百问，来引导学生进行文学作品的阅读。

（四）坚持与时俱进，更新教学理念

高职学校应经常组织教师参加教学培训，促使教师及时更新其知识结构以及教学理念；同时，学院也应该请一些知名教授过来，给教师传授现阶段比较好的教学方法。当然，教师应该采用以学生为主，多元教学手段为辅的教学模式，努力活跃课堂气氛，吸引学生注意力，提高学生的学习兴趣。

（五）创设教学情境，发出情感共鸣

文学与生活紧密联系，生活中的现象为文学创作提供了素材，同时，文学知识又能够很好地指导人们生活，并将理性与感性思考相结合。在上课时，可以举行一个小小的朗诵比赛或者诗歌情景剧，调动学生的积极性。在讲解诗歌情感时，可以讲解与此相类似的、现实生活中的事例，激发学生的情感。

（六）丰满人物形象，引导学生学习教材人物中的闪光点

文学形象是文学作品的灵魂，其所表现出来的精神恰好是当前学生所欠缺的或者需要提升的。因此，在教授文学课时，教师应注重发挥文学形象对学生的重要影响，将文学作品中的人物形象进行充分讲解，使其由抽象变为具体。同时，教师应着重介绍人物形象身上所需要学习的精神，并在课下开展相关活动，引导学生自主实践教材人物中的闪光点。

总之，一个优秀的文学作品离不开典型人物形象的刻画，而文学形象对于高职学生塑造人格、弥补性格缺陷、树立正确的三观有重要影响。因此，教师必须合理利用文学形象对学生的作用，在课堂上，采用"创设教学情境，发出情感共鸣""引导学生感受教材中的情感因素""丰满人物形象，引导学生学习教材人物中的闪光点"等多种方式提升教学质量。

第二节 高职文学课程有效教学的探索与实践

高职文学课是面对高校各类专业学生开设的一门基础性人文素质教育课程，它以广阔的覆盖面、较强的渗透性和实用性在大学素质教育中担负着不可或缺的重任。但是，目前高职院校重专业轻基础学科的现象普遍存在。高职文学课程内容和教学课时被压缩及人文学科的边缘化间接带来了一个严重的社会弊病：高职院校学生人文精神的普遍缺失。

那么，如何在有限的范围内和课堂上发挥文学的人文精神教育，是高职院校教育中值得重视的问题。当前社会多元文化对高职文学课程教学的冲击与影响显而易见，如果高职文学课程教学脱离多元文化而教，其教学效果会大打折扣。因此，在高职院校里，人文艺术课程在教学内容上要强调原创性与开放性，在教学方法上要讲究现代性与灵动性，规范学科活动的常态性与实践性，并把文学和当代文化结合起来，使学生形成开放的现代意识，在更为广阔的社会历史文化背景下阐释文学。

一、高职文学教学课程面临的困境

（一）课程地位边缘化

高职院校的课程历来是以技能专业课为主，基础课程得不到重视，文学课程可有可无。课程地位的边缘化导致了教师教学积极性的受挫。对于文学课程教学内容的钻研、教学方法的讨论、教学实践的探究也不再踊跃。某些院校在实行二级管理之后，从经济创收的角度出发，更是不再开设这种不能"立竿见影"的基础课程。在这种教学环境的背景下，教师完成教学任务的思想占据主导地位，这就造成高职文学课教师的教学思想懈怠。教学思想上的懈怠造成了大多数教师抱着"上完就好"的心态来开展教学，直接导致了文学课程教学的无趣无效无意义。另外，高职院校的教学管理也主要是面对专业技能课程，文学课程往往被遗忘，是检查的薄弱地带，致使文学课程教学改革极其缓慢，影响了文学教学的创新与发展。

（二）教学内容程式化

高职院校文学课程对于教学内容的安排还是依照传统的模式，教师在授课时对于文学作品的讲解基本是以这样的程序来完成的：介绍作家及写作背景—阅读全文—概括中心思想—分析艺术特色—总结。这种程式化的教学内容封闭、呆板、枯燥，忽视了学生的学习需求，未重视与当代文化信息的关系性和时间性。"文学教学内容的处理要从专家与教师人为认定的权威控制模式中解放出来，走向学生、作者、专家与教师合作协商的互补共生模式，关系性与时间性必须考虑在内。"[①]文学教学内容应该紧扣当代文化背景，但是文学课程在内容的安排上则未与当代多元文化相结合来进行教学。多媒体课件的使用则大多只是对教材的简单复制而已，没有对教材内容进行补充与深入挖掘，网络丰富的信息资源被教师所忽略，用之甚少。而学生在课堂上则提不起学习兴趣，只能被动地接受知识，在课外却饶有兴趣地吸收良莠不齐的文化信息，造成课堂内外知识信息的错位与断裂，教与学严重脱节。

（三）教学方式单一化

目前有不少高职文学课程教师仍然沿袭单一的传统教学方式：一言堂。这种满堂灌输式的教学方式对于知识层次更高的研究生或许有效，但是高职学生往往不重视文化知识的学习，他们的基础也比较薄弱。如果不考虑高职学生的学情，不讲究多样化的教学方式，那么只有任课教师在学生中的威望较高，学识相当丰富，才能够让学生心服。然而事实证明学识丰富而讲述生动的教师是不多的。文学课程教学不同于其他课程教学，它包含了文学理论、文学史、文学作品等内容，而文学作品的学习又包括各种体裁的作品，所以教学方式应该根据所学内容的不同而适时转变。但是在当前的高职院校文学课程教学中，我们很少看到热情激烈的课堂讨论、充满感情的诵读训练及意犹未尽的课后拓展延伸等等。我们看到的是较为普遍的典型现象：学生或昏昏欲睡、或交头接耳、或把玩手机，讲台上的教师或神态自若、或神情无奈地继续他的"独角戏"。课堂教学方式的单一化使学生文学课程学习的积极性明显下降，文学课程的教学效果不尽如人意。

---

① 陈尚达，黄伟.文学教学内容选择与处理中的问题及对策[J].皖西学院学报，2011（3）：85~89

二、高职文学课程有效教学策略

（一）坚持与时俱进，更新教学理念

当前，多元化的社会文化形态对教师的教学理念、教学方式和学生的学习方式产生了巨大的冲击。美国学者斯蒂芬·D·布鲁克菲尔德认为大学教师应对自己想要做什么有清晰的概念，同时又能积极调整方式以使自己做到最好。作为新时代的高职文学课程教师，更要扩大视野，创新思维，调整知识结构，各方面都要紧跟时代步伐，做到与时俱进。在文学课程边缘化的背景下，教师要积极地自我调整，从教学理念上入手，重视文学课程的学科作用，认识其对于高职院校学生的职业精神的熏陶与提升极其重要。众所周知，高职院校学生职业精神的缺失是比较普遍的，职业传统观念的制约是产生职业精神缺失的重要因素。对症下药，最好的药方就是人文职业精神的熏陶，用文学的相关知识与境界来让学生逐渐提升其职业精神。教师与学生之间要建立良好融洽的师生关系。教师应该逐渐从传统的知识传授者与灌输者角色转变为学生的导师、意义建构的促进者、课程的开发者，扮演学生学习的顾问、合作者、研究者等角色，构建民主平等的师生系，探索自主式、研究性学习方式。教师在课堂上要注意互动交流，态度和蔼，语言亲切，这能有效激发学生学习的氛围，让学生倾耳聆听或者畅所欲言。而在课外能让学生放松紧张的情绪，将教师当成朋友一样来交谈，在教师的引导下主动地学习知识和培养能力。

（二）加强信息整合，掌握多元文化

高职院校文学课程教师在授课时，对教材的分析一般采用普遍的观点，平稳有余，创新不足。调查研究表明，学生对教材中的大多数篇目都有较为浓厚的兴趣，但在授课过程中教师对作品的分析解读与学生已有的认知相近相同，无法让学生获得认知上的提高。不少学生认为教师教学没新意，不能与时代信息相结合。以《论语》为例，作为经典文学，或者说是经典文化，被读书人所熟知，文学课程上的论语讲述鲜有人听，而于丹的论语讲述则引起了空前的论语热、国学热。这种现象应该引起教学工作者的深思，无论在教材上还是在教法上都应认真回顾与反思。教师要创新高职文学课程的教学内容。教材滞后性的弱点，是无法改变的，能改变的只有教师的讲述。教师

第一章 文学课程教学改革探索

不能一味照本宣科，要全面掌握高职学情，结合当地的经济文化背景来安排文学课程的教学内容。教师要关注当前的社会热点，及时在头脑中渗透当前社会的文化内涵，并通过自己的讲述打动学生且将引发学生兴趣的文化知识传授给学生。同时，教师应将教材知识与当前文化相结合，让学生掌握多元文化，做一个不落伍的读书人。网络是文化传播的一个载体，所以教师要充分利用多媒体的教学优势。"大学语文多媒体教学是按照建构理论和认知理论设计的新教学方法，它以文本、图像、声音、动画、视频等多种形式，多方位刺激学生的视听感官系统，创造情境教学氛围，增强学生的感受领悟能力。"① 教师制作精品课件，杜绝"复制教材"的课件，在内容上要重视网络文化信息与高职文学教材的整合，注重高职学生个性作用的充分发挥。此外，也可以让学生自己制作课件，在完成课件的过程中，学生会不断地与老师同学交流，会不停地思考并学习相关知识。我们看到的学生的课件可能只是几页的内容，而学生在制作过程中所掌握的信息可能是上百页的内容。还有，课外可安排学生阅读优秀的文学作品，并注意学生的信息反馈，课堂内外常与学生交流阅读体会等等。

(三) 开展比较分析，创建交流平台

高职文学课程的教学目标就是信息能力的获取与提高。教师在课堂内外创建交流平台，便于与学生交流信息，有利于课堂教学效果的巩固和提高。交流平台的形式可以多样化，比如课堂外的周末文学沙龙，课堂上教师组织的文学作品鉴赏评议会，还有课堂内外皆可利用的网络交流平台等等。"教师作为教学互动的中心之一，通过精心而创新性的设计与组织、动态而有效的领导与控制，可以将课堂变成一种真正的学习空间。"② 以网络交流平台为例，文学课程教师可以根据课堂所教的知识，通过网络向学生提供相关的大量丰富翔实的文学阅读材料，适用于课前预习及课后巩固，如建立相关的QQ群、网络论坛等等。网络论坛有一个好处：当讨论到某观点的时候，知识欠缺的学生会自觉地使用网络搜索功能进行知识的阅读与掌握。这充分

---

① 陈昌云. 多媒体网络环境下大学语文新教学模式的构建[J]. 教育与职业，2008 (17)：69~70.
② [美] 斯特弗，等. 教育中的建构主义[M]. 高文，等译. 上海：华东师范大学出版社，2002.

发挥了网络优势，且使学生印象深刻，达到事半功倍的教学效果。此外，教师可以让学生自由分组讨论，在讨论活动结束之后，要做好总结工作，以小组为单位写一份讨论专题报告，作为平时成绩的主要内容之一。教师在确定主题的时候要根据学情来安排，关注学生的争论点，且给予学生相关的课外材料链接，激发他们的学习欲望。在活动之后，教师一方面要对讨论过程中出现的一些明显错误的观点进行纠正，另一方面对积极踊跃的学生进行表扬与肯定。讨论中，如遇到学生发言出色、观点新鲜的还可以以简报形式印刷出来，用于同专业班级之间的交流等等。这既可以达到总结巩固的目的，又鼓励了学生学习的积极性。

（四）创设教学情境，培养探究精神

建构主义教学理论认为学习者是在一定的情境中利用学习资料，通过意义建构的方式来获得知识。那么教师需在课堂上创设一定的教学情境，让学生进行有意义、有目标的体验活动，以达到良好的教学效果。"情境教育通过创造一种'亲、助、乐'的师生人际情境和'美、趣、智'的学习情境，以缩短学生与老师、与同学、与教学内容的心理距离，从而促使学生以最佳的情绪状态。主动投入，主动参与，获得主动发展。"[1]以任务驱动法为例，为学生设定一项任务、一个目标，让学生在老师的引导下主动积极地进行研究，搜集信息并进行加工处理，实现教学的开放性、学习的主动性。我们建议在文学课程教学上创设适时的教学情境，比如在教学古代诗文的时候播放适宜的古典音乐，然后让学生反复地有感情地吟诵。学生在吟诵的同时，语言与音乐相得益彰，吟诵的诗句因音乐而生动，音乐则因诗句的吟诵而鲜活。学生在这种身临其境的情境中，会自主地感受并探究诗文中的思想及情感，产生探究的动力。有效的教学课堂中的探究训练也是必不可少的，一开始学生不可能具备探究能力，"专家头脑中的知识按层次排列，是系统和联系的，具有结构层次性。而新手头脑中的知识则采取水平排列，是零散的和孤立的"[2]，所以教师要引导学生找到相应的研究方式。教师在探究之前应做

---

[1] 郁昀. 高职语文情境探究教学研究初探 [J]. 湖北经济学院学报：人文社会科学版，2009(12)：160~162.
[2] 于光远，师小伶. 试论教学中的接受式学习与发现式学习 [J]. 航海教育研究，2000(1)：45~47.

示范演示，对个别能力弱的学生可以手把手地反复教，只要坚持，学生的探究能力终会被挖掘与培养。高职教育的核心是培养学生的职业能力。高职文学课程教师要以培养学生职业能力为主要目标，挖掘学生的学习潜能，激发学生的学习动力，培养学生的学习兴趣，建设具备开放性与现代性的文学课程有效教学模式。

三、高职文学课程有效教学的实施路径

在多种因素的影响下，目前多种院校正在由原来的学术型、专业型高校向综合应用型院校发展，本着为社会发展为目标、以人为本的教育思想原则，高校文学教育应扭转传统的教学形式，促进文学教育的转型。

(一) 适度淡化"文学史"色彩，强调对作家作品的欣赏

关于淡化文学史这一思想，温儒敏教授曾在多年前就提出过这种主张，当时有部分教师、教授给予了强烈的反对。笔者认为时隔多年，这种教学思想仍比较适用。因为这种形式的文学教育不仅兼顾了学生的素质教育，也为学生预留出更多的时间参与其他的实践型学习。淡化文学史的做法在当前的"中国现当代文学"教学中具有较好的合理性与适用性。其具体做法为在有限的课堂时间里，教授者在让学生对文学"史"有一定了解的前提下，将作家的作品进行详细的讲解与分析，把学生的注意力和学习重点放在对作家、作品的理解和掌握上。

(二) 转变观念，重新明确课程定位，合理调整教材内容

依托学院、教研室，组织相关座谈，促进任课教师转变观念，合理进行课程架构；整合教研室力量，重新编撰中国现当代文学史教材；组织相关教师集体备课，就授课内容侧重点达成共识，并交流共享授课资源。

(三) 强化学生的感受与分析能力，提高他们的人文素质

高校开设文学的主要目的之一是培养和提升学生的人文素质，为我国文学文化的发展培养出一批批强有力的中坚力量。为了实现这一教学目的，大学教师首先要从自身做起，加强自身的文化功底和专业理论素养，真正重视并认真对待课程教学，采用多种积极的方式开展教学活动。比如，教师可以加强与学生之间的课堂内外互动，在活动开始前，教师可以先给学生列一份集理论与著作为一体的书目，让学生阅读，在阅读的过程中学生可以针对

某一人物形象或文本中社会现象进行相关的小组讨论，然后由班长统计小组之间交流存在的问题上交给老师，教师进行有重点地讲评。这种学习、讨论形式，具有多方面的优势，其一，学生之间形成团结合作的凝聚力；其二，学生对文学作品的感受和评析能力提升；其三，学生的人文情怀与素质得到提升。未来是充满合作与竞争的时代，也是注重人的审美素养和人文素养的新时代，纵观那些冲在时代前端的国家，他们的产品之所以被世界认可，除了其技术人才的技术精湛外，还与人才的审美素养和人文素养有很大的关系。这是值得我们借鉴和学习的地方，也为各大院校文学教育指明了方向。

(四) 注重阅读体验，加强学生写作能力的培养

学习文学的学生可以不是作家，但是一定要有写作的能力，因为经常学习文学的学生比其他学生更多了一份感受力、想象力和感受力。目前国内很多院校仍属于普通院校之一，因此在大学共性教育方面要达标，而培养具有书写能力的学生是高校教育的目标之一，并且具有写作能力与将来的技术发展不相冲突，相反较好的写作能力在一定程度上能加强技术人员的理解能力，促进其专业技术的提升。所以，作为一门链接技术、体现人文性的文学课程，不能忽视学生写作能力的培养。在教学中，教师不仅要求学生要掌握大量的阅读，还要求学生读后写成读后感、文章短评或者读书笔记。任何一种形式的书写，都是学生对文学内容进行深化记忆和理解的形式，更是发挥学生主观能动性的有效方法。当然，教师还可以鼓励学生以小论文的形式抒发自己对某一文学作品主题、人物形象的理解，为将来的毕业论文做一些前期准备和尝试。在布置论文任务之前，教师要提出一定的写作要求，比如写作完成的时间、规定的字数、观念要鲜明、主题要突出等等。在学生完成论文之后，教师批阅之后要及时给予学生评价，时间宽裕的话可以在课堂上公开讲评，让学生参与到讲评中，一方面可以促进学生之间的交流与鉴赏能力，另一方面能促进学生之间的互相学习、共同提高。

(五) 利用多媒体，提升学生的综合素质

文学教学除了让学生具备一定文学素养和交际能力之外，还要教会学生一定的生存技巧。随着对媒体的迅速发展，越来越多的人认识到多媒体的便利，并合理利用到工作中。大学文学教师可以利用图片、视频等形式结合学生将来发展趋势，给学生展示面试、应聘场面和说话技巧，学生在观看多

媒体的同时，也学习和了解了企业对人才的需求方向，对学生的将来发展具有重要的意义。在高校扩招、生源质量参差不齐的背景下，这种教学集生动与形象性为一体，是适合学生发展特点、体现多媒体价值和作用的有效形式。

（六）大力研究改进教学手段，打造灵活交流的文学空间

除了课堂讲授，可以以讲座、文学沙龙方式，让学生参与教学互动过程；同时，借助影视和多媒体技术，提升教学效果，调动学生学习兴致。此外，还可充分利用网络交流方式，如建立"文学网站""文学QQ群""文学微信公众号"等，扩大文学空间。

（七）将教学过程延伸到课堂以外，融入社会实践活动，参与到校园、社会文化建设中去

如任课教师深入到学生的文学社、话剧团、通讯社等社团中去，将文学课堂教学内容与社团活动联系起来，这样既能指导学生的课外活动，也能提高其学习兴趣，使课外活动与课堂教学能够得到密切结合。此外，还可与学生的社会实践活动相结合，让学生深入中小学、社区等，采取多种形式传播文学精神，让学生学以致用，实现全程实践育人目标。

（八）将文学课程建成一个以必修课为主体，以课外学习兴趣小组、创作小组为辅助，以导师制为保障的课程体系

教师在完成教学计划后，有计划开设一部分选修课，对重要问题进行深入研究，然后以年级为单位，在学生自愿报名基础上，组织各种学习小组，以教研室老师为导师，定期举办活动，以增强教学效果。上述内容是新的教学思路与新的教学理念的实践形态，对纠正大学生普遍的人文精神缺失有着重要意义，也为解决当前高校文学课程面临的诸多问题提供了新的思路。

总之，在多元化发展的今天，高校教师要改变传统的教学思想，采用富有创造性和尊重学生个性差异的方式方法，结合高校发展的规律、教学任务和社会需求，从多个方面采取有效的措施，促进高等院校文学教育的持续有效发展，让大学生拥有一个更加美好、顺利、灿烂的发展前景。

第三节　文学课程教学中人本意识的构建

高职院校要培养高素质的应用型人才，通过文学的形式获取人文精神和人本意识，最基础的工作就是在文学教学中构建学生的人本意识，确立以人为核心的价值理念和意识形态，以人本意识这一基本的思想和观念为指导，推动教学及人才培养模式的改革，立足人文性及人本意识的目标定位，通过古今中外的文学名著引导学生理解人生、尊重生命，努力探索人类的精神世界、价值体系，积极寻找成功的人生之路，培养较强的核心竞争力，真正成为可持续发展的人才，为社会创造出更多更好的物质财富和精神财富，促进和谐社会的发展。

随着经济的飞速发展，社会对人才的要求越来越高，用人单位不仅要求这些人才具有专业的实践技能，而且在人文素质上也提出来更高的要求。高职院校担负着培养社会所需的高技能人才和高素质劳动者的重任，培养出来的人必须具备良好的人文素养和人本意识才能满足社会的需求。

因此，作为人文素质重要学科的文学课程就是要构建学生的人本意识，培养学生通过文学课程树立人文精神和人本意识。在文学教学中确立以人为核心的价值理念和意识形态，让学生懂得人类文明的进程离不开对理想、和平的追求，离不开人的高尚品质和健全的人格。高职文学教学立足人文性及人本意识的目标定位，通过古今中外的文学名著引导学生关爱美好事物，尊重生命，理解人生，并努力探索人类的精神世界、价值体系，积极寻找成功的人生之路。学生走向社会后以这样的人本心态去工作、生活对于促进和谐社会的发展与进步具有重要的现实意义。

一、高职院校人文教育与人本意识

人文素质的教育起始于人性的自觉，注重人的心灵自悟和灵魂陶冶，着眼于情感的潜移默化。良好的人文素质表现为：追求崇高的理想和良好的道德情操，向往和塑造健全完美的人格，热爱和追求真理，拥有严谨、求实的科学精神和儒雅的风度气质等，其实质就是人本的意识。

随着科技对社会发展的影响日益凸显，一些学校将教育目标聚焦于科技的创新和发展，许多高职院校集中力量培养学生的专业技能水平及操作实践能力，将教学目标多局限于专业技术能力的培养，忽略了人文素质的教育，形成了重技术轻人文、重知识轻心智、重物质轻思想的错误认识。具体表现为：人文素质教育未列入学校整体规划，或被简单等同为"通识教育"，没有突出其"人文精神"，将人文素质教育作为"软任务"，仅注重内容的广泛性，但不够突出其人文内涵。这种忽视人文教育的状况只会使教育功利化、工具化和庸俗化，最终失去教育的意义。这种情况导致了企业无法招到胜任岗位的人才，而培养出的毕业生也难以符合用人单位对人才的需求。

二、文学教学中的人本意识

人本意识强调以人为本，关爱生命、关心人类的进步与发展，包含着丰富的人生哲理和智慧源泉。高职的文学课程中优秀的文学作品能够开拓学生的视野，让学生感受到榜样的力量，获得精神上的愉悦；能够帮助学生学会辨别真善美，积累人生阅历，在潜移默化中树立正确的人生价值观，在灵魂深处约束自我，在日常生活中散发人性的美；能提高学生的综合素质，塑造高尚的人格品质，使之更好地适应社会生活与职业岗位。

（一）高职文学教学培养学生人本意识和健全人格

人生离不开文学，文学与人生共存，文学是人生历程的生动写照与真情实感的流露，是生命的赞歌，人们往往通过文学作品来认识社会，构筑精神世界纠正不良的思想及行为。高职的文学在作品具有很强的人文性，也就是我们通俗说的道德、精神、美感等人本意识，从表层上看是对人生的肯定，对人的赞美、对人的关爱与尊重、对人的理解与宽容、尊重与满足人的需求。从深层次来看，其实就对人类生存意义的取向，对人生目标与追求的积极态度。学生在文学赏析课中细细体会作品，从中获取生活的力量，陶醉于人文山水无边无际的美，还能感受一个时期人类的高尚情操、为人处世的态度和方法。例如《诗经》中表现的古代各阶层的情感观念、价值取向的发展变化；《论语》《孟子》《庄子》等先秦散文的各种思潮及丰富哲理；唐诗宋词绵邈的心理过程和深情的内心世界；古今中外各时期小说浓郁的时代气息及对人性的深刻剖析等。这些内容体现了文学教学的目标，增强了学生的人本意识，帮助他们不断健全人格。

(二) 文学作品尊重生命、关爱人生，具有较强的人本意识

高职文学名著赏析为学生展示了时间跨度数千年、空间跨度五大洲，民族特色、文化背景迥异，流派风格异彩纷呈的世界。是学生在有限的时间获取丰富的精神滋养和超值的审美享受，在旖旎风光、壮丽山河的大自然展开丰富的想象力，任凭思绪飞扬，领略作家寄情山水抒发自己理想的情怀。还可以走进各种人的内心世界和精神世界去了解人性的弱点、人生的复杂性，坚强的意志和积极乐观的精神。文学作品能加深学生对人类社会进步的理解，培养他们积极探索时代与人性的哲理问题，学会吃苦耐劳，懂得关爱社会、关心他人、尊重他人，积极乐观面对生活中的困境，在自己的人生道路中勇于争取、敢于创新，提升人本意识，提高综合能力素质，使人生更精彩更有价值。

三、构建高职学生人本意识的必要性

高职院校加强人文素质教育是教育发展的一种趋势，强调与社会和谐发展，培养学生健康的心理素质、健全的人格品质以及较高的职业岗位能力。这突出了培养高职学生人本意识的必要性。因此，在重视学生实践操作技能的同时，也要把人文素质的培养和人本意识的构建落实到位。同时这也是现今高职教育发展的着力点，是必不可少的一项任务。

(一) 在"以人为本"的当今社会，应该学会做人、学会做事

高职院校的任务就是要承担起培养全面发展的实用型、应用型人才，使学生不仅仅是劳动的工具，更应该成为推动社会发展的力量，这就必须明确人本意识的必要性。通过专业课程与文学课程合理配置，教给学生更多做人做事的道理，毫不动摇地将培养高素质人才的理念灌输到底。

(二) 构建人本意识是高职学生就业核心竞争力的内在表现

世界上许多发达的国家在人文素质培养上都加大了力度，他们培养出来的学生具有较高的人本意识和人文素质，其优势是具有较高的职业适应能力、创新精神、团队协作能力。因此，我们要转变观念，不应该只是教会学生劳动的技能，还应该加强学生的人本意识，提高学生的就业核心竞争力。

(三) 人本意识也是社会对人才的强烈呼唤

如今的企业不仅仅要的是会劳动、会做事、会工作的人，他们要的是具

备较高综合素质的人才,即能够承担企业的社会责任和经济责任,能够很好地理解与建设企业文化,在工作中爱岗敬业,为企业创造财富,带来价值。而这都需要员工具备一定的人本意识做支撑,才能很好地胜任工作,才能在工作中得心应手,有条不紊地推进工作。因此,高职院校一定要重视学生的人本意识培养,理论结合实际,使学生能尽快适应企业工作。

四、高职学生人本意识的构建

目前,高职院校为社会培养各类人才,但其办学理念和培养目标仍然带有一定的功利性,即造就符合企业需要的劳动工具,非常注重技能和操作,这与教育的本质是相违背的。科学的做法应该是使学生不仅具备较高的劳动技能,还应具有较高的综合素质。在文学课程中加大构建人本意识的力度,使学生正确认识自我,树立正确的人生观、价值观,以积极的人生态度投入到经济发展的浪潮中。

(一)科学教育与人文素质教育并重

高职院校要转变狭隘的教育教学观念,实现科学教育与人文素质教育的融合,需确定具体、细化的教学改革措施,从课程体系建设、校园文化建设、网络文化建设、师资队伍建设以及教学管理模式改革、教学改革动力机制研究等多方面入手,根据具体情况,提出一整套在专业教育中将文学中的人本意识和科学教育相融合的方法,让学生具有较强的社会责任感,积极的人生态度,乐于奉献的精神等满足社会不断发展对人才提出的更高要求。

(二)文学教育与人本意识相融合

文学作品中的人本意识非常浓郁,人本意识和文学作品其实就是鱼和水的关系,在加强人文素质教育的同时开设文学课,使得人本意识贯彻得更具体更深刻。在这样的理念指导下以构建人本意识为目标进行教学改革,在就业职业观上渗透诚信、合作、责任、敬业、创新等精神,激发学生自主学习、自我管理、自我约束的主观能动性,将人本意识内化为正确的职业道德观、职业价值观。

(三)人本意识的高素质教师队伍的建设

教育教学离不开教师,教师作为高等职业院校培养人才的主力军,要加强职业人文教育和构建人本意识,就必须要提高教师的人文素质。因此,非常有必要定期培训学习和学术的交流活动,以此获得丰富的教学经验和广博的人文知识,转变教育教学观念,学习具有人本意识的教学新方法、新经验。还可以到社区、到企业挂职锻炼,扩大自己的知识面,更新知识结构等。同时也要培养教师在教学团队中团结协作、互相支持、互相信任、精诚合作的精神,在工作中体现人本意识,在教学中更好的构建人本意识。

(四)营造体现人本意识的校园文化生活

积极健康的校园文化生活对学生的成长起着至关重要的作用,是一种特殊的教育模式,在潜移默化中影响着学生的思想和行为,人本意识在此得到生根发芽。各种有意义的主题活动、社团、讲座、沙龙、表演都渗透了诸多的文化因素,具有浓烈的人文氛围。学生在参加各种文化社团、文体活动、艺术竞赛、演讲比赛及人文社科类知识竞赛中锻炼了学生的组织能力、口语交际能力、合作协助的能力、创新思维的能力,使人精神振奋,营造了良好的精神境界,激发学生热爱生活和对未来职业的向往,打造了学校的品牌,由此可以使人本意识在师生个体和校园文化发展中发挥了核心价值作用。在经济飞速发展的时代,高职院校正在为社会各行各业源源不断地输送毕业生,这些毕业生要为社会创造价值,就必须德才兼备,具有人本意识,适应社会的发展和职业岗位的要求。因此高职院校的职业教育在全国推进人文教育的过程中,要以人本意识这一基本的思想和观念为指导,推动教学及人才培养模式的改革。培养学生既有较强的专业技能,又具有以人为本、爱岗敬业、踏实肯干、诚信好学、开拓创新、和谐的人际关系和与人协作的精神,安心在企业中进行生产、管理、建设、服务,这样才具有较强的竞争力,真正成为可持续发展的高素质人才,为社会创造出更多更好的物质财富和精神财富。

第二章 文学概论课程教学研究

第一节 文学概论课程与学生职业能力的培养

一、高职高专《文学概论》课程遭遇的尴尬现状

高职高专的中文专业以"宽口径，重人文，厚基础、高素质、强能力"为总体指导思想，培养学生成为具有汉语言文学的基本理论、知识和技能的高素质、动手能力强的会"说"、会"写"的应用型人才。这样的人才，必须适应生产、建设、管理、服务第一线需要，是高素质、动手能力强的应用型专门人才，在职业岗位上能够下得去、用得上、留得住。因此，高职高专中文专业的学生，首先要掌握一定的文学基本理论知识，具备一定的人文素质和相应的专业基础素质。在这其中，《文学概论》课程十分重要，它是联结文学类、写作、语言类等所有其他中文专业课程的一个中介，在专业体系中起着重要的承接作用。其教学任务就是使学生掌握文学的基本知识和基本理论，逐步形成科学的文学观；使学生能够正确运用所学知识和理论，对作家作品进行分析和鉴赏，对各类文学现象进行分析和评价；为其他文学课程的学习以及文学分析、文学创作打下理论基础。尽管其重要性一目了然，但在高职高专院校《文学概论》课的实际教学中，我们却往往难以无视这样的场面：教师在上面讲得满头大汗，学生在下面听得一头雾水。相应的，课程考试则成为学生眼中的"攻坚项目"，死记硬背成为唯一法宝，不求高分，但求通过。更令人担忧的是，学过之后，相当一部分学生对于课程还是一无所知、一无所获，甚至以"对将来没有用处"作为评价，觉得高职高专院校没必要开设这种与他们将来就业毫无关系的理论课程。《文学概论》课程的教学改革，为什么会出现这样不容乐观的局面呢？究其原因，关键之处就在于，其课程体系与高职高专人才培养模式还存在一定程度的偏差，无法与之

完全接轨。

同时，在高等教育大众化的时代，现代传媒的触角无处不在，如此背景之下的大学生，有着与传统大学生不同的特点。他们个性更加突出，选择更加自由，但专业文化基础却相对薄弱。中文专业大学生越来越缺乏文学素养和文化积淀，甚至少读文学经典，只对流行文化和网络文学感兴趣。相对本科院校而言，高职高专的学生此种情况更甚。这是一个享受至上主义理念盛行的时代，消费和大众交流渐趋高潮、权威和惩戒规范走向崩溃，个人主义进入极端自由的境界①，造成这种变化的原因有很多，我们无法阻止，但作为高职高专中文专业主干课程的《文学概论》课的教学，却不能回避学生的这种变化。相反，我们要化劣势为优势，因势利导、与时俱进地对教学模式和实践体系进行相应的教学改革，克服学生对于书本知识的厌烦心理，将其学习兴趣和关注点转移到与他们现实生活息息相关的职业能力培养上来，使他们在具备必需的专业基础素质与能力的同时，进一步具备相应职业岗位群所需的职业素质与能力。二战以后，国外尤其是西方，对于文学理论的研究越来越趋于艰深；而改革开放后，我国文学理论研究也是百花齐放。但无论是在研究还是教学诉求中，国内外文学理论界不约而同地都有着一种精英化的情结和心理暗示，高高在上的理论难以与鲜活生动的大众文化真正融合在一起，更遑论为大众的文化生活服务。高职高专的培养对象具有多样性、应用性、实践性和动态性的特点，要真正落实这一培养要求，就应当抛弃生硬的理论知识，适应专业需要和高职高专的特点，培养出真正适应社会发展的应用型人才。

二、探索实践教学新模式势在必行

当然，必须承认，在高职高专中文专业应用型人才的培养模式中，《文学概论》课程起到的作用是其他课程所无法替代的。因此，对于本课程在学生职业能力培养方面的教学改革势在必行。高职高专的《文学概论》课，十分有必要以应用型人才培养模式为导向，结合自身教学的特点，深入细化教学改革，积极地追求新的教学模式和实践体系，建构新的评价考核模式，在

---

① [法] 吉尔·利波维茨基，夏尔. 超级现代时间 [M]. 北京：中国人民大学出版社，2002：138.

增强学生的文学素养和专业能力的同时，切实培养他们的职业能力，以便走出"曲高和寡"的尴尬境地，真正实现与其他课程尤其是方向性实践课的对接。

在高职高专院校的专业建设与改革中，课程体系和教学内容的改革是关键环节。《文学概论》课程作为高职高专中文专业的专业主干课，因其基础性、专业性和理论性，对于它的教学改革也越来越受到各高职高专院校中文专业的重视，众多适用于高职高专中文专业的《文学概论》教材如雨后春笋般出台，教学改革的探索和实践不断涌现，在一定时期内也取得了很多不容忽视的成绩，相关的学术论文也有很多，既有宏观的也有微观的，大致可分为以下几大类。

第一类为改革背景研究，如浙江绍兴文理学院陈浩教授认为大众化时代背景文学理论教学必须改革，湖南科技大学周兴杰先生研究传媒时代教学改革；第二类是教学观念和课程设置的改革，如以赖大仁教授为首的江西师范大学团队，广西师范大学张利群教授和玉林师范学院徐一周教授（《新理性精神视野的文学理论教学》）等均是从教学观念着手进行研究，盐城师范学院、宁波大学和唐山师范学院等院校则从课程群设置进行研究探索；第三类为教学方法和过程的探究，如中南大学欧阳文风博士提出合作学习法，江汉大学以吴艳教授为首提出的"对话互动"法以及立体教学法、趣味教学等；第四类教学手段的更新，如安徽大学泽庆先生发表了《视觉文化背景中的文学概论多媒体教学》，河南焦作师专张娟老师发表了《PPT课件在文学概论课教学上的运用》，黔南民族师范学院的高天庆先生发表了《高师文学概论CAI案例教学探索》等；第五类是立足地方特色的改革，如北方民族大学的马志英发表了《民族院校〈文学理论〉课教学的改革与实践》，而河池学院区级教改课题"文学理论课程实践教学的研究与实践"则立足本土、突出特色，甘肃合作民族师专的巩巧梅等人一直在从事民族师专文学理论的"实践教学模式"探究。

然而，就目前现有的高职高专《文学概论》课程教学改革状况来看，却不尽如人意。上述研究多数是在本科院校视野下进行，大多数论文也是建立在本科院校教学经验的基础上，虽然其中也不乏很有见地、有一定指导意义的文章，但是，其不足之处也很明显：单篇论文多，系列研究论文少；经验之谈多，行之有效的少；微观层面多，宏观构建少；尤其是本科院校多，而切合高职高专教学实际的少之又少。多数研究及改革基本上停留在教学目标、教学内容、教学方法等层面，缺乏深入细化的思考和行之有效的改革举措。既没有符合高职高专教学内容方面的深入探究，也没有建构起符合高职高专学生特点的《文学概论》实践教学体系和能推广运用的教学模式。因此，在实际的教学过程中，实践环节难以真正地开展，就算偶尔为之，也是学生参与面狭窄，师生互动极其有限。高职高专人才培养模式改革的重点是教学过程的实践性、开放性和职业性"[1]，而在那些少之又少的符合高职高专特点的《文学理论》实践教学体系和能推广运用的教学模式中，注重培养学生的职业能力，有一套行之有效的实践教学体系和科学合理的评价考核模式，探索与方向性实践课程对接的改革和研究，可以说基本上没有。

其实，经过一段时期的摸索与实践，许多高职高专的教改专业都形成了专业基础平台＋专业方向实践的教学体系及模式，在夯实专业素质的基础上进一步突出实践教学环节，加强对学生职业能力的培养。然而，实际操作的过程中，却往往存在偏差：认为培养学生基本理论、知识和技能，是专业基础课程的任务；而培养学生的职业素质与能力，则是专业方向实践课程要承担的。如此一来，专业基础课程与专业方向实践课程无法真正形成一个完整的体系，学生的学习也就相应地出现了断层，在从专业基础课程转入专业方向实践课的学习过程中，学生无所适从，无法从专业基础课程的学习中获得启示，难以对专业方向进行选择。而在专业实践课的学习中，学生更是要适应与专业基础课完全不同的新教学方式和实践模式，等于是从头再学一次。《文学概论》课程也遇到了这样的问题，而且矛盾更加突出。因为是理论课程，课程实践教学体系建构和实践教学环节的开展，本身就存在一定困难，而高职高专的应用型人才培养模式对于学生职业能力与素质的要求，进一步加深了这一困难。如果一味地坚守文学高雅的阵地，简单地改变教学内容、教学方式和手段而忽视专业建设改革的实际情况，不与学生的职业发展方向及实际学习需求结合在一起，高职高专《文学概论》教学将会举步维艰

---

[1] 教育部教高〔2006〕16号文件《关于全面提高高等职业教育教学质量的若干意见》[DB/OL]．（2006—11—16）．

第二章 文学概论课程教学研究

高职高专的培养目标是应用型或操作型高技术人才[①],高职高专学生的核心能力应当是建立在基础素质上的职业能力。

从近几年的就业数据统计看,高职高专中文专业有很大部分毕业生所从事的是企事业文员、文化策划和新闻传播等职业能力和专业技能要求较高的职业。正如教高〔2000〕32号文件提出的,基础理论教学要以应用为目的,以必需、够用为度[②],高职高专培养出来的学生不是研究型人才,不需要掌握《文学概论》中高深的学术理论,他们只需要掌握专业基本理论和技能,能用一般的文学理论对文学文本和现象"说三道四"已经足够。《文学概论》的教学目标在于适应专业培养目标,试图通过教学改革实践,拓宽专业口径,使学生具备一定的实用能力包括职业能力,提高毕业生的就业竞争能力。如此可见,在高职高专尽快探索出既具有一定的专业理论性又具有可操作性的文学理论课程教学体系和实践教学模式迫在眉睫。

三、建构与学生职业能力对接的课程教学体系

不可否认,任何理论课程都有着与现实生活远离的特点,文学理论也不例外。因此,高职高专《文学概论》课程的教学体系改革应当力求通过调整教学内容,改变教学模式,建构新的实践教学体系,使教学内容尽可能紧贴高职高专学生的现实生活;通过开展丰富多样的实践活动,使文学理论走近学生的同时,学生也能真正感受到文学理论的魅力。从办学宗旨来讲,高职高专的人才培养模式和课程体系改革,应当是能主动适应地方经济建设和社会事业发展的。而当前课程改革与高职高专人才培养模式的偏差,恰恰就集中表现在人才培养的效果与市场需求之间的差异和距离。如此可见,建构与社会需求相挂钩的《文学概论》课程教学模式和体系,既立足于现实,又真正地面向了教育消费者自身的要求。从实际的教学实践中我们发现,通过教学改革与研究,探索出一套行之有效的高职高专中文专业《文学概论》课程教学体系,尤其是能打造出一套切实培养学生职业能力的《文学概论》课程实训模式和考评模式,不失为解决高职高专理论课程困境,切实提高学生

---

① 唐浪.如何提高高职高专的课堂教学质量[J].企业导报,2011(3):225~226.
② 教育部教高〔2000〕32号文件《关于在高职高专教育中开展专业教学改革试点工作的通知》[DB/OL].(2000—6—9).

职业能力的一大良策。原因如下：

（一）课程教学改革做到"纵横呼应"

课程改革的眼光不应只放在片面的课堂教学改革上，而应当注重在纵横两个方向互相呼应的课程体系整合，与学生职业能力对接的《文学概论》课程新教学体系在纵向方面，在注重课程自身改革的同时，可以从人才培养目标和学生背景出发，重新调整设置高职高专《文学概论》课程，建构起更适应高职高专人才培养、培养学生职业能力的目标教学体系；而在横向方面，则可以更加注重与方向课程的对接，进一步实现理论基础课程与方向实践课程的过渡与衔接，整合专业课程体系，为整个汉语专业改革建设提出建议、提供经验。

（二）与学生职业能力直接对接

与学生职业能力对接的《文学概论》课程教学体系，其着眼点在于高职高专基础理论课程中学生职业能力的培养。为此，打造出一套切实可行的能培养学生职业能力的高职高专《文学概论》课程实训模式和评价考核模式，摸索出一系列能切实提高学生职业能力的实训活动和教学环节并推广开去，对提高学生职业能力可造作性强，可谓是行之有效，落到实处。

在此基础上，《文学概论》课程教学将能逐步完成与专业方向实践课程的衔接，完善高职高专中文专业课程体系的建设，在较好地提高教学质量和教学效率的同时，又能使学生掌握相关理论和技能，提高自身的职业能力，从而使其综合素质得以提升，专业口径得到拓宽，就业能力获得增强，继而成为适应现代社会发展建设的高级应用型人才。《文学概论》课程实践教学环节和人才培养模式的探索，如能在学生职业能力的培养方面做出一些可推广的改革方案及措施，使高职高专的专业课程体系建设中基础理论课与专业方向实践课不再脱节，使学生对于自己的职业方向选择不再迷茫，一定会为高职高专其他理论课程在课程体系改革、人才培养模式和实践教学体系建构方面提供一些可借鉴的经验，也定会为推动高职高专理论课程改革贡献一份微薄力量。

第二节　文学概论课程教学方法的改革与创新

文学概论课程教学有其自身规律和特点，这些规律和特点决定文学概论课程的教学方法改革必须坚持以下五条原则：一是必须根据理论教学的规律和特点确定教学方法；二是根据文学教学的规律和特点确定教学方法；三是根据教学的实际和教学对象的需求确定教学方法；四是根据课程教学的目的和要求确定教学方法；五是根据教师的教学优势、个性和风格确定教学方法。课程教学方法从教学规律和教学经验中总结升华而来，因而课程教学方法也在一定程度上表现出这门课程的性质、特征、功能和目的，也是这门课程的基本规则、法则、原则乃至方法、技法、途径的体现。因而确定课程教学方法，对课程教学的目的、效果的实现具有保障和促进作用。文学概论课程的教学方法对于这门抽象性、深奥性、思辨性很强的理论课程而言显得尤为重要和必要。相对于中小学基础教育而言，大学教育在教学方法的研究和运用方面没有引起足够的重视。这与大学教育所面对教学内容的知识系统性、理论的体系性以及大学生相对于中小学生而言更具有学习的主体性、能动性和自觉性有关，但这并不能作为忽略大学教学法及其课程教学法的意义和作用。大学教学方法普遍存在的问题是教学方法单一，讲授成了"满堂灌""一言堂""满天飞"；课堂教学结构松散而不严密，缺少层次变化和结构方法的多样化；课程教学的特点不鲜明，从而导致课程教学方法因课施教、因材施教、因人施教的特点不明确。这就直接影响到教学效果和教学目标的实现，也就影响到教学质量和人才培养的质量。就文学概论课程的教学方法而言，因其理论型课程本身具有理论难度和深度，必然会形成教学和接受的难度，而在教学实践中，教师又往往忽略和不敢正视难度，未能采取针对性、实用性、有效性强的教学方法和创新教学方法来解决难题，因此应对文学概论课程教学方法进行研究，从而引起教师对教学方法的重视并在实践中进行探索和运用。

一、文学概论课程教学思维方法的三维构成

文学概论课程教学在现代社会和现代教育改革发展形势下面临着挑战

和机遇,正如陈黎明指出的那样:"我们对文艺学与文学理论应有一种当代性的理解。在新的社会文化情势之中,整个人文教育包括文学理论教学正面临前所未有的挑战与冲击:科技文化的角度发展,'读'的时代向'视'的时代的转型,素质教育的提出与现实运作……面对以上相关问题,高师文学理论教学必须作出新的选择,并在教学方式和教学模式上有所创新。"[1] 文学概论课程教学方法的改革有赖于思维的转换和更新。

教学方法与思维方法有密切关系。文学概论课程教学方法一方面与教学思维密切相关,作为教师固有的特定的教学思维有其特定的规律和特点,它要求教学应遵循循序渐进、由浅入深、由表入里、由内向外的拓展型和递进式的思维方式,从而形成启发式、模拟式、示范式、例证式等教学方法和教学特点。另一方面与文学理论及其研究的思维方式密切相关,文学理论的思维方式和学术研究的思维方式无疑是一种理论思维方式,其逻辑性、思辨性、抽象性、概括性、演绎性是其思维的性质和特征,故而决定理论教学方式必然会形成理论体系性、知识系统性和结构逻辑性的特点,因此,教学中更多的是以概念范畴、命题原理、体系结构所决定的理论思维方式。再一方面,文学概论的理论型课程与一般理论型课程也有所区别,这主要在于其理论是文学的理论,是对文学规律及其知识体系结构的理论概括和总结,文学理论因其对象特征而带有作为想象、审美、感悟、个性的文学思维所依循的形象思维的特征,在教学中必然会将作品、现象、个案、案例、典型、材料与概念、原理、体系、结构结合起来作阐释分析,从而要求文学理论教学注重实践教学、个案教学、案例分析、专题研究、课堂讨论、鉴赏批评等教学方法及其文学的形象思维方法。从这一角度而言,文学理论教学与文学教学有密切关系,两者既有理论维度上的区别,又有在文学维度上的相同。刘安海、孙文宪等认为:"与文学史、文学批评和其他文学课程不一样,文学理论是一门基础理论课程,理论课程由于其自身的理论性,而理论又都是来自实践的,其表述的概念、范畴、命题、框架又都是抽象的、概括的、系统的,其论证又都是归纳的、演绎的、论证的、推理的,因此,学习文学理论的第一个要求是以文学理论的眼光来观照文学现象。"[2] 这对于认清文学概论

---

[1] 陈黎明. 高师语文教学论[M]. 青岛:青岛海洋大学出版社,1999:214.
[2] 刘安海,孙文宪. 文学理论[M]. 武汉:华中师范大学出版社,2006:13.

课程性质是很重要的，而对于文学概论课程教学而言，遵循循序渐进的教学规律就必须考虑文学理论研究与文学研究的结合途径，也就是说由实践到理论、再由理论到实践这样的认知过程是符合教学规律的。因此，文学概论课程教学思维方式应该是三维的：理论逻辑思维维度、文学形象思维维度和教学思维维度的有机结合。当然这并不否定文学概论课程教学思维方式从主导和整体而言应以理论思维方式为主，而是强调这种文学理论思维方式在教学中的特点和应用性，唯如此才能扩大教学的视阈和思维的灵活性，也才能为文学概论课程教学方法的多样性和丰富性奠定坚实的基础和提供合理的依据。

那么具体而言如何在教学实践中落实文学概论课程教学思维的三维结构的统一性，从而突出教学方法的特征呢？在教授文学典型时，过去往往是从典型理论视角来作单一理论角度分析，虽不乏理论联系实际，也列举一些作品中的典型形象以例证，但总体感觉是理论加例子而已。如果遵循三维结构的教学思维方式来分析典型，就不能从概念出发，而应该从作品、现象、案例出发，首先从文学实践中辨清典型是什么和什么是典型，其次再解释典型的含义和内涵，再次才讨论典型理论构成和成因以及发展轨迹。也就是说应从文学活动、文学存在方式出发来讨论文学和文学理论，构成"现象—形象—典型""活动—存在—观念""实践—经验—理论""感性—知性—理性"等思维轨迹，这样对典型理论的教学就不仅仅是理论思维的结果，而且也是文学思维和教学思维的结果。在教学内容程序上的改变，不仅仅是方法上的改革，而且也是思维的转换，是文学理论教学思维三维度统一的体现。

二、文学概论课程教学方法的多样化形式

文学概论课程教学思维方式的转换必然带来教学方法多样化运用的结果，从而改变传统的单一教学模式和教学方法。丰富多彩的教学方式既能更好地表现文学理论丰富多彩的教学内容，同时又使教学效果得到更好的实现，增加学生对理论教学的兴趣和热情。在教学实践中，应不断摸索和总结行之有效、切实可行的文学理论教学方法。

(一) 文学概论课程的启发式教学方法

任何课程教学都要讲启发式，这无疑是教学中共通的方法，但针对每门不同课程教学，其方法表现形式还是有其各自的特征和表达方式的。文学概论课程的启发式教学方法从基本思路而言，就是改变过去只给出结论和结果的灌输式的授之以鱼而非授之以渔的简单化思维，这种简单化的思维往往忽略了过程、原因、论证、例证材料等因素，从而使结论和结果论之无据，言之无理。学生虽然接受了这一结论和结果，但知其然，不知其所以然，未能启迪学生的思维和思路。因此，启发式教学方式就必须重在开启学生的理论思维，促使学生去思考，或由因而推及到果，或由果而推及到因，从而把握因果关系和逻辑联系。启发式教学方法有利于调动学生的积极性，也有利于开发学生的智力和潜力。

(二) 文学概论课程的提问式教学方法

提问也是任何课程教学必需的，文学概论课程的提问式教学方法的特点在于提问方式更为多样化，这也是因为理论的作用和价值在于能够解决实际问题的缘故。一是文学理论必须面对文学实际提出问题，从提出理论问题入手来进行教学，用提问式教学来进行理论分析是强化理论的实践性、针对性、有效性的途径。二是针对文学理论理解的难点、重点、热点、创新点提出问题，充分考虑学生接受的需要和教学的难点，在提问、答题、解惑、讨论中能使提问效果更佳，同时也能强化学生的问题意识，从而可以自问、追问、反问，构成提问的多样性和深入性。三是留有回答余地的提问方式，使提问效果不仅仅在于结果和答案，而且还在于启发学生思维的灵活性和多样性，使他们能在提问中更好地展开思路，也使他们在回答问题后有更多更深刻的思考。四是通过提问引起争论和讨论，有利于激活学生参与和论辩的积极性，设置的问题解答有不同角度和不同结果，使学生在争论和讨论中发展个性和创造性。五是连锁式和递进式提问方式，使文学理论和概念知识的体系、系统、结构的相关性得到很好的体现，使学生在素质和能力上得到提升，获得举一反三、由此及彼、由浅入深的提问效果。当然，提问的方式还有很多，总体要求和原则就是尽量避免简单、单一的提问和答问方式，要通过提问启发思维，提高能力和素质，加强学生的问题意识和现实意识。

（三）文学概论课程的研讨式教学方法

王一川认为："文学理论是一门人文学科，是关于文学的普遍问题的思考方式。文学理论当然要思考个别的文学问题，但这种思考往往要在一个包含若干个别的普遍层面进行，要在对于个别的关注中从事一定普遍性概括，从个别上升到普遍。"[①] 这种由个别到一般又由一般到个别的循环过程，提供了理论研讨的角度和研讨式教学的合理性。同时文学理论的人文科学属性决定其是建立在价值论基础上的，也就是说理论是不断更新发展和见仁见智的。这就使文学理论在强化其合理性和逻辑性的同时也不断扩大张力和弹性，以及理论运用的灵活性和多样性。因而，针对文学理论的特点进行研讨式教学是十分必要的。这一方面表现在教师讲授中应带有研讨性，应对争论和讨论的观点在客观介绍时参与研讨，使其讲授的理论在研讨中更具活力和生气。另一方面表现在教师组织课堂研讨的设计和引导上，要在教师和学生、学生和学生之间构筑起交流互动的平台，使学生的感悟、辨识、分析、判断能力不断增强。文学理论的课堂研讨，可针对理论和实践个案、案例进行，并能有效地使实践与理论有机结合，个别与一般结合，形而上思辨与形而下实证结合。因而，文学理论研讨教学应带有明确的策划和设计目的，应善于组织和引导研讨的方向，应寻找到有利于研讨的话题和专题、个案和案例，并将研讨教学方法与个案、案例教学方法、专题研讨方法结合起来。

（四）文学概论课程的直观教学方法

利用多媒体教学工具、手段进行直观教学有利于文学概论课程的教学。理论的抽象性、深奥性和概念性更需要形象、生动、可感的直观形式来表现。现在多媒体教学已成为普遍形式，要讨论的不是要不要，而是如何利用多媒体教学的问题。文学概论课程多媒体教学方法的特点在于应该将直观教学与通过直观形象而展开的理论教学结合起来，两者既可以互补和互动，又可以结合形成一种独特的教学方式。这就要考虑理论的直观性和直观的理论性互渗和融合。故而在多媒体教学中，教师不能被工具、手段而束缚，而是利用工具、手段使教师的教学能力和效果都得到提升。同时，还应考虑多媒体教学的辅助形式，如影视观摩教学、模拟情景式教学、参与表演式教学

[①] 宋田田. 论社会转型时期高职院校人文素质教育的新指向 [J]. 东方企业文化, 2013(8).

等，使直观教学形式和方式更为多样化。教学方法的改革和更新关键在于创新，思维创新才会有方法创新。徐一周指出："在文学理论的教学中，教学方法的选择所起的作用是非常重要的，因为教学效果的好坏往往与方法的选择恰当与否是分不开的。历史地看，各个时代的教学除了继承以前的教学实践中行之有效的方法之外，还有反映一定时代特征的新方法的诞生。"[1]因此，教学方法创新应与教学新思维同步发展。

三、文学概论课程教学方法的灵活运用

教学方法的运用关键在教师。即使是最先进的教学方法，如果教师运用不当，或是依赖于方法，被动受制于方法，实施效果也是不理想的。因而必须正确运用教学方法。

（一）针对文学概论课程的教学内容选择恰当可行的教学方法

文学概论课程的教学内容基本上是以文学理论的体系构成作为框架结构的，每一章节的具体内容不同，选用的方法也应有所区别。不能因为都是理论教学而一刀切，采用千篇一律的教学方法。如文学欣赏教学与文学批评教学所运用的方法就应该有所不同，欣赏理论可运用多媒体教学方法，以直观形象的教学形式使学生在欣赏中把握和领会欣赏理论；而批评理论则应运用研讨式教学方法引导学生分析评价文学作品，或通过对文学个案、案例的剖析来提高学生的评论素质和能力，从而在实践经验中把握批评理论。

（二）针对文学概论课程的教学实际选择教学方法

文学概论在课程体系和课程结构中的定位决定其教学方法，它与文学课程和语言课程及其他理论课程构成相关性以及独立性，因而在课程资源的组合、调整、配置、协调上要充分考虑知识结构和理论体系的合理性和逻辑性。从这个角度而言，文学概论课程教学更多地注重古今中外文学与理论资料的综合运用，应采取比较方法进行教学，故而比较文学、比较诗学及其他跨学科方法比较适合文学概论课程的教学。

（三）针对学生学习的需要和实际选择教学方法

进入大众化教育时代和现代传播媒介时代之后，学生的学习需要和实

---

[1] 徐一周. 文学理论教学论 [M]. 北京：接力出版社，2006：18.

际已发生很大变化。学生通过非教育渠道,诸如大众媒介、网络平台、手机电脑等获得信息资源,已积累和储备大量知识和经验,同时也倾向于他们自己在习惯中养成的接受模式和信息传递方式。因此,教学应考虑学生的接受需要和实际,采取最能引起兴趣的、最快捷而又最易理解和沟通的、最能使师生交流的形式来传授知识,以便更好地达到教学目的。这就要求教师要站在学生的角度考虑问题,诸如以网络课程、网络教学和网络测试的形式来作为课程教学的补充和延伸,这符合学生学习的需要。

另外,高职院校的教学还要针对高职生的需要选择教学方法。就文学概论这门课程而言,高职的教学不但要使学生掌握文学的一般原理和相关的知识,而且还要让学生更具体、更深入地理解文学作品样式、类型、形态、结构、层次、叙事和抒情的技巧和风格特殊等,并进而具有较强的分析作品的能力。故而采取作品剖析方法以培养学生对文学的分析和评价能力是必要的。当然在充分考虑学生需要和实际的同时,也还要根据教学的需要和教师教学的特点个性选择教学方法。

总之,文学概论课程教学方法的运用应根据教与学双方、教学目标和人才培养目标、教学实际、教学内容等因素来综合考虑,应该因地制宜、因人而异、因材施教、因教施法,选取和运用切实可行的教学方法,为文学概论课程教学寻找到最佳途径和最佳方式。

第三节　体验式教学在文学概论课程中的应用

当前文学概论的教学,面临着教学过程过于抽象,学生无法将理论与文学实践活动结合起来以至缺乏对于文学现象的独立认识、无法进行科学系统的文学批评等一系列尴尬的问题已是不争的事实[①]。造成这种局面的原因,一方面是因为文学概论是文学现象的理论抽象层面,课程本身存在有较强的思辨性,另一方面,是由于当前的文学概论课程的教学,还在很大程度上延续着传统的教育模式,学生只是被动的教学活动参与者,文学概论缺乏与社

---

① 刘军.让文学理论成为文学理论——北京大学"文学原理教学研讨会"纪要[J].文艺理论与批评,2001(4):133~136

会生活现象、主体情感以及具体的文学现象联系起来,理论的知识概念没有能有效置身于现代语境下,因此,知识的理论性和实效性、思辨性和情感性也就很难真正统一起来。造成这种局面的一个根本原因,就在于过分突出了文学概论的学理性和抽象性,而忽略了文学概论其实是对文学现象的理论升华,其落脚点和着力点都在文学本身。而文学作为一种审美的意识形态,是主体对于话语价值的一种认识和领悟,正如童庆炳所说,它是一种体验,是在经验之中,见出诗意、深义以及个性色彩的一种形态,是在经验的意义世界中,以身、心去寻找、体悟以及创造文本中的价值,感悟生活的意义,创造诗意的生活[1]。从教学的角度来说,随着教学理念的逐步更新和课程改革的推进,"作为一种教学手段,体验教学的方法在实践中的价值越来越得到人们的青睐,并得到迅速的推广。"[2] 基于此,文学概论课程教学中,将文学的体验性与作为教学方法的体验相结合,实施文学概论课程的体验式教学,已是势在必行。在对何谓体验式教学的问题上,虽然各家定义有差异,但从本质来说,大同小异,一般都认为,体验式教学是以身心存在为归依,以个体成长的生命关怀为保障,以精神自由为目标的一种教学方式。文学概论是在理论的高度阐述文学的自由、价值和审美,与体验式教学方法具有本质上的一致性。

一、生活认知体验

文学概论教学的实践基础文学是对社会生活的一种审美反映,作为对文学现象的理论总结,文学理论同样需要在关注社会生活的基础上,对文学现象以理论观照。在生活中体验文学的魅力,在文学中反观生活的得失,正是文学的魅力所在。文学概论的教学,亦不例外,需要以生活的体验为基础,在生活认知体验中,奠定文学概论教学的实践基础。

一方面,以生活体验为切入口,导入文学概论的抽象概念。加达默尔曾经如此描述体验与艺术之间的关联:"如果某个东西不仅被经历过,而且

---

[1] 童庆炳. 经验、体验与文学 [J]. 北京师范大学学报:人文社会科学版,2000(1):92~99.
[2] 张鹏程,卢家楣. 当前体验教学研究中亟待解决的四大问题 [J]. 上海教育科研,2013(3):25~28.

他的经历存在还获得一种使自身具有继续存在意义的特征，那么这种东西就属于体验。以这种方式成为体验的东西，在艺术表现里就获得了一种新的存在状况。"[1]"被经历过"，也即文学活动者的生活经验，不论是教师还是学生，也不论是文学创作者还是文学接受者，都无一例外的是历史或现实生活的参与者和创造者。生活的艺术化过程，使生活经验上升为一种意义化的存在，成为一种体验，获得新的价值。传统的文学概论教学，在很大程度上切断了文学作为一种艺术对于生活的体验性存在，割裂了理论与艺术之间的联系，因此，在传统教学模式下，文学仅仅是理论的一种对象，而无法通过师生的体验，达成文学与理论的互文性存在。

所以，当前的文学概论课程教学，应当以生活体验为切入点，在对生活现象的认知、感悟之中，激发学生的理论思考，在适当的时候，通过教师总结，形成抽象的概念。例如，阐释"典型"这一概念，教师便可以让学生从自身的生活实践出发，寻找具有普遍意义的特殊事件，并与文学现象之中的体验结合起来，就会形成对"典型"就是既具个性又能反映社会本质的艺术形象这一概括和认识。它既遵循了文学由于生活到艺术再到理论总结的规律，也体现了教学过程中对于生命主体的尊重。通过引导学生对于生活的关注、体验和思考，使学生在自主的实现过程中，释放、确认自我。以教学为依托，文学理论也就成为一种与文学的艺术性相契合的生命自由成长之境，彻底摒弃了理论框架的禁锢与思维的局限。

另一方面，以生活认知为逻辑导向，强化对于文学概论的现实体验。对于生活的艺术升华，同样需要遵循艺术的逻辑。文学概论的教学，必须以学生对于生活的认知为逻辑导向，方能符合学生的发展特点，符合教学的规律。所以，对生活事件的抽象过程，应该遵循生活的逻辑规律，在理论上升之后，再回到生活实践之中。如此，教师对于文学理论的阐释，方能产生实际效果和意义。比如，教授"文学生产与消费"，在感性体验的层面，完全可以设置讨论情境，引导学生关注当前"文学生产与消费"的现状及其得失，从而进入理论层面探讨。有了理论准备之后，即可在回到文学活动的现实本身，为当前文学生产与消费的问题开出良方。如此，在教学过程中，便形成

---

[1] [德]汉斯·格奥尔格·加达默尔. 真理与方法：上卷[M]. 洪汉鼎，译. 上海：上海译文出版社，1999：78.

了"文学现象—理论总结—回归生活现实"这样的逻辑理论，文学概论的教学也就摆脱了纯粹学理思辨的局限，而源起于现实，并回归生活世界。文学或文学理论，从来都是与体验以及日常的生活世界和经验密切相关。南帆说："文学终于将日常生活带入历史。尤为重要的是，文学解放了这个领域的巨大能量。所谓的'解放'意味了这种时刻：个别、琐细、日常经验、个人的感受与气息——这一切在文学之中汇聚起来，瓦解种种成规，甚至冲出一个历史缺口。"[①]因此，文学理论的教学，也应看到个体体验在文学活动中的作用和历史价值，如此，方能实现理论的价值和教学的意义。

二、形象审美体验

文学概论教学的交流中介传统的文学概论教学模式，因为是将文学作为理论的客观对象，而忽视了其艺术性和理论性之间的共通之处。所以，与之相关联，从教学活动的主体来看，文学概论的课程教学，也就存在教师与学生之间的割裂，教师成为理论的阐释者——而这种阐释因为体验的匮乏，无法激起学生的共鸣，教学活动也因此难以实现师生间的交流、对话。有研究者就指出，"个体的生命价值、人生意义不是在个体自身体现的，而是在个体和他人或社会的关系中展现的；对于个体而言，生命价值与人生意义的获得也不是自然而然的结果，而是伴随着个体的各种交往活动，在其心灵的不断开启，理性的不断开发中逐步生成的。"[②]所以，在文学概论课程的教学过程中，交流和对话，是摒弃对象化，取消理论与文学艺术性对立的一种重要途径。而对文学来说，文学形象是最能激发主体审美体验的载体，以文学形象为中介，以审美体验为生命感受和意义建构的桥梁，教师与学生在开放、互动、对话之中，形成相互认同的体验，教学目的也就在这个意义上得到实现。

首先，根据课程内容，设置具体可感的文学形象，搭建师生对话平台。文学概论的抽象性，使教师需要设置例证来引发学生的感性经验，激发其学习兴趣。基于此，教师有必要将文学理论的归纳、演绎，以生动的文学形象

---

① 南帆.文学性、文化先锋与日常生活[J].当代作家评论,2010(2)：4~23.
② 刘黎明.在交往中建构个体[J].华东师范大学学报：教育科学版,2002(2)：22~27.

的方式表现出来。在每个文学概论知识点和每次课程的设计中，确定与范畴相关的文学形象——这一"形象"可以是整体的文本，亦可以是典型的人物或事物。这样，通过生动形象的引入，教师对于课程理论内容的阐述便从单向的、说教的层面突破出来，而成为一种生动鲜活，易于吸引人参与的双向交流行为，师生对话平台便在这个基础上得以产生。围绕某个特定知识点的文学形象，师生可以就现象、理论、意义等展开多层次的讨论。不知不觉中，将学生引入到文学概论的课堂情境之中。这样，交流和对话的空间便得以产生，因为文学形象作为一种审美的存在，使教师和学生的关系摆脱了二元对立模式，而使其以文学形象，建构了对话和交流的中介。对教师来说，通过具体可感的文学形象，可以培养学生兴趣，充分激发其潜能；对学生来说，则在感知文学形象的过程中，逐渐领会了形象所承载、所赋予的审美意义以及相应的理论知识。这样，师生双方通过对于文学形象的共同建构，实现了由对审美形象的感性直观到文学规律认识的上升过程。

其次，在师生主体交往基础上，认同对于形象的审美体验。文学概论课程的教学，同样不能忽视审美体验的生成。以文学形象为中介的师生交流过程，本质上也是审美体验的生成过程。审美经验的共通，使师生之间的交流和对话成为可能，而对于文学形象美学维度的理性认同，则是文学理论的课程实现的目标之一。"值得考虑的学术成就支持了这样一种观念，即课程就是美学文本。但在学校中，课程的美学维度往往受到了轻视。"[1] 这一教学过程，实际上是主体的生命发展过程。因为以文学审美形象作为交流的中介，学生的审美思维发展到一定程度，便必然寻求对于审美体验的确认，即在教师或者其他主体那里，获得确认。这样，美学的维度便成为学生学习过程中不可或缺的一种重要动力，教师用心体验，便不难感觉到学生情感的变化和生命的律动。对于教学活动而言，在教学过程中，实现审美体验的相互确认，并达成共识，就自然而然地使形象思维自然地过渡到了理性思维的范畴，师生的思维活动也就由形象思维发展到抽象思维，这就从根本上改变了传统教学模式中，一开始就以抽象思维形式灌输概念的方式。如此，文学概论课程教学以文学形象为依托，实现了从形象的审美感知，到审美想象，再

---

[1] [美]威廉·F·派纳，等. 理解课程：下[M]. 张华，等. 译. 北京：教育科学出版社，2003:589.

到审美交流并最终达成审美理性表达的过程。

再次，师生共同建构意义空间，实现价值理想追求。文学形象在一定程度上，也是文学活动的意义载体。当文学文本呈现在大众面前时，其实只是特定的语言文字，经过阐释者的接受、阐释以后，以形象的方式，浮现在文学接受者的脑海之中。文学活动的这一特点对于文学概论教学的意义在于，它使文学概论的教学活动中，师生对于建构共同的意义空间，追求并实现文学活动的价值理想成为可能。文学形象是作家思想的承载体，对于文学形象的历史阐释，也积淀着人类关于这一文学现象、生活现象或者价值现象的思考。所以，文学概论的课堂教学，以文学形象作为教师和学生的交流中介，其实是通过教与学的活动，在当前的生活现象和历史的意义积淀之间，引发思考，探寻文学的意义。所以，文学概论教学活动中意义空间的建构，一方面，来自教师和学生之间的交流对话以及思想碰撞，另一方面，则来自历史的纵向层面，来自历史与现实在教学活动中的结合，正是在这个意义上，文学概论的教学，才能突破教师一言堂的局限，突破理论范畴的本身，而进入到文化情境之中，引发学生更多的思考。

三、情感认同体验

文学概论教学的自由追求毫无疑问，情感的存在和体验是文学存在的根本。现代教学理论就有情感教学模式之说。这一教学模式，不以单一认知作为教学的主线，而是在教学活动中，根据情感活动的规律，以情感作为教学活动开展的线索，并以此作为教师行为开展的依据和规范，发挥情感在教与学之间的积极作用。传统的文学概论教学之中，情感完全属于理性的支配之下，因为缺乏具体可感的形象作为依托，所以情感缺乏有效载体，也就谈不上师生彼此的情感认同体验。所以，文学概论的教学，也应该吸取情感教学之所长，依托文学形象所承载的思想情感，教学活动中，充分实现师生主体的情感自由，展现彼此的价值追求。

一方面，在情感体验中实现教学的自由。不论是文学史课程，还是理论课程，从教学的角度来说，有一点是不可忽视的，即学生都是内心细腻、情感丰富的人格主体。所以，情感体验不仅仅是教学之所需，也是人格主体的充盈、发展所需。老舍就曾讲过，情感与美是文艺的一对翅膀，想象则可以使这对翅膀飞起来，而文学，是必须飞起来的，从而使人欣悦。人类追求文学的情感趣味，亘古不变。因为人的感情，作为人的存在的一部分，是永远不会变的①。文学概论的课程，要实现情感体验的自由，需要经历几个过程：首先，是以文学形象为依托的情感的产生，这和形象的审美体验两相结合，不可分离；其次，是教师根据情感逻辑，设置好情感的发展机制。在文学概论的课程教学中，两个方面不可偏废，一方面是理论演进的逻辑道路，另一方面则是情感的变化和发展。教师以情感的激发作为动力，根据理性的、情感的逻辑顺序，适当予以学生引导，在合理实现教师自身角色转变的同时，也能够使学生轻松地进入到文学形象情感、理论的逻辑规律、师生的情感体认等因素交织一起而培育的课堂情感氛围之中，从而形成轻松、自由的情感体验氛围；再次，以情感的升华、理论的抽象作为文学概论课堂情感的控制机制。换句话说，也就是使文学概论的教学在情感中成长，而不至于在情感中完全自我，迷失方向，教师通过相应引导，使课堂情感最终与文学理论的理性原则两相结合，引导人实现情感满足，自由发展的同时，实现思维的理性发展。

另一方面，在价值体验中实现主体生命的自由。文学是一种自由、独特的价值体验。"文学功能与价值有着密切的关系。事物的功能既源于自身，又总与它对于人的价值相联系。文学的功能也是如此。自然，文学功能的产生首先是基于文学本身的结构、文学的质的规定性。它使文学的功能区别于其他事物。……由于文学系统本身的构成要素和结构方式不同于科学著作或其他艺术，并且主要能够满足人们的审美需要，所以它的功能和价值不独与科学著作或其他艺术有异。文学的不同门类和体裁、样式因系统构成要素和结构方式的差异，其具体功能和价值也不完全一样。"②而文学概论，作为文学的一种理论教学活动，显然必须遵循文学所固有的这种价值体验行为。同时，现代教育理念也认为，对于价值的引导和体验，是教学活动所不可或缺的重要一环，因为无论是文学艺术还是教学活动，本质上都是以主体生命的自由发展为指向的。有研究者就指出，在教育后动中，自由是人之所以

---

① 老舍. 文学概论讲义 [M]. 上海：复旦大学出版社，2004：46~48.
② 张炯. 文学功能与价值新探 [J]. 甘肃社会科学，2014(2)：1~8.

为人的存在的必要条件，是人的本性，不可剥夺、出卖和让渡[1]。在具体教学活动中，实现这一目标，途径有二：一是在文学和理论的文本情境中体验历史的价值；二是在课堂审美和情感情境中体验现实的价值。教师通过形象阐释、情感引导，将学生带到价值的自我体认之中，在实现感性自由的基础上，实现理性主体的自由发展，全面实现教学的目标。

---

[1] 石中英. 教育哲学导论[M]. 北京：北京师范大学出版社，2002：242.

第三章 中国古代文学课程教学研究

第一节 中国古代文学课程改革研究与实践

"中国古代文学"是汉语言文学专业的基础课程，同时也经常作为汉语国际教育、秘书学等相关专业的必修课或选修课。然而由于古今社会背景的差异、思想价值观念的不同、文言和白话的隔膜等原因，使其教学工作常常面临一定的困难。不少教师结合自己多年的心得与经验，对本课程的教学工作提出了不少富有创见的思想观点。本文即从"教学理念与模式""教学方法与技术"等方面，对相关研究成果略作评述，以供负责本课程教学工作的同仁参考。

一、古代文学课程的教学理念与模式研究

一般而言，古代文学课程的教学目标，大致包括文学史知识的讲述，及学术研究能力、社会实践能力、审美鉴赏能力的培养等方面。这几方面的培养目标，也是大部分教师的共识，但在具体的教学过程中，各人的侧重点又有所不同。

(一) 教学内容的选择

1. 文学作品教学应以"原典"为主

邵炳军等认为，古代文学课程应该重视"原典"，通过对"原典"的教学，培植学生的学术根基和创新能力。张昌红也认为，某些高校的古代文学教学，可能存在着以下误区：一是"以史为纲"，忽视对文学原典的教学；二是"独学不用"，培养学生实践能力的目标得不到落实；三是"避重就轻"，部分教师对传统名篇以外的作品不够重视。胡可先则以唐诗教学为例，指出阅读"原典"可以"增加学生的根源性学养，培育良好的研究习惯与学风，

以练就攻读原典的看家本领"。① 重视"原典"教学，实际上也就是重视文学作品教学。

2. 文学史与文学作品的关系

戴建业则对文学史与文学作品的关系进行了辨析，他认为某些高校的古代文学教学，"偏重于文学史线索的梳理，相对忽视了对文学作品的讲习""偏重于对文学史常识的教学，相对忽视了对作品的精微体悟"，并呼吁"不能再把古代文学作品作为'文学史参考资料'，而应让'中国文学史'成为中国古代文学的'辅助教材'"。② 对此我们是比较赞同的，因为文学作品是根本，古代文学教学必须以此为中心，才能让学生真正学有所获。

（二）综合能力的培养

1. 关于学术研究能力的培养

吴晟认为，要提高学生的学术研究能力，古代文学教学就应该努力"扩充学术含量"，应该"引入出土文物资料"，多进行"理论阐发与提升""以文化视野来观照文学"等，从而帮助学生"扩大学术视野""了解研究动态""培养理论思维"。马琳萍则认为，古代文学课程教学应该"最大限度地还原古代作品的'原生态'，以打破时空及心理阻隔，消除学生的陌生感和隔膜感"，在此基础上提高其"对文学艺术的感受力、分析力、创作力及发现、解决问题的科研能力"。③ 宋希芝还认为，古代文学课程教师应当具有"史学思维""大文学概念"和"寻根意识"，注重从多方面拓展学生的思想视野。这些论述都颇为中肯，因为只有大量地占有研究资料和提升理论思维能力，具备广博的文史知识并尽可能地深入古人的社会生活，才可能在研究中提出一些新的看法。

2. 关于社会实践能力的培养

除学术研究能力的培养外，社会实践能力的培养也至关重要。周新华从中央电视台"百家讲坛"的成功受到启发，认为"文学教育应贴近受教者的心灵需求，强化人文关怀；课堂教学要注重激发学习兴趣，引导学生爱

---

① 胡可先. 唐诗经典系列课程教学改革的探索与实践[J]. 中国大学教学, 2016(9): 45~49.
② 戴建业. 大学中文系古代文学教学现状与反思[J]. 华中师范大学学报：人文社会科学版, 2013(4): 84~91.
③ 马琳萍. 古代文学"原生态"教学改革探索[J]. 教育与职业, 2008(3): 94~95.

学、会学；要重视教学的层次性、适用性研究"。①李英然则以古代诗歌教学为例，认为古代诗歌教学应"重在表达与应用"，应以"大量诗歌积累为基础，以悟入和仿写实现对所学知识的意义建构"。②魏鸿雁也认为，古代文学教学应突破传统模式，注重探索"社会实践与传统文化的联姻""极力拓展文学第二课堂"，努力"搭建多媒体教研互动平台"。③这些观点均强调教学过程中应关注学生状态，注重加强文学教学与社会实践的联系，对于培养学生的社会实践能力大有益处。

3. 关于审美鉴赏能力的培养

审美鉴赏能力的培养，对于提升学生人文素质和思想境界也很重要。黄寅等认为，古代文学课程应该重视"鉴赏教学"，在鉴赏教学中"除了要汲取其积极的思想内容之外，还要学会欣赏其独特的艺术风格和高超的表现手法"。④重视"鉴赏教学"也就是强调学生对古代文学美学精神的体认，这既是学习文学史知识的重要环节，也是培养学生人文精神的有效途径。连国义、宋娟则认为，古代文学教学可以从"基于对作品作解读、基于教给学生以学习和研究方法以及基于对学生进行人文教育三个层面"进行延伸，但延伸的限度"其一是不能脱离文学本位，其二是必须确保延伸中所用材料、事实或例证等的高品位"。⑤在古代文学教学中适当进行知识扩充，的确非常必要，但需要围绕人文精神这个核心。

(三) 教学模式的构建

教学模式与教学理念是密切联系的，不同的教学理念产生不同的教学模式，但同一教学模式也可以贯彻不同的教学理念。张永文正是基于此点，而提出了古代文学教学的"多维立体模式"，具体包括"因材施教""自由阅读"和"教材开放"等教学策略，从而全面提高课堂教学效率和培养学生的科研创新能力。王志清则主张将课堂教学与学生自主学习相结合，提出了古

---

① 周新华. 从《百家讲坛》的成功反思古代文学教学 [J]. 龙岩学院学报, 2007(5): 120~122.
② 李英然. 高校古代诗歌教学的现状及策略研究 [J]. 石家庄学院学报, 2009(4): 112~117.
③ 魏鸿雁. 古代文学参与性实践教学探索 [J]. 山西财经大学学报, 2010(1): 261.
④ 黄寅. 论中国古代文学的鉴赏教学 [J]. 中国成人教育, 2004(12): 71~72.
⑤ 连国义, 宋娟. 谈中国古代文学课堂教学延伸的角度与限度 [J]. 教育探索, 2014(4): 60~61.

代文学教学的"三模式",即"问题模式"的新型教案、"开放模式"的课堂教学和"延伸模式"的自主学习。余丹则认为,古代文学教学应该实施"研讨式教学模式",既要注重对文学史知识的讲述,也要注重对学生实践能力的提升;既要"以作品为基础",又要"以能力培养为中心"。[①] 这些论述多能将教学过程作为一个整体来考虑,具有很强的可操作性和实践性。

相对于上述颇为丰富的教学理念论述,教师们对于古代文学教学模式的研究似乎稍显不足,这可能是因为教学活动本身是一个动态过程,不太便于进行某种单一的模式演绎和抽象描述。但在实际的教学工作中,每一位教师都应当是有着相对稳定而又富有个性的教学模式的。

二、古代文学课程的教学方法与技术研究

教学方法是教学理念的具体体现,贯穿于教学模式和教学过程之中。一个教学模式可以包含多种教学理念,因此也可以采用多种教学方法。由于古代文学课程教学目标的多样性,不同教师所采取的教学方法也不尽相同。

(一)讲述文学史知识的方法

1. 兴趣教学法""悬疑教学法"

和其他课程一样,激发学生对学习内容的兴趣,对于提高教学质量十分关键。欧明俊认为,应该"注重课堂教学中的'故事性'","培养学生的'历史感'","引导学生热爱乡邦文献",使他们认识到古代文学课程的内容其实就在当下、就在身边,进而提高学习的兴趣。[②] 李斌则认为,对于诗歌、辞赋等文体,可以采取"审美鉴赏与吟诵相结合"的方法;对于小说和戏剧类作品,则可以针对某些特殊情节而采取"悬疑教学法"。[③] 这种将文体特征与学生学习心理相结合的思路,契合了教学内容和教学对象的某些特点,因而是比较实用的。

2. 启发式教学法

[①] 余丹. 中国古代文学课程研讨式教学模式的实践与思考 [J]. 宁波大学学报:教育科学版, 2011(3): 86~89.
[②] 欧明俊. 古代文学史教学中学生学习兴趣的培养 [J]. 中国大学教学, 2009(10): 38~41.
[③] 李斌. 大学生文学经典的阅读现状及教学对策 [J]. 黑河学刊, 2009(8): 98~99.

古代文学课程的开展,可以通过对学生的启发来进行循循善诱。

启发式教学指的就是教师在践行古代文学课程的教学过程中可以在学生的学习能力和个人兴趣基础之上,制定相应的教学任务,通过两者融合的方法来激起学生对于古代文学学习的个人兴趣,使学生在整个教学中占有主动地位,教师通过客观合理的引导,能够帮助在学生探寻问题时起到一语拨千斤的效果。启发式教育关键之点就在于学生学习过程的强调与引导,这种教学方法能够促使学生积极主动地去探寻文学作品中的相关知识,并结合个人兴趣进行深入研究,从而达到学生思维拓展的成效。甚至可以说,启发式教学就是学生通过教师的有效引导,自发的去开启古代文学的学习之旅。例如老师在讲解曹操的《短歌行》时,教师可以针对"对酒当歌,人生几何"这句诗进行提问,而对于这句话教师提问的重点并不是在于诗歌字面意思的翻译,而是引导学生通过对曹操经历的了解于掌握,让学生通过简单的几个字去把握文章的主要思想。此后,教师还可以引导学生带着作者提出的"问题去解读其他内容。通过提问来进行启发教学,从而引导学生正确把握文学作品的解读方向,把握其文学价值。

3. "作家作品演绎法""吟诵教学法""情怀感染教学法"

对于文学史知识的讲述,方坚铭重点论述了"作家作品演绎法",他认为此种方法具有"接受度高""效果较好""可操作性强"等优点,并以《楚辞》为例进行了具体的说明。[①]刘亮则认为应该重视"吟诵"教学法的应用,因为吟诵可以"调动学生的积极性""活跃课堂气氛,提高教学效果"。[②]李雅君则强调教师情感的作用,认为教师应从"文化大视野之下的文学观"和"诗性教育理念下的课程观"出发,建立一种"文史哲不分家的回归意识"和"与艺术等学科的融通意识",以情怀感染学生而提高课堂的魅力。[③]这可以简括为"情怀感染教学法"。这种思路无疑是可取的,对于增加课堂教学的魅力也有积极作用。

[①] 方坚铭.作家作品演绎法在古代文学教学中的应用与实践——以楚辞演绎为例 [J].中国大学教学,2011(5):55~58.

[②] 刘亮.吟诵在高校古代文学教学中的作用 [J].中国大学教学,2012(2):57~60.

[③] 雅君.以文学的方式教文学——中国古代文学教学的思考与实践 [J].中国大学教学,2016(10):64~67.

(二) 培养综合能力的方法

1. 自主学习教学法""参与式教学法"

要培养学生的综合能力，让学生参与教学过程，激发其自主意识和创新意识就很重要。宋娟、李海霞认为，古代文学课程应通过"定向准备—导学感悟—训练迁移"的教学策略，大力培养学生的自主学习能力。这可以简称为"自主学习教学法"。胡强则从接受美学的角度出发，认为古典小说教学应该"重视建立和拓展学生期待视野"，引导"对话交流"和"文化阐释"，强调学习主体的"审美体验性"。这是从审美教育的角度，强调对学生学习自主性的激发。龙剑梅则认为，古代文学教学应该采取"参与式教学法"，因为"参与式"教学有利于调动学生的"生命热情与人生体验"，"从而促进其知识目标的动态实现"[1]这些论述虽然角度不同，但均强调对学生学习热情和主动性的激发，无疑是培养学生综合能力的关键步骤和教师应当重视的着力之点。

2. 问题意识教学法""探究式教学法"

自主学习的更高阶段，就是从学习知识进入创造知识，对某些学术问题开展研究。葛晓音认为，要注重对学生"问题意识"的培养，要多开设"专题讨论课""锻炼学生发现问题的敏感性和提出问题的能力"。[2]这可以简称为"问题意识教学法"。徐建芳也认为，教师应该多采取"提问教学法"，以提问的形式把各个要点提示出来，既有助于教师理清讲课思路，又有助于加强学生对所学内容的特别关注。"问题意识"与探究思维是密切联系的，李冰燕也认为，实施"探究式教学法"，有利于启发学生"对同一问题进行多角度的分析"，教师则应该"以'问题'为中心设计教学过程"，"营造自由开放的课堂氛围，允许多元文化背景下多种观点并存"等。[3]由此可见，实施"问题意识教学法"和"探究式教学法"，教师的积极引导和对学习氛围的营造也是非常重要的。

---

[1] 龙剑梅. 生成性：课堂传播中生命主体知识目标的动态实现——以中国古代文学教学为例 [J]. 湖南社会科学，2010(1)：150~152.
[2] 葛晓音. 国学研究和教学中"问题"意识的培养——以古典文学研究为中心 [J]. 中州学刊，2007(1)：216~218.
[3] 李冰燕. 探究式教学法在古代文学课程中的实践研究 [J]. 石家庄经济学院学报，2014(1)：138~140.

3. 借助情景式教学感悟学生

顾名思义，情景式教学就是教师在古代文学课堂上可以通过一定的手段将作品所蕴含的情景呈现在学生面前，将学习氛围生动化。这种教学方式能够准确地体现出学生对于作品的把握程度及理解，同时还能够充分调动学生心理发展。这种教学方式最大的优点就是能够促进学生对于文学知识的情感感悟，除此之外也可以在一定程度上提高学生的文学审美，陶冶学生情操。例如在学习著名词人苏轼的《水调歌头》时，老师可以在朗读之时播放王菲演唱的"但愿人长久"，使学生在进一步感受到诗歌所传递出来的意义，同时通过自我想象在脑海中勾勒相关画面，使学生能够自发的感受当时的情景，加深对于诗歌的理解。再去学习《诗经·豳风》中的《东山》一诗时，教师可以从网络上下载相关的视频，在课堂之上播放给学生，或者是制作成有特殊效果的课件，都能够使作者形象和诗歌内容更加直观的呈现给学生，直接提高学生对于文学知识的感知与获取。

4. 利用表演式教学拓展学生

表演法也是一种极其有效的教学方法，通过表演教学与古代文学课程的融合，能够使学生更进一步的把握文学作品的精髓，并融入自我的情感。表演法教学的开展就是让学生通过自我的表达方式来表现对于文学作品的理解，借助自身的文学想象将文学作品"生动化"，这种教学方法在一定程度上也能够提高学生对于文学作品的创新性。例如教师在讲解关汉卿的《窦娥冤》时，可以根据作品的不同人物形象进行区分，并结合学生的实际情况进行分组，再通过小组讨论来这角色进行分类表演，让学生自发的去收集相关的表演道具，推敲作品中的台词，在这个文学作品的演绎过程中，学生对于《窦娥冤》自然能够有更加深切的体会，在表演时融入个人想法的展示，更能够体现学生对于文学作品理解的独特性与再创造性。

（三）研究学术问题的方法

1. 比较教学法""文史互证教学法"

对于学术问题开展研究，既需要特定的方法，也需要广博的知识。张丽红认为，古代文学教学应该打破学科的藩篱，广泛地引进、吸收和融汇其他学科的知识，采取一种"跨文化"的"比较教学法"，以产生一种"互为阐释""互为说明""互为论证"的教学效果。① 董定一也有类似观点，他认为古代文学教学应该采用"文史互证教学法"，"既有利于拓宽学生知识面、提升学生的学习兴趣，也有助于学生阅读、鉴赏及写作表达能力的提高"。② 这种"跨学科"的教学思路是非常重要的，学术史上很多重要问题的解决，往往得益于研究者的综合能力。

2.二重证据法""图像史料辅助法"

20世纪30年代，王国维在其《古史新证》中提出了著名的"二重证据法"，即以纸上的传世文献和地下的出土文献相互印证，以考察古史记载的真伪，并进而研究相关问题。此种"二重证据法"，已被部分学者引用到古代文学课程的教学之中。如尚斌认为，应该重视出土文献中的图像史料的作用，因为图像不但可以"形象对照文学作品的内容"，"形象衬托文学作品的主题思想"，还可以促进对某些特殊问题的研究。③ 这可以简称为"图像史料辅助法"。新材料的补充与应用，对于古代文学史上某些重要和疑难问题的研究，无疑是极有价值的。

（四）多媒体技术的引入

多媒体技术的引入，为古代文学教学方法的改革提供了新的动力。霍建波认为，古代文学教学要充分利用现代科学技术，"真正使多媒体教学有声有色，做到生动感人"。④ 岳德良也认为，要把"合理运用现代信息技术和传统讲授性课堂教学有机统一起来，努力实现课堂教学的最优化"。⑤ 周睿则更为具体地指出，"参考部分融会了古典诗词的流行音乐和电影这类媒质作为中国文学与文化教学的辅助材料，能调节课堂气氛，提高教学效率，

---

① 张丽红.破学科与跨文化——中国古代文学教学的重新思考与探索[J].吉林师范大学学报：人文社会科学版，2007(5)：66~68.
② 董定一."文史互证"方法在高校古代文学课教学中的应用[J].通化师范学院学报2016(4)：117~121.
③ 尚斌.图像在中国古代文学作品教学中的应用——以汉代文学作品为例[J].中国大学教学，2015(10)：68~71.
④ 霍建波.关于提升中国古代文学教学质量的反思[J].青海民族大学学报：教育科学版，2010(3)：61~63.
⑤ 岳德良.教育信息化：古代文学教学改革的根本路径[J].淮南师范学院学报，2011(6)：118~119.

活跃学习者思维"。① 现代传播媒介的诞生及其在课堂教学中的应用，对于提高课堂教学效率确实大有益处，亦是古代文学教学方法改革创新的必然趋势。

四、启示与展望

纵观上述论著，可以看出以文学"原典"教学为基础，从不同角度激发、提高学生的学习兴趣和主动性，进而大力培养学生的学术研究、社会实践和审美鉴赏等综合能力，始终是"中国古代文学"课程教学改革与研究的基本方向和着力之点，在这方面所取得的研究成果也是最为丰富的。但从多学科交叉融合和人才培养体系之完善的角度看，在以下几个方面也还存在着一定的不足之处：

首先，对于历史、哲学等相关学科在古代文学课程教学中的作用之研究，还有不少可以拓展的空间。古代文学是古代历史的一部分，哲学中的美学与文学的关系亦至为密切，历史思维、美学理论在古代文学课程教学中的作用，值得进行更为深入的探究。

其次，对于考古发现的文物资料在古代文学课程教学中的作用，相关研究仍需加强。20世纪以来，中国考古学取得了辉煌的成就，出土了很多重要文献和珍贵文物，对古代文学的研究也产生了很大的推动作用，但介绍和研究出土文物、图像史料等在古代文学课程教学中的作用的论著，却很少见到。

第二节　中国古代文学课程研讨式教学模式的实践与思考

一、研讨式教学的内涵

研讨式教学在如今的高校教学改革中的地位越来越重要，然而，何为研讨式教学？因为课程不同、学生培养层次不同等诸多因素影响，对其也

---

① 周睿.传统诗词搭载现代传媒对古典文学教学的启示[J].电化教育研究，2009(7)：109~112.

有不同的解读。那么，以笔者所授课程《中国古代文学》为例，可以将研讨式教学定义为打破传统讲授式的教学模式，开创以学生为学习主体、以提升学生综合能力为导向、以培养创新性人才为宗旨的开放性、交互性、创新性教学模式。

研讨式教学所要实现的目标，就是将教学模式从"讲授式"转换为"研讨式"；把"授人以鱼"(知识的灌输)的教学法转变为"授人以渔"(方法的展示)；让师生"主客对立"的关系变为"主主交流"的关系；使学生从"要我学"转化为"我要学"；把"单一平面"的教学形态变为"立体开放"的教学形态。

二、研讨式教学的意义

开展研讨式教学，对提升教学效果，增强教学实效性有着重要的意义。

(一) 能适应当下新课改的要求

现在的教学提倡"教师为辅、学生为主"，提倡小组合作探究，在这种情况下开展专题研讨式教学，既可以顺应教学改革的要求，同时又可以让学生有一个提前"预习"、课堂"交流"、课后"展示"的机会，教师可以把学习的主动权放心地交给学生，自己则安心扮好引导员和听众这个角色就行了。

(二) 能有效调节教学课时少与教材内容容量大的矛盾

在高校教学体系中，"大学语文"课程一般开设一个学期，课时总量很少。而现行的《大学语文》教材通常包括古代文学、现代文学、当代文学和应用写作等几块内容，需要较多的授课时间。采取专题研讨式教学可以有效整合教材内容，突出教学的重点难点，在教学课时少的情况下完成教学大纲中规定的教学任务。

(三) 能有效地"节约"教学时间

采用分专题研讨式教学，教师可以"任务单"导学的方式将专题的内容提前布置给学生，学生可以围绕这个专题的"任务单"做大量的准备工作，课堂上只要小组间讨论和选派代表发言就行了，而这些大量准备工作的进行，不仅合理"节约"了教学时间，而且还"开放"了课堂。

(四)能充分调动学生学习积极性

在专题研讨的过程中，不同的专题会让每个学生都能找到展示自己的机会，学生作为主角而不是观众参与课堂活动，这种有人"引路"又可以自由欣赏丰富多彩的文学世界的教学模式，既能培养学生灵活驾驭知识的能力，同时又增加了学生学习的兴趣，提高了学生学习的积极性。

三、研讨式教学步骤安排

研讨式教学要顺利进行，教学步骤安排相当重要，各步骤之间既要有紧密衔接，又要能共同体现研讨式教学的特色。郭汉民教授将一门课程的研讨教学分为教学示范与布置任务、学生准备、小组交流、大班评议、期末总结五个步骤，步骤合理完整，实践效果佳。笔者借鉴郭汉民教授提出的"研讨式五步教学法"，根据自身的教学理念和教学目标，将大学语文课程的研讨教学分为布置任务、学生自学、课堂研讨、课程总结四个步骤。

第一步是向学生说明本门课程的教学要求和教学目标，布置学习任务，包括阅读课堂分析的重要作品、记录阅读心得、写作课堂讨论提纲、撰写课程作业。教师尊重学生的主体性，让他们根据自己兴趣在教师列出的主题中自由选择，然后根据其选择的主题分组，每组承担一个主题的研讨，教师提供每一主题的相关阅读书目。一个主题有五个左右的必读作品，承担这一主题研讨的学生要阅读这几个作品并作阅读笔记，记录阅读心得，写作课堂讨论提纲，并选择其中一个作品撰写一篇3000字左右的读后感。对于其他小组的阅读作品，教师建议学生也能利用空余时间展开阅读。之后，教师用两节课时间与学生分享自己文学阅读的经验，告知学生查找资料的方法。

第二步是让学生开展课外自学。这是教师难以掌控的环节，却也是影响研讨教学深度和效果的重要因素。笔者会每周一次了解学生的阅读进度，网上回答学生的疑问，在课堂上以提问或检查阅读笔记的方式，督促他们的课外准备。同时开展过程性评价，对学生的学习态度、参与程度、研究成果、任务完成情况等进行综合评价，作为考核成绩的一部分，使学生更有动力积极准备、深入阅读。

第三步是进行课堂研讨。本门课程的每个主题的研讨由负责的小组组织、小组成员分别发表自己的观点。在他们发表完后，其他小组的成员会就他们的观点展开讨论，笔者也会提出一些问题，引导学生更深入地思考。

最后一步是课程总结。在最后一次课上，师生一起交流本课程的教与学的体会，教师评点学生的整体表现，提出课程结束后的学生自主学习大学语文的建议，学生也可自由地发表对于教师教学的意见和建议。

四、研讨式教学的设想——以先秦文学为例

如何才能达到理想的教学效果呢？笔者从"先秦文学"课程内容的组织、安排以及学生自主选择研讨内容等方面对其予以简要说明。

一般来说，"先秦文学"主要涉及五个专题的内容，即华夏上古神话；《诗经》；先秦史传散文；先秦诸子散文；楚辞。对于这五个专题内容，我们可从中选择15部核心著作，分为15章来组织、开展教学。从内容上看，以上五个专题的内容大体可归纳为故事讲评型；诗歌赏析型；问题探究型。"故事讲评型"包括《尚书》《左传》《国语》《战国策》等经典，此型重在"讲评"。学生选择此种类型后，在研讨式教学的成果展示环节，要以讲述故事为主，评价分析为辅。"诗歌赏析型"包括《诗经》《楚辞》两部经典。此类型重在"赏析"，朗诵和讲析并重。"问题探究型"涉及《山海经》《淮南子》《庄子》《老子》《论语》等经典。这种类型重在通过"思考"解决一些问题。所以教师先要设计让学生感兴趣的问题（疑问），在解决（回答）问题时要做到"言之有理"（逻辑一致，不自相矛盾）和"言之有据"（用文献证据来论证、支撑自己的观点）。

自主性是研讨式教学中学生学习参与度的重要体现，它是通过学生的自主选择来完成的。有了教学内容的组织、安排，就为学生的参与奠定了基础。

第一，老师要制订教学计划并提出问题，其中包括设置研讨主题讨论的问题、研讨方式、参考资料等。"提出问题"在此阶段具有重要意义，一个或一系列好的问题是激发学生参与研讨的关键。此外，提出问题还意味着给学生安排开放性的学习任务。学生如已选择或设计出自己想要探究的问题，要顺利地完成研讨，还需要教师的示范。所谓的"示范"是指教师让学生着手解决问题之前，需要先就中国古代文学中某个经典的案例进行展示和说明，其目的是让学生获得解决问题的方法。

第二，学生在老师的示范、介绍、指导下选择要探究的文学问题，并搜集、整理、分析文献，撰写"资料索引""研究状况"。结合中国古代文学课程的特点，笔者强调"精读文学原典"，要求学生在思考之后撰写小论文，然后进入小组讨论的阶段。以论题的相关性自然集群成为小组，每个小组4-6人，小组内成员交流15-20分钟，并把交流的结果写成报告。最后，学生和教师进行反思性交流。教师需对各组学习情况有全面、深入的把握，并对之做出总结性点评，鼓励和表扬优秀的学生，指出研讨中的不足之处，为下一次研讨积累经验。

也可结合中国古代文学课程的特点，在研讨中加入诗词朗诵、戏剧表演、书法绘画等因素，使研讨更为丰富、有趣。在教学过程中，要给学生尽可能多的机会和"空间"，让他们多一点思考和交流的机会。如：在学习《楚辞·橘颂》这一专题时，可以让学生讨论古今中外还有哪些人像屈原一样扎根故土、忠贞不渝，具有"橘"精神品质，这样能让学生进一步升华自己的情感，达到德育教育和情感教育的目的。

第四，运用网络、新媒体等实现多种层次的研讨，作为课堂讨论、讲演的延伸。在授课的过程中，教师要制作多媒体教学课件，并通过网络及时与学生进行电子邮件或QQ群交流。可以变传统的综合性论坛为专业性论坛，建立国学专栏。如果条件成熟，还可将研讨性学习与文化产业等实业结合，设立社会实践基地，学生可利用所学的古代文学知识为之设计楹联、整理诗文，等等。

第五，运用"经典新解"等，打造高效率的课堂。对于名著可以采取"经典新解"的方法进行教学，所谓"经典新解"教学方法则是运用新理论、新视角、新方法等对文学经典进行细致的文本解读，提出问题、解决问题、得出结论，充分挖掘文学经典的多重文学蕴藉，力争全面展示经典文学的魅力，实现培养大学生人文素质的教学目标。如"品读经典·走进《楚辞》""走进战国英雄"等，通过"经典故事，你说我说""经典人物，你评我评""经典诗文，你诵我诵""经典感受，你谈我谈"几个环节进行设计，让学生在观看优美的画面，聆听动人的歌曲的同时去解屈原的人物悲剧，去领略战国人物的英雄风采，进而掌握名著学习方法。

第六，引入社会"热点问题"和"热点人物"，探讨社会人生，打造"开放式"课堂。大学文学课程的教学，不仅要塑造学生的高尚情趣、宽广情怀，还要发展学生健康个性，形成健全人格。这就需要在教学中适当引入"社会热点问题探讨"和"热点人物讨论"等教学环节，注重开放式教学方法的运用，例如：在学习《左传·齐晋鞌之战》专题时，让学生认识到古人所具有敬业精神和献身精神，比我们要强得多。那时打仗大概还没有工资和奖金，没有勋章和桂冠，凭的是自觉性。他们在挺身而出的时候，显然没有想到过烈士称号、家属子女待遇等等，要求学生学习古人身上所具有的精神。

总而言之，研讨式教学有两大特点，一是学生的参与度；二是学生自主学习的深度。《中国古代文学》是提升学生知识水平、强化学生综合能力、提高学生思想修养的重要课程，因此，在教学中，我们必须注重此门课程的知识性、能力性与思想性。研讨式教学的关键是强调学生的参与，必须在教学设计环节为学生设计出多样化的参与方式。如果参与方式太单一，学生就没有选择余地，会影响其学习的积极性。故而，在教学设计环节，必须根据教材、课程实际情况设计出多种形式的参与模式，以供学生选择。

第三节　情境教学在古代文学课程教学中的应用

情境教学法已经成为古代文学教学实践中一种比较有效的教学方法，所以教师在进行情境教学中要将学生带入到情境中，引导学生对古代文学进行解析，通过一系列的理解方法，以此来激发出学生的学习积极性，提高课堂教学的质量，培养好学生的综合能力与整体素养。

一、情境教学法的应用意义分析

(一) 建立和谐师生关系

在开展传统古代文学教学中，教师往往占据了权威的地位，学生只能被动地接受教师所讲述的内容，这样也就很容易让学生产生出依赖的心理，影响到了其创造性的发展。加之一些教师在课堂中单纯进行讲述，并要求学生对所讲述的知识进行记录，从而也就降低了师生之间的互动与交流效果。

但是对于情境教学方法来说，其目的就是要将学生带入学习中，所以教师要及时更新自身的教学理念，清楚认识到学生才是课堂中的主体，自身要从引导者与参与者的身份上出发。当学生不再是被动的知识接受者后，也可以逐渐转变对这一知识的认识，从而也可以积极参与到学习活动中，完善自身的知识结构。另一层面上来说，当教师与学生之间没有明显的界限后，也可以凸显出二者之间的平等性，同时也可以在课堂教学中实现相互学习与相互交流的目标，在有效合作的基础上提高学习的质量。通过思维上的不断交融与发展，也可以将学生带入学习中。所以，教师要做好引导设计工作，启发学生的思维，同时教师也要保证自身语言思想的合理性，以此来获取新的教学思想，实现教学相长的目标。在实践中可以看出，情境教学法能够发挥出教师与学生的优势，实现主动参与的目标，在共同成长与学习下，可以实现有效的交流，尊重对方的发展。所以说和谐、民主以及平等的师生关系能够满足学生的学习发展需求。

（二）培养学生整体素质

想要提高课堂教学的效果，要将古代文学知识中的内涵转变成为学生的素质，提升学生的学习能力，从而满足学生的发展需求。在传统的教学方法中，通过系统的对知识进行讲述，能够帮助学生理解好知识的优势，同时也可以感受到学习的乐趣。但是，在讲授教学法中一直关注的是学生的主导作用，所关注的焦点也是学生对知识上的讲述，并没有关注学生的主体地位与自主学习能力，降低了对学生各方面能力的培养。所以在采取情境教学法中，要清楚认识到学生才是课堂中的主体，只有提升学生的学习主动性与积极性，才能实现教育的目标。

从学生的角度上来说，在积极参与到学习过程中后，也可以感受到古代文学的魅力，各方面的能力与素养随之提升。如在教学中教师可以组织学生通过感悟、鉴赏等方法来学习古代文学作品，品味作品的语言内涵，提升对作品的把握、审美与鉴赏能力。当学生参与到古代文学作品的改编与表演后，其独立思考与逻辑思维等能力随之提升。从表演过程上来说，能够提升学生的自信心，培养好学生的组织与应变能力。在师生的共同努力与研究下，也可以帮助学生找出古代文学作品中的精华，从而培养好学生的人文素养。在能力素质培养下，不仅可以激发出学生的学习积极性，同时也可以培养好学生的社会适应能力。

（三）激发学生探究兴趣

知识是建立在感官基础上的，在情境教学法的影响下，能够带给学生鲜明的形象，同时也可以让学生产生出身临其境的感受，借助形象的感知来实现抽象的理解，激发出学生的学习主动性与积极性，突出学生的主体性，将学生带入到学习活动中。所以，在教学中要利用好情境教学法，激发出学生的学习主动性，帮助学生感受到学习的乐趣，从而提升课堂教学的效果。兴趣是最好的老师，学生只有对所学习的内容产生出浓厚的兴趣，才能积极参与到学习中。所以在教学中想要提升古代文学课程的教学质量，要从学生的具体情况入手，帮助学生理解好这一知识，激发出学生的学习主动性。在课堂中教师要保证语言上的准确性，借助实物图像或是视频等以此来营造出浓郁的课堂氛围，增强学生情感上的积极性，确保古代文学作品能够实现形象化的发展，让学生产生出身临其境的感受，自然也可以快速地进入教学情境中，从而产生出学习的主动性与积极性。在生动形象的教学方法下，教师要做好学生的引导工作，帮助学生进入到实践中。从构建主义上来说，情境、协作等已经成为学习环境中的必备因素之一。有效的学习也不是学生被动接受信息的过程，而是要主动地从建构上出发的，通过从自身的经验背景上入手，以此来做好外部信息上的选择与处理，从而感受到自身的意义所在。就这种意义来说，也要从学生的积极主动上出发。情境教学是建立在建构主义理论基础上的，能够转变传统教学方法中存在的不足，同时也可以突出学生的主体地位。通过实践可以看出，在有效引导教育的影响下，能够让学生快速进入到学习中，加深对文学作品的理解，产生出浓厚的学习兴趣，调动起学生的热情，提升教学的质量。

二、情境教学在高职院校古代文学课程教学中的应用

（一）围绕教学目标再现文学情境

情境教学中作为一种比较特殊的环境，也要求学生要从教学目标入手，从形象上出发创建出具有情感的具体分为，同时也可以为学生展现出文学作品中的情境，能够带给学生身临其境的感受，激发出学生的学习主动性。如学生在学习《黄鹤楼送孟浩然之广陵》中，教师可以从诗情画意的语言来对

黄鹤楼的壮丽进行描述，同时也可以从春意上出发，以此来为学生营造出教学情境。首先，在多媒体的参与下，能够为学生展示出其中的画面，这样也可以投影出诗歌的原文。其次，教师还要为学生播放《烟花三月》的歌曲，鼓励学生进行想象，理解其中的朋友情谊。在自身感知与想象后，也可以帮助学生理解好文学作品中的情感内涵，同时也可以提升学生的学习效果。在有效情境教学的影响下，不仅可以培养好学生的人文素养，同时也可以实现情感上的熏陶。对学生进行一段时间的教育引导后，教师可以适当放权给学生，引导学生自己来创设情境，通过查阅资料等，以此来加深学生对知识的印象。

（二）根据教学内容进行改编表演

在情境教学中不仅包含了音乐上的渲染，同时也可以进行深层次的改编与表演，所以在教学中可以引导学生进行想象，通过情感的创设等以此来提高学生的学习主动性。如在教学中可以对戏剧、小说以及散文等进行改编教学，且这些文学体裁不仅有着一定的艺术性与形象性，同时也可以在充分理解的基础上掌握好作品中的内涵，为学生再现出当时的情境。如学生在学习《红楼梦》的过程中，教师可以将学生分成小组，并要求学生针对其中的内容进行改编，以剧情表演的方式展现出来。当向学生提出这样提议后，能够快速激发出学生的创作热情，同时也可以借助课余时间来进行探讨，在改编完剧本后主动进行排练。对作品进行改编与排练能够提升学生的自主学习能力，促使学生主动演绎出自己心目中的橘色，从而保证了演绎的层次感。教师在学生表演完成后，还要做好评价工作，在确保语言合理的基础上来实现师生之间的有效互动，促使学生主动进行创造性学习，完善自身的知识结构，进一步感受作品中的魅力，理解好人物的形象，根据情节的发展来理解好其中的韵味。

（三）利用描述法构建历史语境

在掌握好文献资料的基础上可以从与作品相关的思想潮流上出发，借助生动的语言来对其进行描述。且当学生对场景的把握不足时，教师也可以从其所熟悉的场景上出发，在对比与比较的基础上来提升学生对历史情境的理解。如学生在学习《三国演义》时，教师可以从历史感上入手，为学生播放电视连戏剧，并组织学生针对正说历史与戏说历史之间的区别进行探讨。

在这种教学方法下，能够帮助学生加深对文化的理解，同时也可以将抽象的符号转变为实用的知识。

（四）利用阅读法感受历史情境

把握好历史场景要从培养学生的感知能力上入手。所以在情境教学模式中，教师要做好教学的研究工作，注重学生的课外学习。除了对阅读作品进行选择，同时也可以从原著、笔记等方面入手，在有效阅读与写作的基础上来加深对古代文学的认识。想要做好古代文学教学情境的创设工作，还要对学生所阅读的版本进行指导。如在进行明清文学教学中可以从明代、清代的诗文集上进行阅读，或是阅读线装书以及影印本等。在有效阅读的影响下，能够帮助学生掌握好古人在写作方式上的特点，同时也可以理解好其物质环境。

（五）利用辅助法培养情境意识

在开展古代文学课堂教学中，教师要利用好网络资源，确保多媒体技术的有效性，通过使用图画等以此来实现情境的再现，提升学生的感悟与理解，帮助学生快速进入到情境中。如在讲述元明清戏曲知识时，由于这些内容已经远离了学生的生活，所以教师可以引导学生欣赏戏剧，在了解的基础上来加深对戏剧的感受。如在学习《牡丹亭》时，教师可以为学生播放《游园》等片段，以此来加深学生对昆曲上的理解。在课堂教学中进行有效教育，不仅可以帮助学生理解好古代戏曲，同时也可以提高学习的效果，明确古代生活与现代生活之间的不同。

综上所述，情境教学法能够加深学生对古代文学作品的理解，同时也可以提高学生的思想认识。因此，在教学中教师要从学生的未来职业发展入手，借助有效的情境指导，以此来提高学生的学习认识，培养好学生的文学素养。

第四节　中国古代文学课程立体化教学的运用

"中国古代文学"是各大学文学院的重要基础课，是一门传统的学科，学术研究气氛浓厚。中国古代文学跨度大，内容丰富，对于培养学生的人文素养必不可少，因而教学时数多，开课时间长。这门课程也是高职高专院校汉语、语文教育专业的必修课，从某种意义上来说，"中国古代文学"课程甚至是本专业学生学好其他各门课程的基础。

目前，"中国古代文学"课程常见的教学方法有讲授法、多媒体教学法等。教学改革是一项包括教学理念、内容、方法，教学评价和管理等全方位改革的系统工程[1]。从"中国古代文学"课程教学改革实施的实际看，在高职高专院校实施立体化教学符合学生的学习特点，是行之有效、开创教学新局面的好方法。

一、"中国古代文学"课程教学的现状

对于高职高专院校的学生而言，"中国古代文学"课程是一门专业性极强，文学跨度极大，距离现实生活极为遥远且深奥的课程。由于对古代文学作品的阅读非常有限，缺乏对古代文学史发展脉络的清晰了解和对古代文学基础知识的把握，学生在课堂上，对许多知识点和概念感到生疏和模糊，不能很好地从教师的讲解中吸取知识和营养。简言之，学生对作品还没来得及欣赏，就要准备进入探究的状态，这个跨越确实显得仓促。由于学生根基浅，所以教师们口若悬河，学生们只能诚惶诚恐地听。上海师范大学教育学院"基础教育教材语言资源的建设与应用"课题组组织了一次全国范围内的课外阅读调查。调查数据显示，阅读过四大名著的学生占被调查人数的27.7%，其中阅读原著的只有7.9%[2]。我们在教学中如不考虑学生的基本情况，教学中就不会提起学生的学习兴趣，教学效果也就不会理想。如何在有限的时间里最大可能地传达丰富而有效的教学信息，使学生有所收获，成为教学中优先考虑的问题。

二、立体化教学的选择

中国古代文学作品是人类文明史与艺术宝库中一串璀璨夺目的明珠。

---

[1] 刘根生，王敬坚.持立体教学，促进教学改革——对文学理论课立体教学的反思[J].衡水学院学报，2009(5)：122～124.
[2] 谢明辉.上海：学生多数通过影视作品读经典[J].思想理论教育，2008(14)：96.

在教学过程中，让学生学会欣赏中国古代文学作品的精妙，品味其风韵，让学生走进中国古代文学作品独特的情感精神空间，体会其深邃的意境，了解作者的生平经历，领略其人格魅力，进而借鉴作者创作的经验，搭建起鉴赏中国古代文学立体构架和关键联系点，完善并提升学生认识力和水平，是高职高专院校"中国古代文学"课程教师的责任。针对"中国古代文学"课程，如若采取相对固定的教学模式，学生是难以接受的。目前，对于这门课程的教学，一是主张运用传统的板书教学，内容上则是地地道道讲古代诗文，客观介绍，以史论史，就事论事，不联系现实生活；二是以指导背诵为主，讲解作品选，把"中国古代文学"上成了古代文学名作欣赏，缺少源流的介绍，纯粹回归原典；三是全部采用多媒体教学，教师在PPT上打好预先要讲的内容，然后念课件。学生在目不暇接的视觉冲击之余对文学作品缺乏感性认识及理性的分析，也容易使学生产生畏惧心理，从而厌学。

立体化教学方式是在教学策略基础上提出的，是与传统单一的、板滞的"填鸭式"教学相对而言的，是指根据教学内容综合运用多种教学手段技巧所营构的一种多方位、多层次、多向度的开放式教学方式，强调科学合理安排教学内容，运用多种教学方式。因此，根据实际情况确定教学内容，在教学方式上实现"中国古代文学传统课堂注入，名篇背诵深化，多媒体积极辅助，参观考察历史再现"的立体化教学是课程高职高专院校的最优选择。

三、立体化课程教学体系的构建

要实施"中国古代文学"课程立体化教学，首先要构建切合实际的课程教学体系。教育是要培养既有世俗情怀又有人文精神的人。现代社会中的学校教育一方面要教人本领，以备将来谋取生存的职业，另一方面要培养有精神追求的人，这样才能体现出人的全面发展。对于高职高专院校而言，更是如此。

"中国古代文学"课程作为汉语、语文教育专业的必修课，不仅要注重提高学生的人文素养，完成学生的人格塑造，还要教会学生怎么学习古代文学，培养学生对我国古代文学的鉴赏能力、审美能力及文学创造力，换言之，就是让学生拿到一把打开中国古代文学大门的钥匙。

中国古代文学上至上古神话，下至清代文学，内容涵盖了中国各个历史分期的文学作品。高职高专院校是偏向应用型的教学，开设"中国古代文学"课程必定需要明确教学内容。目前很多高职高专院校选用的教材是人民文学出版社出版的马积高主编的《中国古代文学史》和上海古籍出版社出版的朱东润主编的《中国历代文学作品选》，都是"古文"教学领域的权威教材。教材的选用是为了扩大学生的阅读面，拓宽学生的视野，但由于教材内容繁复，作品选量大，因此还需要在选好教材之后考虑具体课程内容的问题。

以往的"中国古代文学"课程要上三年，课时量非常充裕，教学内容可以精讲细讲。目前，"中国古代文学"课程仅开授三个学期，周课时为3课时，以每学期16周计，课时总数为144节，削减了近一半；内容上，不少老师都各自为政，根据本人研究的方向进行了压缩。甚至有些老师在缩减课时的情况下，不考虑学生的基本情况随意调整教学内容，出现教学重难点不突出的现象。考试的时候，却是统一出题，集中闭卷进行，大批学生考试不及格，从而厌倦"中国古代文学"课。

因此，在这种情况下，针对课程内容，最好能做到以史为线，以文证史，做到既不忽略史的梳理又重视作品的个性化解读。文学是当时历史时期人们对社会和个体认识的形象化记载，所以文学史是更形象的思想史。以文学史为纲，通过对中国文学史上占有重要地位的作家作品的讲解，描绘出中国文学发展的基本轨迹。在"史"的基础上，确立选文标准，选择各时期文学风格各异的具有代表性的作家、作品进行介绍。具体操作如下："中国古代文学"课程内容可以分三个阶段，每个阶段确立相应的课时。第一阶段为先秦两汉、魏晋南北朝文学(第一学期，文学作品以散文为主)，文学史占20%，作品占80%。按每学期48课时分配，文学史占12课时，作品选约33课时，考察3课时。第二阶段为隋唐、宋代文学(第二学期，以诗、词、散文为主)，文学史占50%，作品占50%。按课时分配，文学史21课时，作品选24课时，考察3课时。第三阶段为元明清文学(第三学期，以戏曲、小说为主)，文学史占70%，作品占30%。按48课时分配，文学史27课时，作品选约18课时，考察3课时。在作家作品的选择上则更加注重文学风格的多样化，注重文化的内涵。各个阶段的文学分期之间还可实现有效的协调与配合，编写前后一贯的教学大纲和体例统一的教案，以达到教学效果的优化。

构建了课程教学体系，做好"中国古代文学"课程定位，安排好每学期教学进度，确定作品选的选文标准，确定篇目，做到教学重难点突出，切实从根本处解决"中国古代文学"课程教学容量大，课时不足的矛盾。

教师们确定了必讲篇目之后，可以根据自己的研究特点增添讲授的篇目，或者也可以给学生开列必读书目，学生写出读后感后进行分享。

四、立体化教学的实施

北大教授张维迎曾说："我们中国大部分学校因为老师不具备原创性研究能力，只能照本宣科。"[①] 照本宣科势必不利于培养学生。为避免出现此类情况，"中国古代文学"课程立体化教学的选择，正是大势所趋，它不是某位教师的个人行为，而是院校选择。非数字时代的传统的讲授是需要一以贯之的，同时，随着时代的发展，辅之以其他的教学使得"中国古代文学"课程以一种平易近人的姿态走入学生心里，走入普通人的生活当中。

（一）传统课堂讲授

大部分的课堂教学中，仍以语言传递信息为主，也就是采取讲授法。在讲授中，注重两个结合，即注重中国历史与文学史的结合，注重文学作品与现实生活的结合。把握好教学重难点，采用适合学生的教学方法，灵活采用讲授、讨论、练习相结合的方法。如上"中国古代文学"课程，就是使学生在把握好文学史的线索的基础上，重点讲解典型作家作品，使学生学会分析作品的方法，文学鉴赏能力得到一定程度的提高。

如在课堂与学生探讨古代文学作品内容的一些现实意义，通过作品对现实的反映，对作品进行评价，突出古代文学的现实作用，并以此塑造学生健康的人格。通过探讨贾宝玉、林黛玉等人的人物形象及现代意义，从而引导学生对中国文人的传统思维进行探讨；并分析作品的写作特点，指导学生借鉴其写作特点进行文学写作练习，借此提高学生的写作能力。

讲授中，应争取做到理性授课。如上"中国古代文学"课程，有些大学教师用"脚踩西瓜皮"来形容自己的授课，想到哪说到哪，甚至认为这就是大学教师的风范。但是，针对高职高专学生的起点，授课还是应做到理性授

---

① 张维迎. 大学的逻辑 [M]. 北京：北京大学出版社，2004：1.

课，计划授课，才更易于使学生接受。如"陶渊明"这一章需讲三个课时，共计120分钟。时间可做如下分配：作家生平简介占15分钟，作家作品讲解60分钟，思想内容和艺术特色占40分钟，余5分钟给学生自由提问。上课时辅之以条理清晰的板书，归纳有重点，有难点。这样，学生可以在教师的精彩讲授之余，既获得丰富的感性认识，又能得到条分缕析的理性归纳。课堂时间上的分配合理，有助于更完整有效地提高课堂效率，使课堂讲授不至于使学生如同看空中舞剑，在眼花缭乱之余，不得要领。

在作品讲授中，力求做到逐字逐句细致讲解，就作家的经历本身去还原作品的真实情感，反映作品的真实风貌。在作品的分析中，贯穿各种体裁的发展变化特点。在作品的欣赏中，力求触摸到作家的禀赋气质，体会作家的心路历程，从而突破文字上的障碍，穿越时空，做到古今共鸣。课后要求学生背诵古代文学中的部分名篇，尤其是文学作品，课堂上适当抽查。

(二) 情景再现——多媒体积极辅助

文学作品从来都不是孤立地存在，文学的发展与兴盛跟当时的社会现实密切相关，在品读作品的同时也需要了解当地的风俗习惯以及当时的社会现象。古代文学作品存在某一个遥远的时空，而学生没有生活在古代，仅凭想象，没有情境，教学是很困难的。因此，必要的情景再现应该体现在课堂上，这就需要多媒体积极辅助，运用现代教育技术。

比如，元明清时期的文学作品涉及较多的杂剧、小说。在课堂上或者课间可以结合具体内容让学生欣赏昆曲《牡丹亭》、越剧《西厢记》以及古典名著改编的影片《红楼梦》等片段，表面减少讲授内容，实际上扩大了知识容量，给学生以直观的感受，加深学生对作品的深层理解。相信很多学生在教室看了短短几分钟或者十几分钟之后，下了课还会继续上网观看。学生在加深对作品理解的同时也减轻了对古文的畏惧感和陌生感。

学生看了片段之后，还可以进行分组讨论，合作探究。教师抛出问题，学生四至六人为一小组，每个组有组长。明确分工，每个组员都有事做，每个组的同学还可以对本次课程的文学作品(尤其是人物形象)提出疑问，然后共同讨论，共同解决。学生们借助互联网，充分利用时间，有效、快速地掌握了知识点。

这期间，教师也参与各组讨论，最后教师让组长发言，组员可参与补充。这就很好地调动了每个同学的积极性。对于学生来说，主动思考，并且参与表达，参与论争，才能触及内心，从而实现思想上的成长。

另外，在学生的第二课堂活动中，还可以参照类似《中国诗词大会》这样的节目形式，让学生出题，教师点评；也可以辅之以古典诗词诵读、古代小说和戏曲的改编与演出，等等。

(三) 因时因地制宜，参观考察历史再现

联合国教科文组织国际教育发展委员会的经典报告《学会生存》中提道："在一个世界里，儿童像一个脱离现实的傀儡一样，从事学习；而在另一个世界里，他通过某种违背教育的活动来获得自我满足。"[①]

时隔二十来年，不仅是儿童，就是大学生在学校中的情况也有相似之处：学校所学与生活脱离。作为古文课，教师要善于因时因地制宜，挖掘社会生活各种时间和活动的教育价值，比如充分把古文与日常生活的年节联系起来。清明节的时候，可以让学生3至5人一组，查阅有关清明节的诗词十首，通过查阅资料，讨论合作，提高学生的合作精神，培养学生的自学能力。

此外，还可以针对区域历史文化，从纯粹的文本阐述中跳出来，带领学生到博物馆、人文景点等地参观。比如，可以带领学生到名人故居等地方参观，甚至可以在清明节的时候组织学生参加祭祀古代文学家仪式，拓宽学生的眼界，实现历史再现，且又踏实地完成了实践教学任务。把学生的课堂学习引向课外学习，以教促学，以学促研，缩小中国古代文学与现代的距离感，寻求"中国古代文学"课程教学改革与高职高专院校现实情况结合的最佳点。

(四) 专题教学积极辅助

实施立体化教学，在高职高专院校，"中国古代文学"不应仅仅局限于一门课程，它也同样需要多样性的专题教学或者说选修课加以辅助。选修课在高职高专院校的教学计划中占有相当的比例，在已有的中国古代文学学习的基础上，利用文史哲方面的师资，精心设计专题选修课课程体系，就会进一步完善和补充中国古代文学的教学。因此，专题教学是值得经营的第二课

---

① 联合国教科文组织国际教育发展委员会. 学会生存 [M]. 北京：教育科学出版社，1996: 12.

堂，比如，增加"元曲鉴赏""唐诗宋词"等课程，就可以进一步延伸"中国古代文学"的课堂，巩固"中国古代文学"课程的教学成果。全程引导学生学习，使学生切实从"中国古代文学"课程中汲取营养。在知识上，通过这门课程的学习，学生能比较系统地把握中国古代文学发展的脉络，及各种文学现象的兴衰变异、联系交融等情况，了解并掌握各个历史时期代表作家的代表作品。在能力上，学生能够借助于旧注和有关资料读懂中等难度的古代文学作品，具备对中国古代文学作品的阅读鉴赏、分析能力，能够比较准确地把握文学作品的思想内容及基本艺术特征。

（五）立体化教学的评价

"中国古代文学"课程立体化教学的评价方式，需要将教师评价、学生自我评价、学生对教师的评价有机结合，建立以学生为主体的教学评价体系，重点围绕学生的交往状态、参与状态、注意状态、思想状态、生成状态以及情绪状态等几个方面进行综合性评价。

五、实施立体化教学的效果

实施立体化教学，效果是明显的。它不刻板，不泥古，立足于学生的学识能力，又重在考虑选择教学内容时既保证教学的完整性，灵活主动地突破了以往教师讲，学生记的相对固定的模式。这种教学能够凸显专业特点，教学效果也较为明显。

首先，它紧扣教学理念，目标明确，注重培养学生较为深厚的文学素养，人文情怀，凸显"中国古代文学"课程特点；其次，培养学生的反思能力，引导学生在探究中学习；再次，教学中求"实"，求"活"，求"美"，求"趣"，求"新"，结合了院校实际和学生实际进行教学，教学方法灵活多样，力求教学生动有趣，且注重了审美教育，使学生得到愉悦，力求创新，以教学促进科研。

总之，立体化教学使得教学内容更加丰富、教学载体更加有效，扩展了学生的视野，激发了学习"中国古代文学"课程的兴趣，学生成为学习的主体，由被动学习转化为主动学习，学生的学习效率、学习质量显著提升。

通过实施立体化教学，"中国古代文学"课程才不会让高职高专院校的学生望而生畏，才能走入他们的生活世界，并且在日后的工作学习中，将继续发酵，成为他们触手可及的精神食粮。在高职高专院校进行立体化教学是大势所趋，顺势而为的教学。

在教学过程中，知识的严谨性、逻辑性仍需要教授古文的教师们通过规范的语言去传授，万不可拔苗助长，盲目去掉传统教学。通过本色的传统教学、多媒体教学，参观考察人文古迹相结合的立体化教学，高职高专院校的"中国古代文学"课程，一定可以让学生站在历史的高墙上，突破文字的障碍，实现穿越时空的共鸣。

第五节 中国古代文学实践性教学模式探索

中国古代文学是高职院校中文专业（包括语文教育、文秘、新闻采编与制作等专业）基础课程，古代文学不仅可以提升学生的专业素质，而且可以帮助学生提高思想道德水平，陶冶情操，学会为人处世。然而，由于人们价值观念的变化、高职院校生源的特殊性，加上古代文学课程自身建设的滞后性以及缺乏针对性，实际上，古代文学教学已经很少能够带给人美的享受，让人产生愉悦的感觉，变得"没有趣味，没有生命，没有任何文学所应该具备的丰富的意味"。[1] 也就很难在提高学生专业素质和人文素质上有所作为了。古代文学教学的尴尬处境与它自身实践性不足密切相关，有人对古代文学实践性的调查表明，87.2%的学生最喜欢的实践性学习是"看录像或听名家学术讲座"，38.5%的学生喜欢"课堂专题讨论"，30%的学生喜欢"古诗文写作技能的操练"和"课前五分钟讲演"，只有13.9%的学生喜欢"所有的实践性学习"，16.8%的学生"所有的实践性学习都不喜欢"，这说明"学生明显倾向于最省力的'动眼''动耳'活动，而对实践层次相对较高的'动口''动手'能力训练却不大感兴趣。"这种"图易畏难的心理，不能忽视。"另外，"喜欢古文写作技能操练的同学，基本上都是大三的学生。"[2] 从大多数情况

---

[1] 薛毅.文学教育的悲哀[A].王丽.中国语文教育忧思录[C].北京：教育科学出版社，1998.
[2] 杨映红，林钗.高职院校中文师范生"古文"学习现状调查报告——以汕头职业技术学院为对象[J].吉林广播电视大学学报，2010，(5).

看，学生还是比较欢迎实践性学习的，但也带有鲜明的层次性、类型化特征。高职院校古代文学要实现其教学目的，就必须考虑安排好实践性教学。

一、关于高职院校古代文学实践性教学的理解

"实践"一词在《现代汉语词典》中有两个义项：一是作动词用，"实行（自己的主张）""履行（自己的诺言）"；二是作名词用，指"人们改造自然和改造社会的有意识的活动"。[1] 教学中的"实践"既是实行国家、学校、教师的主张，也包括学生的意图，也是提高学生做人做事素质的活动，很难截然分开。古代文学是实践的产物，是古代的作家们创作意图、创作理想的实现，从中可以看到古代的圣哲先贤的思想、情操、立场、观点、喜怒哀乐、艺术创作技巧以及语言运用水平。古代文学教学的内容，无论是文学史，还是作品选，都是实践的产物，只有回到实践中，才能真正彰显其价值，实现其功能；也只有在实践当中，文明得以传承，民族文化得到弘扬，古代文学的价值和功能才能得到进一步的发挥与提高。古代文学是一个文本、一个例子、一种媒介，通过古代文学的教学，我们需要让学生了解古代文学的基本常识，了解古代文学发展的基本规律和脉络，更需要让学生在学习中提高思想素质，因为古代文学是中华文化遗产中重要的组成部分，其中"蕴含着丰富的思想意蕴，如积极向上的进取精神、豁达大度的人格修养、家国民族的忧患意识、生命自由的积极向往等，能够从多个维度对大学生进行思想素质教育。"[2] 除了知识与素质之外，古代文学还在培养学生的阅读能力、思维能力、审美能力、口头表达能力、书面表达能力方面有着特别重要的作用。对于一门课程来说，无论是知识教学、素质培养，还是能力的提高，仅靠被动听记是远远不够的，更要充分发挥学生学习的主体性，在具体的实践活动中来完成。正是在这个意义上，我们说古代文学同样具有实践性。高职院校的各个专业都具有较为突出的职业性、开放性和实践性，而专业素质的形成最终必然落脚在课程上，因此专业所开设的课程必然带有显著的实践性。古代文学课程尽管属于传统中文专业的基础课程，有效的实践形式似乎很难确

---

[1] 中国社会科学院语言研究所词典编辑室.《现代汉语词典》（第5版）[M]. 北京：商务印书馆，2005.
[2] 李新宇. 中国古代文学教学改革反思 [J]. 山西大同大学学报，2009，(4).

定，实践活动也很难进行规划和落实，但是，过分看重知识传授的古代文学课程的教学质量与效果难尽人意，古代文学教学越来越多地受到人们的质疑和批评，在各个专业、各门课程的具体实践中培养人才成了教育教学必然选择的大背景下，我们更应该高度重视古代文学教学的实践性，根据古代文学课程在专业培养中所处的地位和作用以及课程本身的性质特点，积极探索和安排古代文学教学实践形式和实践活动，以不断提高专业人才培养质量。

二、高职院校古代文学课程实践教学的基本类型

实践出真知.人的一切素质都来源于实践。就每门课程在培养学生中的作用而言，一般分为知识、能力和素质三个方面。基于此，我们可以暂时将古代文学课程实践教学分为三种基本类型：知识学习实践、能力培养实践、素质提高实践。

（一）知识学习实践

古代文学教学基本目的之一就是传授知识，因为古代文学的历史跨度大，加上古代文学作家、诗人群星闪耀，作品荟萃，评论独到，教学内容异常丰富，不仅要勾勒史的线索，还要弄清论的精髓，同时还要讲授具体的作家作品。时间有限，知识海量，要将这些内容都讲完，根本就是天方夜谭。其实对于高职院校的学生来说，也没有必要全部讲完。对于知识的学习，教学更多的是要充分发挥学生的主体性，让学生根据自身情况积极主动地自己去学，但是知识学习也不是盲目地乱学一气，或者见什么学什么，教师要善于引导学生将古代文学的知识进行分类：古代文学史知识、古代文学评论知识、古代作家作品知识。文学史知识的学习在于理清线索，找准规律，在这些线索和规律的指引下学习肯定会事半功倍；古代文论知识主要是看其出现的时间、代表人物、主要观点和在当时及后世的影响；作家作品知识学习主要考察其出现的时代、所受的影响、创作的特点及艺术风格等。每一类知识需要掌握的要点由教师引导得出，主要是教会学生归纳和总结的方法，再引导学生将这些方法运用于知识学习的实践活动当中。为了提高学生学习兴趣，保证学习效果，可以根据实际情况，开展古代文学知识竞赛。即便是知识学习，也要始终保持学生学习的实践性，切不可由教师包办一切，教师要讲的是判断知识重要性的方法、掌握知识的方法、知识运用的方法，再由学

生多多实践，直到完全掌握为止.掌握了方法，就具备了初步的可持续发展能力。

(二) 能力培养实践

古代文学对学生进行的能力培养与整个专业的要求基本一致，比如一般的中文专业培养学生的能力无非是阅读能力、审美能力、听说能力、写作能力，而对于语文教育专业，则要加上教学能力。能力不能讲出来的，而是在实践中培养的。针对高职教育的中文专业的能力培养，古代文学教学应该根据课程的特点和要求，合理安排能力培养的实践活动。

阅读能力是学习古代文学的一项基础能力，如果连古代文学作品都读不懂甚至读不通，那么古代文学培养学生的人文素质就会成为一句空话。阅读古代文学作品，首先要读得通，阅读的过程实际上也是古代汉语所学内容的一个实践过程，因为古代文学作品的字音、词义、语法都与现代汉语有较大区别，而这些又是读通古代文学作品的基础；其次是要读得懂，就是要理解作者在表达什么，为什么要这样表达.教师要引导学生多读原典，在阅读实践中将古代汉语的基本内容融会贯通。

审美能力的培养是古代文学教学的基本任务之一，审美就是对文学作品美的领会和理解，审美实践是古代文学建立在阅读实践基础上的实践，主要是训练学生建立评判美的标准，发现和体味古代文学作品中的命题美、思想美、语言美、结构美、情感美、意境美、形象美、艺术美等，让学生了解我们民族的审美情趣，学会对"美"的鉴赏，不仅使古代文学中的美大放异彩，而且让学生在审美实践中去收获发现美的快乐，引起他们对美的向往与自觉追求，"使学生陶冶性情、净化心灵、升华境界，从而提高学生的审美感受和审美鉴赏能力。"[1]

听说能力的形成来自听说实践，古代文学教学中过去强调学生的听记实践，主要是教师讲学生听，学生的主动性不强。听说能力的培养主要还是鼓励和引导学生多参与听说实践，古代文学课程的听说实践与阅读实践及审美实践是紧密结合在一起的，主要形式有读书心得报告会、作品评论、专题讨论、辩论比赛等.听说实践的目的是进一步巩固和发展学生阅读能力与审

---

[1] 党月异.古代文学教学改革的探索与实践[J].德州学院学报，2007，(5).

美能力，培养学生发现问题、分析问题和解决问题的能力，逐步发挥学生在公开场合"说"的积极性、主动性与创造性，养成学生紧扣话题、言之有物、言之有序、言之有据的说话习惯。古代文学作品与当今时代的距离性使得古代文学听说实践的主题非常丰富，无论开展什么形式的听说实践都能找到恰当的切入点。

写作能力的培养是古代文学学以致用的有效途径，古代文学作品经典众多，唐诗宋词元曲明清小说是对一个朝代经典文体的概括，而在这些经典文体中，又存在为数众多的经典作家作品，这些经典作品都是作者写作的成功尝试，无论是选材、主题、语言，还是艺术手段的运用都有其独到之处，对这些内容的借鉴与学习，恰是对古代文明文化的传承，而且这种传承不只在于了解、领会，更在于运用，因此是古代文明、文化传承的高级形式。古代文学的写作实践包括两种形式：一种是听说实践的文字形式，比如读书心得的书面化，作品评论的文字形式，专题讨论的发言稿等，这种形式带有鉴赏、评析、研究性质；另一种就是借鉴经典作家作品的优秀元素，并将其成功用于自己的写作实践之中。

(三) 素质提高实践

素质是做人的基本素养，主要是指道德操守、思想情感、身心修养。从一定意义上讲，古代文学史也是中华民族的心灵史、思想史、道德史、情感史和身心修养的历史，其中蕴含着素质教育因素，比如《论语》展示了孔子关于为人处世、做事的真知灼见，《离骚》《九歌》是屈原忠君爱国、忧国忧民高尚情怀的流露；《史记》是司马迁身处逆境、不甘沉沦的杰作；"天生我材必有用"是李白进取意识和强烈自信心真情告白；"不为五斗米折腰"体现了陶渊明追求人格独立，保持个性尊严的铮铮傲骨；"窈窕淑女""静女其姝""静女其娈"反映了古人的择偶观，对处于恋爱时期的大学生不无启发意义。

古代文学多年的教学实践证明，素质的培养与提高是无法仅仅通过教师的讲授和教材的道德说教来完成的，也离不开实践，素质提高实践主要形式有三：一是作品体验，古代圣贤先哲的理想、情操、身心修养不是空中楼阁，也不是空洞说教，主要依附于他们所创作出来的作品当中，同时有他们自己亲身实践作为证明，以上所提到的无不如此。古代文学教学要多引导学生阅读经典作品,"引导学生的感知参与到阅读对象中,去体验作家的丰富情感,自觉地与生活在那个久远年代的个人碰撞。"[①]二是作品感悟,体验只是深入到作者的内心,深入到作品的深层内容,与作品所表现的道德操守、思想情感产生了共鸣,感悟就是要与现实发生联系,与自身发生联系,汲取古代文学作品中的精神营养,培养学生爱国爱民的情感,塑造其文明健康的文化心理品格。三是情操实践,即将古代文学中丰富的思想文化、道德情感转化为学生的气质、品格、情操的活动,这些活动在具体情境中发生,是在对作品进行体验和感悟的基础上,"不断从前人的思想、情感、意念中汲取当代生存的力量与操守,逐渐养成对话先贤、体悟生命、绽放自己的智慧和能力。"[②]这种实践体现在一个人的一言一行、一举一动之中。

三、落实古代文学课程实践教学的有效措施

(一)树立实践意识

实践意识薄弱是古代文学教学最大的弊病,我们总在一厢情愿地改进教法,对于"如何教"可谓绞尽脑汁,但效果依然不尽人意,主要是忽略了教学的最终目的是为了促进学生的发展,而不是教师才能的大展示,教师讲得好,讲得生动,充其量会让学生听得认真一点,一个学期下来,真正听进去的很少,能够从中获益的就更少。注重实践不是抛弃讲授,而是利用讲授为实践服务,可以讲方法,讲方法的运用,可以进行榜样示范,多让学生进行实践,即使获取同样的知识,学生积极主动地学习比教师讲授要有效得多。注重实践还要研究实践,要对实践的形式、方法、层次、作用要进行深入研究,要对古代文学实践做出系统化的安排,这样才能保障教学目的的有效实现。

(二)贯彻实践意图

古代文学的实践不是为了实践而实践,实践是传递知识,培养能力,提高素质的手段,每一种类的实践都有其主要功能,每一次实践活动都要有其主要意图,因为实践活动的功能是多向,不是单一的,在可以实现的多种意

---

① 孙亚军.谈中国古代文学教学的现代化实现[J].教育与现代化,2010,(2).
② 秦惠娟,刘金培.古代文学教学改革中的几个关键问题[J].河北广播电视大学学报,2009,(1).

图中，必须要确定一项主要意图。比如作品评价实践，可以培养学生的评价方法运用能力，可以着重培养学生思维的新颖性，可以培养学生写作能力，也可以培养学生的口头表达能力，关键要看我们设置这一实践环节的意图，作为训练，可以在布置任务之前就跟学生交代清楚，甚至讲清这一实践活动的基本标准，等学生充分表现后，要依据这个标准进行评价，这样，就不会偏离实践意图，从而保证实践的有效性。

（三）养成实践习惯

古代文学的实践教学也不是为了装装样子，搞搞形式，而是教学的一种常态，离开实践，学生无法真正获取知识、形成能力、提高素质，要充分利用对实践的研究成果，让学生成为实践的主体，并且根据具体的教学内容，合理安排实践活动，设置实践形式。不仅要多实践，而且要善于总结，并把总结的结果用于新的实践。

（四）培养实践能力

对于教师而言，实践能力表现为组织实践的能力与榜样示范的能力。组织实践的能力是搞好古代文学实践活动的基础能力，这种能力包括实践意图的确定、实践形式的选择、实践程序的设定、实践过程的调控、实践结果评价等等；而榜样示范能力也是实践中必不可少的一项能力。俗话说，"喊破嗓子不如做出样子""行胜于言"。比如要组织"诗词朗诵音乐会"这样的实践活动，教师就要根据自身条件选择适合自己的诗词，并且配上适当的音乐，能够在朗诵音乐会上进行成功展示，不仅会引起轰动效应，更重要的是通过教师的成功示范，学生才会"亲其师，信其道"，达到不言而教的目的。"大学生以自学为主，是高等学校教学规律的客观要求。"[①] 只有在实践教学中才能够充分发挥学生的主体性，确立学生学习的主人翁地位，帮助学生逐渐形成自学能力，不断去探求知识、增长能力、提高素质，获得初步的可持续发展能力，也只有这样，高职院校的古代文学教学才有可能真正走出窘境踏上坦途。

---

① 杨寅平.现代大学理念的构建[M].北京：中央编译出版社，2004.

第四章　中国现当代文学课程教学研究

第一节　中国现当代文学课程改革研究与实践

作为高职高专院校文秘专业的必修专业基础主干课，中国现当代文学在文秘专业课程设置中居于重要地位。该课程以"五四"以来的作家作品为研究对象，以文艺思想的论争为贯穿，通过对作家作品的评价和文学现象的分析，增进学生对中国现代文化的感知和理解，提高学生对文学作品及文学现象的鉴赏、分析能力，进而提升学生的人文素质和道德情操。

一、中国现当代文学课程改革的时代背景

（一）高职高专课程设置向实践性倾斜，使该课程逐渐走向边缘

高校扩招以后，中国高等教育开始了由精英教育向大众化教育转型。起步于20世纪80年代的高职高专院校，在国家教育政策的大力扶持下，呈现出了强劲的发展势头。但在"以服务为宗旨，以就业为导向，走产学研结合的发展道路"办学方针的指导下，高职高专院校在课程设置上向实践性大幅度倾斜，那些与就业关系不大的课程被逐步削减，中国现当代文学首当其冲，课时量几乎被削减了一半，课程的边缘化已是不争的事实。

（二）高职高专生源人文素质不容乐观，学生视该课程为"鸡肋"

高校扩招带来了教育的普及化，但与普通本科院校的学生相比，高职高专院校的学生在人文素质和知识层面明显处于劣势，他们当初选择中文专业大都因高考失利后不得已而为之，许多学生长期以来受中学应试教育的约束，语文功底比较薄弱，在进入到以单纯的"职业能力"来定位学生价值的高职高专院校里，他们对与就业直接关系不大的中国现当代文学实难以提起兴趣也就在所难免。

（三）学生毕业后难与社会相融的现状，凸显大学教育中人文教育的缺失

据笔者调查，许多学生走出校门后，随即面临一系列的问题，诸如自我保护意识缺乏，人际关系处理不好，社会适应力低，个人独立生活能力差，心理压力的承受力及应变能力严重不足等问题，以致在相当长的时间内难以适应生活和工作环境。这些情况进一步表明，在高校尤其是高职高专院校加强人文教育或普及通识教育的必要性和迫切性。

在诸多的不利条件下，作为高职高专院校的汉语专业基础课，中国现当代文学的课程改革势在必行。如何在学科建设社会大环境极端不利，课程发展已逐渐走向边缘，生源人文素质差、心态浮躁、缺乏学习兴趣的高职高专院校中为中国现当代文学课程的发展探索出一条可行性的改革思路，是每一位高职高专院校现当代文学课程教师不容回避的话题。

二、中国现当代文学课程改革的思路与实践

现代教育理念的核心是"以人为本"，要切实贯彻这一理念，作为教育工作者首先应该树立"以生为本"的观念，落实到课程教学与改革中，就是在遵循学生健康发展规律的基础上，结合课程的特点确立科学的教学目标，通过灵活多样的教学手段，实现学生完美人格培养和多项技能掌握的最终目的。

（一）教学目标："知识型"教学为"应用型"教学

与本科院校培养研究性方向的目标不同，高职高专院校在专业培养上更注重技能性和应用性，具体到文秘专业的培养目标上，则是培养具有创新精神和实践能力的合格的文秘类应用型、技能型人才。为此，作为文秘专业的基础主干课，中国现当代文学课程的改革就应紧紧围绕着力提高学生对文学作品的鉴赏能力，对文学思潮、文学现象和文学流派及特点的初步判断能力为中心，通过对课程的系统学习，养成良好的学习习惯，促进知识、能力、素质的协调发展，培养具有较丰厚的文化和文学素养等综合素质，能从事文学创作、文案设计与写作、文秘、企业文化策划与管理、语文教学等专业人才。

以往的中国现当代文学教学，更多地强调学科的"知识型"，即理出文学史的线索，并以此为基点，评述其中重要作家作品、文学潮流和文学现

象，使学生了解基本的文学史知识。而作为文学史最基本的构成要件，作品的审美特征却埋没在繁杂的文学史知识和抽象的文学理论的讲解中，学生不能将自己的情感体验和生命意识投射其中，导致学生的审美能力得不到充分的发挥，人文素质也难获提高。

由此看来，中国现当代文学课程传统的"知识型"教学目标，虽然使学生获得了现当代文学的具体知识，但对其专业发展、素质培养和人格养成却无太大作用。因而，应注重该课程"应用型"实践技能的培养，强化所学知识和能力的实用性，通过改革教学内容、教学方法、教学手段和评价机制，着力提高学生的阅读能力、文案写作能力、文字编辑能力、语文教学能力和语言表达能力等专业操作技能。

（二）教学内容：化"文学史"，强化"文学性"

本科院校的现当代文学课程强调理论的完整性和系统性，而高职高专院校则更多地追求"必需、够用"。因此在教学内容的选择上，在宏观把握文学史发展脉络的基础上，应把教学重心倾斜到微观的作家作品赏析中。

以往传统的教学既要注重"文学史"的勾勒（在讲述现代革命历史进程和重大社会变迁的基础上梳理出现当代文学史的发展脉络），又要有重点地分析包括作家、作品及文学流派等内容在内的"文学性"。这种既强调掌握文学史规律，又要从兼顾学生分析感受能力培养的内容选择，从教学实践看最终导致师生的无所适从。

为此，根据时代和文学发展的要求，笔者觉得有必要对该课程教学内容做如下补充和调整：补充新的教学内容，如将近年来主要的文艺运动、思潮论争和新出现的各类体裁中有代表性的作品向学生介绍，如当代文学教学中可增加"港台文学"和"网络文学"；在教学内容的选择上，可在绪论部分对文学史的发展概况、重要的文学史事件做简要介绍，使学生对近八十年的现当代文学史形成一个整体的轮廓和印象。在此基础上，精选能够涵盖现当代文学六个发展阶段的十几部作品精讲，作品的选择要考虑两个结合：作品审美性和兼顾文学史方面的代表性结合；体裁的多样性与价值观多元化结合。

课堂讲授时结合作品内容将相关的文学史知识适时地穿插，课后为学生提供最新研究资讯，拓宽学生的学术视野，如此就能把"文学史"与"文学性"进行有机的结合,以绳子串钱的方式将文学史教学深入贯穿到作品的阅读和解析中,多角度、多维度、多侧面地向学生展示现当代文学史的丰富内涵,最终实现文学知识、审美能力、人文素质的全面提高。同时,为弥补课时量的不足,作品的阅读放到课外,教师结合作品内容布置相关思考题供学生阅读时思考,强调学生阅读时做好读书笔记。

为弥补课堂讲授内容的不足,教师可以以讲座的形式,开设如《新历史小说研究专题》《女性文学研究专题》等讲座,或者以开选修课的形式把近年来广泛活跃于文坛的金庸、李敖、韩寒等作家的作品引入课堂。这样,不但丰富了教学内容,满足了学生不同的文学趣味,也可从根本上补充并丰满当代文学史的结构。

(三)教学方法:变教师"灌输式"讲授为学生"自主探究式"学习

由于长期受到以教师、教材为中心,课堂讲授为重点传统教学模式的影响,学生形成了被动听得多,主动阅读少,并对教师和教材的一味拘泥的不良习惯,最终导致学生课外阅读量少,读说写能力弱,理论知识贫乏,缺乏勤于思考的不良后果。

建构主义学习理论研究表明:学习过程不是教师向学生简单传递知识,而是学生自己建构知识意义的过程。[1]教育的功能将更多地从传授现存知识和培养现有技能转向培养学生不断学习的能力,以使学生获得自身可持续发展的途径与方法,教会学生学习,将是现时代教育的主旋律。[2]基于这样的现代教育理论,传统教学中知识的传授者和灌输者——教师转变为意义建构的帮助者和促进者,信息的被动接受者和灌输对象——学生成为意义的主动建构者,而教学的最终目的,则是培养学生一生中可持续性学习的能力。

紧紧围绕高职高专院校培养具有实践能力和创新精神的合格文秘类应用型、技能性人才的总目标,中国现当代文学课程在教学方法的改革上可以实施"自学—导学—助学—督学—促学"五个环节。

---

[1] 刘小平."中国现当代文学"教学模式现状及其改革趋向——以建构主义学习理论为指导[J].广东外语外贸大学学报,2007,(5).
[2] 张燕镜.师范教育学[M].福州:福建教育出版社,2000.

1. 学生自学

中国现当代文学课程中内容各异的专题为学生开展自主、合作、探究的学习方式提供了机会，学生通过自组学习小组、自主选题、自主研究等方式，将课堂教学延伸到课外，充分利用教材、音像资料、图书馆、互联网络，在师生间、生生间进行交互交流和相互启发，有利于提高学生的研究性学习能力和创新能力。

2. 教师导学

"导学"是"自学"的基础和前提，"自学"是"导学"的延伸和拓展。教学过程中，教师应注重对学生学习的引导，具体包括"引、讲、评、查"四个方面："引"是对学生学习过程与方法的指导；"讲"是在教学过程中对重难点进行讲解，并在讲解基础上进行课堂讨论、咨询和答疑；"评"是对学生学习过程中的点评，点评要点到即止，目的在于探究性学习习惯的养成；"查"是对学生自学情况的监督与检查。以上四个环节缺一不可，环环相扣，共同推进学习过程稳步前进。

3. 小组助学

以若干学习小组为单位，全员参与到教师总体安排的学习活动中，从课堂问题质疑、讨论到课下小组研究、互评作品，都由小组去独立完成。小组中有固定的组员关系，组员间有明确的任务分工，教师通过传授协作技巧和学术帮助进行指导。教师应结合授课内容和学生实际，有针对性地布置研究课题和学习任务。小组助学有助于培养学生的团队观念、协作精神和交流能力，并在相互交流中激发出创新的火花。

4. 多方督学

督学可在师生间、小组间、组员间进行，以此加强对学生学习质量的指导、监督和管理。教师可通过平时作业、网上讨论、课外辅导、个别访谈等方式及时了解各组学习动态，督促学生真正落实作品阅读、课题研究、文学创作等课程任务。

5. 全面促学

促学贯穿在"导学""助学""督学"三个教学环节的过程中，是督促学生完成自主学习任务的手段。促学可以通过研讨、考核、考试三个方面加以完成。研讨促学，就是对课题进行研讨，深入研究课题的内容；考核促学，就是对学生的学习情况进行考核测评，考核的内容涉及学生自学情况、学习小组内活动情况、课堂上课表现、课外活动情况、作业完成情况等方面的学习内容；考试促学是课程考核成绩的重要组成部分，通过考试检验学生的学习效果，促进学生学习的积极性。

（四）教学手段：传统教学手段与现代化教学技术相结合

现当代文学因信息容量大，涉及载体面广等特征，给教师综合运用各种现代教学手段，制作出与课程配套的多媒体教学课件提供了机会。实践表明，广泛运用多媒体课件，能充分提高学生上课的积极性，活跃课堂气氛，较大限度地扩充了课堂教学信息含量，从而弥补了传统教学手段的不足。但在具体的教学实践中，一些问题也逐渐暴露出来，一些教师只是用多媒体代替黑板板书，以网上现成的课件代替了教师教案，教师的教学方式、学生的学习方式、师生互动教学模式跟传统教学并无太大区别，现代化多媒体教学优势并不明显。根本原因在于对多媒体教学的片面理解，他们只是简单地把多媒体等现代教学手段加入传统的教学方法和教学模式中，而未能根据新的教学要求去更新教学方法和有针对性地设计多媒体教学手段辅助下的教学模式。

现代教学论强调构建师生间共同参与互动和谐的关系，多媒体教学环境下的现当代文学课程在建构师生互动关系方面存在着非常大的灵活性。但如果学生课前不预习，课后不复习，教师也未能根据学生实际随意到网上下载一个课件，多媒体教学下的课堂气氛无论有多么的热闹，学生依然会学无所获。为此，要最大限度地发挥多媒体教学手段在教学中的用处，必需处理好两个问题：

1. 多媒体教学手段与传统教学手段的结合相对现代教学手段而言，传统教学手段速度慢、范围窄、信息容量小。但作为长期教学实践总结出来的经验，传统教学手段仍然有着自身的优势，如黑板板书可以随写随看随擦，方便灵活。教师上课时突发灵感，可以不按设计好的教学思路另辟小径，黑板板书的优势就随之显现了。因此，教师因材施教，合理地将传统教学手段与现代教学手段相互结合，将更有利于提高课堂教学效果。

2. 根据教学内容合理制作多媒体课件 多媒体教学需要教师对课堂所授知识进行再制作、再加工，教师必须将课程的精华、重点与难点展示出来，并按自己的思路和学生学习实际制作教学课件。课件要求简洁明了，信息量大，知识面广，在教材设定的大致框架下，重点补充教材中没有和不足的部分。

（五）课程实践性教学：把"教"的实践性转化成"学"的实践性

作为一种特殊的人类实践活动，"教学活动具有教学实践的双主体性（师与生）、双目的性（培养目标与学习目标）、教学实践的双客体性（教的实践客体与学得实践客体）、教学结果的双满意度（教师和学生都满意）等个性特征，这是中国现当代文学课程教学为实践性教学的客观依据"。①

中国现当代文学的实际教学活动更多偏重于"课堂的实践教学"（学科理论的讲授和灌输）和社会实践教学（做作业、社会调查、见习、毕业实习、毕业设计等实践活动），而往往忽略了"校园实践教学"（文学社团、文学创作、文学竞赛），这在一定程度上削弱了学生理论知识的运用、心智技能的形成及实践经验的积累。为此，作为现当代文学的专业教师，应充分依托校园文化平台，有针对性地将课程教学延伸到课外，积极开展"校园实践教学"。在这一过程中，教师应做好示范，如指导学生成立文学团体，编辑文学刊物，撰写评论文章，创作文学作品，积极组织学生开展诗歌朗诵会，作品剧展演等活动，所有这些都能大大激发学生学习兴趣，切实增强他们的实践能力、创作能力和创业能力。

（六）评价机制：变"单一"评价为教学过程"全方位"评价

评价是课程改革的一个重要环节。一门课程没有科学的评价机制，课程改革成功将是一句空话。长期以来，高职高专院校虽无升学之虑，但以考试成绩为主的方式却长期存在，学生也因此惯性式地沿袭着中学应试教育下形成的习惯，"考前不考不学，考时熬夜背笔记，考完一切全忘记"。

就中国现当代文学课程而言，如果仅以试卷成绩来评价学生优劣，这样的评价是非常不客观的，因此，课程的评价应当贯穿于学生参与学习的整个过程中，评价标的也应涵盖学生的理解能力、感受能力、表达能力、写作能力等方面。依笔者的教学实践，学生课程成绩由平时成绩和期末成绩两个部分组成，其中平时成绩占60%，期末成绩占40%。平时成绩考察包括学生

---

① 王敦. 应用型地方高校中国现当代文学课程实践教学体系的探索与建构[J]. 百色学院学报，2010.

课堂参与程度、作业完成情况、作品阅读及笔记情况、课外文学活动参与情况各个方面,而期末成绩尽量以考察为主,命题少出基本常识和死记硬背的客观题,多出能考查包括学生的总体把握能力、归纳概括能力、作品的理解欣赏能力、语言表达能力和写作能力的主观题。联合国教科文组织在《学会生存——教育世界的今天和明天》一文中指出:教育应该较少地致力于传递和储存知识,而应该更努力寻求获得知识的方法。[①]

由此看来,作为一门动态性很强的学科课程,高职高专的中国现当代文学课程改革应紧紧围绕以学生自学为中心,以教师引导为手段,以小组助学为单位,以多方促学督学为保障,使学生以内在体验的方式参与到教学的全过程,在过程中真正感受中国现当代文学的独特魅力,并养成良好的课程学习习惯,真正成为具有较丰厚的文化和文学素养等综合素质的高级应用型人才。

第二节　中国现当代文学应用性教学的实践

在当下大的时代环境中,作为地方高职院校文秘专业的基础课和专业课,中国现当代文学课程在发展中面临着诸多困惑与挑战。笔者认为,中国现当代文学课程在凸显固有的人文教育功能的同时,还应该发挥其实用价值,在引导学生理解和审视文学作品,理解其中的人文意蕴和文化价值的同时,应着力培养学生分析问题的能力、创新思维能力、鉴赏能力以及写作能力等,提升地方高职院校学生的综合技能和综合素养。本节试图对以应用性人才培养为目标的地方高职院校文秘专业的中国现当代文学的教学进行探讨,期望通过优化教学内容、创新教学方法等,增强课程教学的针对性,将应用性人才培养目标落实在具体的课程教学中。

---

① 珍妮特·沃斯,戈登·德莱顿.学习的革命[M].上海:三联出版社,1998.

一、当前高职院校中国现当代文学教学中的突出问题及原因分析

第一,内外因素的挤压下学科魅力在削弱,作为其研究对象的文学,在当下功利化的环境中不断被"边缘化"和"世俗化",在人们心目中的位置一落千丈。与古代文学、外国文学相比,中国现当代文学自身的学科内涵与学养积累也有着先天的不足。尤其是近年来,高职院校在国家政策的扶持下发展势头强劲,而高职院校在人才培养目标的设置上,往往倾向于以单纯的"职业能力"来定位学生的价值。2001年10月以来,教育部连续三次召开全国高职教育产学研结合经验交流会,进一步明确了高职院校"以服务为宗旨,以就业为导向,走产学研结合的发展道路"的指导方针。基于这一方针,高职院校在课程的设置上对一些理论性强、与就业关系不大的课程开始逐步进行削减。中国现当代文学课程首当其冲,课时量从180节课不断被削减,个别高职院校竟将课时削减到了54节甚至36节。

第二,课程教学中应用性人才培养目标不突显。目前,不少高职院校的中国现当代文学课程和古代文学、外国文学等课程一样,在教学上依旧照搬素养型的教学传统。在教学活动中,教师是主体,学生始终处于被动的地位;授课方式以教师灌输为主,即使利用多媒体课件教学,也仅增加了一些内容的直观性;教学内容上知识传播依然居于主导地位,学生能力的培养没有受到应有的重视。在考试考查中,偏重基本知识和基本理论,能力的测试没有放在应有的位置上。教师在有限的教学时数中要完成繁重的教学任务,原本应该生动的文学课堂只留下了一点点干巴巴的人文知识,这就明显地形成了培养目标与课程教学两张皮的现象。

第三,高职院校学生"内外交困",学习动力不足,与普通院校的学生相比,高职院校的学生在专业水平方面并无明显不足,只是人文素质和知识面处于劣势,他们多难沉下心来认真阅读文学作品,理解其中的文化意蕴和文化价值,主观上也缺少积极的心态,主动接受文学作品春风化雨般的影响。相反,受社会风气的影响,他们往往比较急功近利,或者迫于就业的压力,忙于考这个"本"那个"证",如文秘专业的学生多集中精力考"中级秘书证""普通话证"甚至"导游证"等,以期增加就业时的砝码。学生"文学

感受能力和想象能力匮乏",对文学文本表现出"麻木、默然、没有感觉"。[1]因此,他们上课往往不能专心致志,对于教师布置的大量的课后阅读作业,也多不能认真踏实地去完成。

针对以上突出问题,笔者所在的学院,近年来根据现代高职教育的特点,针对中国现当代文学教学构建了"学—导互动式"的教学模式,即以学习者自主学习为中心,以教师引导学习为关键,以课堂研讨、课程小论文写作、影视促学等为手段,形成了"自学、导学、助学、督学、促学"互动一体、相辅相成的现代高职教育教学模式,[2]该模式其实质是教与学的双向交流、良性互动,即教师导学与学生自主探究式学习双向互动,重在培养学生学习的能力,提升学生的信息技术、团队协作、课题研究、思维、口头表达等综合技能。

二、中国现当代文学课程应用性教学的有效实践

高职院校中国现当代文学教学应充分调动学生的学习主动性,提高学生阅读、鉴赏的能力与审美力,注重动态灵性的思想启悟,强化学生的思维训练和能力培养,促进学生综合素质的全面提高。

(一)构建专题化教学模块,突出作品的深度阅读与欣赏

中国现当代文学是一门素养型的课程,从严格意义上说功利性不强,但并不意味着与应用性脱节。对应用型人才来说,不要求具备过多的理论知识和文学史知识,而是要求了解文学史,侧重的应该是对问题的思辨能力以及分析、鉴赏和创作文学作品的能力。因此,在教学上应该简化思潮论、流派论和作家论等等一些内容,仅以介绍基本知识、拓宽视野为限,而应侧重展开对作品的深度阅读和欣赏。

近年来,学院课程组教师多次开展研讨,决定建构新的课程模块,有意将纷繁复杂的文学史知识淡化,梳理出"鲁迅作品阅读""老舍作品阅读""沈从文作品阅读""张爱玲作品阅读""汪曾祺作品阅读""朦胧诗阅读""王安忆作

---

[1] 王卫平.师范大学文学课程教学的困惑、问题与出路[J].北京大学学报(哲社版).2003,(5):104~107.
[2] 刁丽英.《现当代文学》课程"学—导互动式"教学模式的理论研究与实践[J].淮海工学院报.2010,(8):112~115.

品阅读"等10多个教学专题，自编针对性强、深度适中的教材，把文学作品的讲析作为教学重点，引导学生研读几十甚至上百篇优秀作品，通过师生的互动教学，让学生形成良好的文学感受力和有品位的文学判断力。同时，引导学生围绕不同的专题进行深入学习，参考相关的评论资料引导学生深入探讨某些课题。这样，学生获得的不仅是对具体作品的感知能力，还形成了对相关问题的深入分析能力、概括能力，对不同文学观点的品评能力、鉴别能力，应用型人才的培养目标在专题化的课程教学中就得到了一定程度的落实。当然，围绕着流派论和作家论等一些内容，学院相继开出了"新时期女性诗歌欣赏""当代作家与作品"等专题选修课，体现学科知识的新颖性、前沿性与时代性。

（二）创新教学方法，努力践行"学导互动"模式

中国现当代文学传统的课堂教学方法是"三主式"，即教师讲授为主，课堂教学为主，知识传授为主。这种形式埋没了学习主体，表面效果可以，但实际效果不如人意。应用性人才培养目标要求代之以教师主导、学生主动、"学导互动"的新的教学模式，致力于培养学生的应用能力。在教学实践中，我们的做法主要包括以下几种：

1. 有机穿插影视片段，加强阅读延伸，做足"助学"功

在教学中充分挖掘影视片段在视听觉效果上的极大优势，能辅助地培养学生的文学审美能力，充分调动学生的审美感悟力。影视片段的声音、图像等多种信息，不仅能够极大程度地满足学生的视听感官需求，而且能弥补学生历史经验的不足，增加更真切的现场感及其学生的情感共鸣，从而使学生更深刻地理解文本的思想力量。比如，我们从电影《活着》里可以剪辑一些富贵大炼钢铁的场面，富贵的女儿凤霞结婚的场面，凤霞生孩子时因没有医生难产而死的场面让学生看，以此生动地再现1958年"大跃进"的历史、建国初期中国人的领袖崇拜情结以及"文化大革命"时期知识分子的特殊遭遇，使学生融入文学作品所构筑的艺术境界中去。在放了辅助性的电影片段之后，教师再讲述巴金《随想录》的思想和作家创作时的情感基调时，学生就比较容易接受。

其实，教师利用影视片段，还可以延伸学生对文本的阅读，引导学生进行适度的文学与影视艺术的鉴赏比较。文学与影视联动教学互为促进，既

可以帮助学生加深对文学作品的热爱，还有助于提升其影视艺术的素养，形成学生对影视艺术所营造的声像世界更高的期待与更深刻的理解力。这样有效的"助学"手段，可谓"一石二鸟"。

2. 精心组织课堂讨论，加强小组合作，练好"导学"功

在教学过程中，教师应在"导学"上下功夫，精心组织课堂讨论，加强小组合作，最大限度地引导学生积极参与话题讨论，突出学生的主体地位。在导学过程中，合作学习被认为当今世界最成功的教学方法，也可引进到现当代文学教学中。教师可组织学生成立学习合作小组，一般8人至10人为一组，作为课堂教学的补充和延伸。教师结合授课内容，有针对性地布置学生感到有话可说的讨论话题，由学生借助各种媒体搜集资料、形成自己的看法，并在课堂上汇报讨论结果，教师予以必要的点评和总结。例如，当教师讲述新时期以来的作家作品时，可以在第一堂课要求每个小组学生认领一个作家进行解读，老师给予相应的思考题让学生带着问题进行自主探究学习，学生记录下自己的阅读感受并针对问题给出答案。到了讲授这个作家的时候，课堂上教师可留10多分钟让选择此作家的学生小组代表上台来讲，要求脱稿演讲，教师可以参与对话。学生讲完，教师应理性地评价学生的思路、观点、语言以及姿态等。这样，教师参与其中，而将更多的主动权下放给学生，这样的"导学"自然可以打开学生们的思路，增强他们学习过程中的问题意识和创新思维能力，大大提高学生们发现问题、提出问题以及解决问题的能力。

当然，这种积极有效的小组合作和课堂讨论，对教师的素养提出了极大的挑战，教师要主导整个教学过程，包括提出切合教学内容的难易适中的具体问题，包括组织学生开展讨论，点评学生发言，控制讨论方向，对讨论的情况进行总结等。

3. 牢牢抓住读写实践，加强师生监督，把好"督学"关

在教学中，教师应当抓住"读写实践"的环节，通过小组竞赛的方式，师生双方积极介入督学环节，把好学生学习质量的"督学关"。教师可以让学生以小组合作的方式，在熟悉作品的前提下，利用课余多分析作品，尝试写一些作品的鉴赏文章，有些鉴赏文章可以制作成PPT，在课堂上大家相互交换意见，甚至可以引起思想的交锋与碰撞。这样，学生既熟悉了作品，鉴

赏能力、写作能力和科研能力也得到了一定的提高。"尝试写研究性的论文，是有利于提高整体能力的综合训练"①，写作训练既可以培养学生的学习兴趣和文学感受力，突出课程的文学性；又可培养学生的感悟能力、搜索信息的能力、写作能力与创新思维能力。而学生之间的相互竞赛与比拼，实际上也激发了他们阅读作品、搜集信息、制作PPT、提炼观点等各方面的学习动力，形成了良好的分工合作的团队协作意识和你追我赶的竞争意识。当然，对学生完成的赏析文章或小论文，教师要进行客观、公正的点评，既要肯定其观点的新颖、独到之处，又要指出其观点表达技巧方面可能存在的不足，使得"督学"做到针对性强，实效性突显。

三、关于中国现当代文学应用性教学实践的再思考

（一）突出师生互动，让课堂焕发生命的色彩

教师在课堂教学中要突出师生互动，要适当安排各种课堂讨论、问题研讨、论文交流等，要始终从文学作品出发，围绕文学作品的阅读和体验去分析，并尽可能地引导学生联系现实生活，做到不脱离时代，不脱离生活。在互动中，教师注意不以自身的权威和现代性的"理性"去压制学生的思想，尊重事物的多元性和差异性，给学生一个深入思考的可能性。这样，师生互动的结果是学生摆脱了应试教育训练出来的文学作品的欣赏习惯，摆脱了总是主题思想、艺术特色等套路和模式，师生的思想碰撞与畅所欲言，激发的是各自生机勃勃的生命色彩。

（二）科学利用多媒体教学，与教师讲解有机结合

网络影视的繁荣发展为中国现当代文学教学提供了丰富的课件制作素材，在教学中应加以合理取舍。如根据现当代文学作品《雷雨》《祝福》改编的影视作品比较忠于原著，可以适当剪辑引入课堂教学，而像《金锁记》这些改编太多的影视片，教师应尽量避免选择以免误读文本。另外，剪辑多少素材做成课件在课堂上展示也要把握好尺度。中国现当代文学课程偏重与文本的对话，图片、影视等资料虽然有其优越的一面，但永远替代不了对语言文字的解读。真正情感性、精神性的层面，那些属于文学课中最具感染力、

---

① 温儒敏.文学史的视野[M].北京：人民文学出版社.2004：311~321.

最富灵魂性的东西还是要靠教师生动的讲解来传达。

总之，地方高职院校文秘专业的中国现当代文学教学，必须积极推行"学导互动"教学模式。构建专题化的教学模块，强化学生对作品的深入理解；改变教学方法，适当穿插影视片段，加强阅读延伸；精心组织课堂讨论，强调小组合作；牢牢抓住读写实践，加强师生监督；打通第一课堂与第二课堂，从教师的"助学""导学""督学"以及学生的"自学"等方面全面"促学"，努力提升学生的文学鉴赏、生活感知、学术科研、创新思维等综合能力，使高职院校应用性人才培养目标真正落到课程教学的每一个环节之中。

第三节　多层次教学法在现当代文学课堂中的运用

中国现当代文学本应是一门富有学术活力的课程，但实际教学中一直延续单一授课模式，教师多按传统教学方式授课，很难兼顾学生因个体差异而产生的不同学习需求，以致影响到学生的学习兴趣和学习积极性。因而，将多层次教学法理念引入现当代文学课堂已成为一种趋势。作为一种教育模式，多层次教学法用素质教育的理念来诠释就是因材施教，具体是指教师依据学生的实际情况，对不同层次的学生提出不同层次的教学要求，进行不同层次的指导。[1] 多层次教学法既可有效解决多样化需求与单一培养模式间的矛盾，也可使学生更快更早地发现自己的兴趣，确定发展方向。

一、多层次教学法在分层定位中的运用

分层定位是多层次教学法关键的第一步，科学分层能为逐渐展开的教学工作做好充分准备。实践证明，开学一月后分层较为科学有效。这段时间里，学生对此课程有了一定了解和把握，逐渐明确了自己的兴趣和发展方向。有明确就业方向的学生，更注重专业基础知识的学习；喜欢文学创作的学生，希望提高写作技巧及鉴赏能力；走考研深造之路的学生，更愿意提高思辨能力。学生明确自我方向的同时，教师也对学生的能力兴趣有了

---

[1] 邱济隆.建立多层次的教学体系 [J].人民教育，1989(11).

全面了解，能更精准地指导后续工作。随后，学生填写自我能力测试表，上报兴趣专长，由教师在尊重学生意愿的前提下，最终根据专业性质及分层条件将学生分为三组：(1)教学能力培养组；(2)创意写作组；(3)学术交流组。每组还可细分为二到三个小组，便于组内竞争。学习期间，学生可根据自身条件申请调换到更适合的小组。

二、多层次教学法在课堂教学中的应用

多层次教学法的分层定位为课堂教学提供了一个有层次的教学环境，有利于课堂教学活动的有序开展。基于课堂教学严谨复杂的特点，有必要将多层次教学法分化成具体步骤，融入各个环节中。

（一）多层次教学法在教学目标上的体现

教学目标是课堂教学工作的出发点，也是课堂教学工作的首要环节。教学目标一经确立，就成为课堂教学工作的指南，不仅可以为教师指明授课方向，也能为学生指明发展方向，预定发展结果。以往的现当代文学课程教学目标模糊单一，而多层次教学法在对学生进行分层定位后，有着更清晰的教学目标。它要求教师在备课中顾及三个层次的教学需求，根据教学内容分出不同层次的教学目标：教学能力培养组侧重知识性目标，创意写作组侧重文学鉴赏性目标，学术交流组侧重学术性目标。如讲解20世纪50—70年代中期的文学，教师在讲授茹志鹃小说一节时，针对不同层次区分出知识性目标(茹志鹃小说创作风格的发展)、文学性目标(《百合花》中细节描写对塑造英雄人物的作用)、学术性目标(《百合花》与十七年文学的关系)。教学目标是课堂教学工作的航标，多层次教学法设定的教学目标既可克服课堂教学的随意性、盲目性和单一性，又有助于拓宽学生的知识视野，使学生高质量高效率地完成学习任务。

（二）多层次教学法在教学互动中的体现

除了体现在教学目标上，多层次教学法也体现于课堂教学的师生互动环节。以往的课堂互动环节基本局限于两种模式：全体学生参与的交流讨论课或某一学生主讲的课堂示范课。这类互动中，学生缺乏主动性，参与率低，很难得到满意的课堂效果。而多层次教学法的互动环节按照不同层次引导每个学生参与到感兴趣的领域，突出了学生的主体地位，更有效地调动了

学生的积极性。多层次教学法的互动环节以互动课的形式集中体现，教师以四个教学周为一个教学段，前三周教师授课，第四周为教学互动课。互动课三组学生分别展示，每组三十分钟，二十分钟学生展示，教师点评控制在十分钟。基于教学内容由浅入深、层层深入的考虑，教学互动课应先由教学能力培养组来展示。为促进该组学生对前沿教学手段的运用，教师需改变以往要求学生现场讲课的方式，转而要求学生参考教师提供的示范视频，在课堂上播放由小组集体制作而成的"微课"视频。制作微课时，学生集体决定备课内容、讲课方式、板书设计，完成录制。教学能力培养组进行了基础知识讲解后，再由创意写作组对作品进行更深入的剖析与鉴赏，并展示本组优秀的原创作品。最后由学术交流组将授课内容上升到理论研究高度，使用PPT讲解相关内容的最新研究动态。

以讲授"张爱玲：传奇与人性的双向追寻"为例，互动课首先播放教学能力培养组制作的微课，微课清晰讲授了三个教学内容：世俗与传奇之间的海上花——张爱玲生平简介；红尘男女与苍凉人生——张爱玲作品介绍；废墟之上孤魂游荡——张爱玲小说艺术特色。展示完毕后，教师补充完善知识点、点评启发教学思路、纠正教态、发音等问题。创意写作组选择文本细读的方式细致分析张爱玲写作技巧的精妙之处，尤其留心到张爱玲用词的韵味。如《倾城之恋》中，当范柳原与印度女人厮混时，身边朋友问白流苏怎么回事，张爱玲写道："这时候白流苏只得伤了风"。创意写作组认为这五字简简单单，说的是顺理成章简约自然，却一针见血地点到了白流苏的窘境和其背后的传统文化制约。白流苏作为旧式大家族婚姻失败的产物，饱受白眼嘲讽，于是拿自己做赌注去博范柳原的婚姻。但在男权社会作为一个没有独立经济能力的女性，她一直都处于劣势，她所有的心机计谋其实都是无用的，因为主导权一直在范柳原手里。通过此类讲解，其他组的学生也体会到了张爱玲文字的狠辣与世事的苍凉。创意写作组一方面引导其他组学生感受作品的精妙之处，另一方面还展示了自己的原创作品。如张爱玲的《倾城之恋》以第三人称展开，有学生就以范柳原的视角，用第一人称重新叙述，写出仿作《一瓣真心》，同样的事件、场合，因叙述视角的重构，勾勒出截然不同的故事框架，给人"柳暗花明又一村"的新奇感受。也有学生通过自由发挥进行故事改编，将时代背景调换到现代，写出以城中村改造为主题的

《新倾城之恋》等。从教学实践看，学生以原作为借鉴对象的创作对学生帮助较大，既能够加深学生对原作的理解，也能从对比中发现自己的不足，克服眼高手低的缺点。两部分展示完毕，教师着重对该组学生的习作进行点评，提出修改意见。学术交流组通过中国知网和图书馆梳理了有关张爱玲的研究论文，总结出张爱玲研究的四个方向：从政治性的角度对张爱玲作品的研究，如夏志清在研究小说《秧歌》时指出张爱玲在小说意象和情节设置上潜藏着她的反共意识。从现代性的角度对张爱玲作品的研究，如孟悦的《中国文学"现代性"与张爱玲》。从精神分析学和心理学的角度对张爱玲作品的研究，如张竹赢的《论张爱玲小说的变态心理描写及文学意义》指出"变态心理"在张爱玲小说中的体现，并分析其原因。从女性主义角度对张爱玲作品的研究，如孟悦、戴锦华合著的《浮出历史地表——现代妇女文学研究》一书就强调了张爱玲作品中"父亲"的缺失和对男权社会的仇视。其后，该组又从翻译理论、电影研究理论、视觉艺术理论等角度展示了张爱玲研究的新动向。教师主要解释论文中的专业术语并针对某一观点与学生进行交流。通过研究性学习，学生的学术思维和专业敏感度普遍得到了提升。多层次教学法的教学互动环节是促使学生自由思考，延伸思维宽广度的重要途径，有利于达到"因材施教"的教育要求，也利于学生全面提升"一专俱全"的综合素质。

（三）多层次教学法在教学考核中的体现

教学考核是检验课堂教学效果不可或缺的一部分。只有通过教学考核，才能及时发现课堂教学中的不足，帮助教师提高教学水平，巩固学生学习效果。相比之前目标单一的传统考核方式，新的考核方式具有明显的对应性、丰富性、有效性。考核时，教师不应只设置一道无法满足不同学生需求的考题，而应设置三道选作题，学生根据自己兴趣和能力任选一题作答。如以阿城的小说《棋王》为考核内容时可设置三道选作题：(1)阿城的写作特色是什么？（2）请写出作者在塑造知青"棋呆子"王一生时运用了哪些叙事技巧？(3)《棋王》不动声色的叙事态度暗含了哪些道家哲学思想？通过类似的教学考核，学生既满足了学习兴趣，能力又得到了多样化发展。

三、多层次教学法在课后辅导中的应用

从本质上说,多层次教学法在课后辅导中的运用,与其在教学考核中的运用有相似之处。两者均是在严格完成教学目标的指导下,立足于不同的学习层次,有针对性地帮助学生提高能力。教师可安排每半个月进行一次课后辅导,时间放在周一、周三和周五,分别是周一教学能力培养组,周三创意写作组,周五学术交流组,以便于各组学生交叉旁听,全面发展。这种具有完整性、纯粹性、层次性的辅导安排,能达到检验学生学习和促进其发展的目的。

针对教学能力培养组的特点,教师可实行学生短时间讲课的方式,保证每月每人均有一次讲课机会。学生讲课结束后,教师针对讲课内容做补充说明并拓展相关文学史知识,丰富学生知识结构,建立网状体系。针对学术交流组,教师应以"授人以渔"的方式教会学生学习方法,拓展理论深度,帮助学生找到学术兴趣生长点,指导学生写出较高水平的论文并助其发表。学生则应熟练使用并掌握"中国知网""超星"等学术获取平台搜索相关论文,并能针对某一论题阐述自己的观点。

相对于教学能力培养组和学术交流组,创意写作组的辅导要求和难度更高。为使该组达到掌握写作技巧,锻炼写作能力的培养目标,教师需对其进行系统化辅导。教材方面,首次系统引进的国外创意写作成果"创意写作书系"是理想的取材蓝本。

通过阅读该书系的《成为作家》《创意写作大师课》等书,学生能熟悉写作技巧,克服创作阻碍,更好地规划自己的写作生涯。为与学生及时交流写作技巧与心得,教师应充分利用新媒体优势,专门创立微信互动平台。

教师作为平台管理者,应设立专门的"写作技巧"类菜单,每周至少推送五篇创意写作技巧文章,并在平台醒目位置链接"花城""新京报书评周刊""长江文艺杂志社""创意写作坊""凤凰读书"等知名文学杂志公众号,供学生随时关注阅读。当然仅仅了解写作技巧还不够,陆游曾说过:"纸上得来终觉浅,绝知此事要躬行"。学生要想熟练掌握写作技巧仍需多写多练。刚进行创作时,教师应指导学生从仿写开始。高尔基就曾说过仿写的重要性:"对初学写作者来说,不在读书和模仿中写些什么,就很难有什么创造。"

在具备一定的写作能力后，学生可进行自由创作。写出习作后，学生最希望的还是能够尽快发表，但传统纸媒审稿发稿周期长、题材类型狭窄、稿件问题反馈慢，学生的作品较难发表。为激发学生创作热情，增强学生自信心，在向传统纸媒投稿的同时，教师应每周选取两篇学生习作在微信互动平台发布，并推荐学生在网络文学平台发表作品。当创意写作组有了一定的创作功底后，教师可将三组学生形成链接，由创意写作组创作，教学能力培养组和学术交流组来点评并写出评论文章，三组形成良好循环。创作如同武功修行，与高手过招才能事半功倍。教师还应多邀请专业作家来小组中与学生交流经验。教改实践证明，该组学生经过著名刊物主编指点后，创作水平得到了质的飞跃。更重要的是，经过辅导的学生已经坚定了自己的写作信念："写作如同农夫犁地、女工织布，天长地久地犁下去、织下去，总有娴熟成功的一天。"

四、教学成果与不足

多层次教学法根据学生的学习兴趣、能力优势来划分学生，更易于达到因材施教的目的，当学生真正成为学习的主体，就会主动提高自身能力发展自身优势，因而教改过程中取得的成果比较显著。在教师指导下不少学生发表自己的作品。

虽然多层次教学法相较于传统的教学方式已经有不少改良，但它也有一些不足之处。一个不足是教师素质仍待提高。与传统教学方式相比，由于要同时兼顾不同层次的学生，多层次教学法对教师的要求更高。教师不能只专不全，其教学能力、文学鉴赏能力、学术修养等综合素质都受到考验，这就需要教师竭力提升自身素质，使自己有能力对三个层次的学生进行指导。另一个不足是创意写作组写作文学体裁的比例有失均衡多样。因学生多数处于青春期写作期，语言恣肆，忽视结构剪裁，学生较擅长创作散文、诗歌等体裁，而小说在数量和质量上均不理想。众所周知，小说写作的入门门槛较高，不仅需要写作者熟练地掌握各种小说写作技巧，更需要写作者拥有丰富的想象力，而这正是学生的短板。小说创作又往往要从短篇小说练起，而短篇却是较难驾驭的。著名作家张楚就曾经谈及短篇小说的创作困难："短篇小说写作不需要一个完整的事件，它需要的只是一个或多个细节，如何让细节在叙述中变得饱满、明亮、光彩照人,同时让它们击中我们内心最柔软的地方,操作起来是很困难的。它需要我们要有一双格外犀利的眼睛,也需要我们有一颗格外善感的心脏。"由于学生写作技巧欠缺,缺乏内心细腻的感知,加之短篇小说写作本身的难点,学生在小说创作方面还没有大的突破。

实践证明,多层次教学法在现当代文学中的运用是有效的,它使学生多样化发展,不再是一个模子里刻出来的机械产品,它也通过稳扎稳打的教学实践强化了学生的学习能力和自信心,学生从内心深处真正接受了这种新的教学法。作为一种新的教学法,虽然它也有不足之处,有待于改进和完善,但只要教师灵活运用,最大限度地发挥其优势,相信多层次教学法能帮助教师更好地完成现当代文学的教学任务,也能为社会培养出更多高素质的复合型人才。

第四节 翻转课堂教学模式在中国现当代文学课程教学中的应用

翻转课堂(Flipped Classroom)是一种备受关注的新型的教学模式,它致力于颠覆传统的教学模式与课堂结构,将"课上学习知识,课后完成作业"的教学模式翻转过来,使得学生"课前通过视频或资料学习知识,课上开展与同学和老师的互动活动"。这一方式打破了教师的一言堂,解构了威权中心,突出了学生在教学中的主体性特征。实践证明,翻转课堂在激发学生兴趣、促进知识内化、提升深度学习效果等方面卓有成效。

"中国现当代文学"是中文系学生的专业必修课程,它通过对"五四"以来中国文学发展的脉络、特点、规律的讲解,对主要作家创作情况的介绍,对重点作品的解读,训练学生对现当代文学进行感知、分析、鉴赏、评论,增进学生对中国现代文化的理解,提高学生的人文素养和道德情操。但是这门课在教学的过程中存在相当多的弊端,例如:"重脉络梳理,轻作品解读";对于具体的作家作品的解读流于"作家生平+思想内容+艺术风格"的公式化套路;随着网络的全面普及,学生们的阅读日益快餐化和娱乐化,不愿花时间阅读文学经典……当然,这不仅仅是"中国现当代文学"的问题,也是中文系文学类课程教学的通病。因此，笔者尝试将翻转课堂的教学理念引入教学中，努力建设一个多元、活跃、高效的文学课堂，希望能够提升学生对文学的兴趣，提升他们对作品的解读和分析能力。

一、"中国现当代文学"课程的翻转课堂适用性分析

（一）课程结构十分明晰，适合制作自学材料

"中国现当代文学"课程知识点明确，非常适合进行知识单元拆解，从而制作成教学视频或其他学习材料供学生课前自学。以高等教育出版社的《中国现代文学史（1917—2013）》（朱栋霖主编）为例，教材清晰地将"五四"以来的文学进行分期，每一时期按照"文学思潮""小说""诗歌""散文""戏剧"的门类进行讲解，每一门类又分成"概述"和"作家专节"（或"流派专节"），具体到每一个重点作家，也有生平介绍、主要作品介绍、思想主题探析、艺术风格解读等内容，知识点十分明确。

（二）课程知识难易适中，适合学生课前自学

从教育学理论上来说，这门课程的浅层知识属于陈述性知识，而非程序性知识，重内容铺陈而少具体应用，故学生们可以在课前颇为轻松地读懂教材内容，为课上的互动打下基础。

（三）课程内容多元开放，适合学生讨论探究

由于现当代文学是一个"正在发生"的概念，尚未完全走完"经典化"的路程，对许多作家作品的评论尚不能盖棺定论，这就为学生们的探究性学习提供了广阔空间，这也使得翻转课堂的形式十分必要，它比传统的授课形式更适合整理文献、思考问题和表达见解。

（四）深度目标难以达成，需要学生高度参与

如"重史轻读""作品解读套路化""学生阅读量普遍不足"等问题，只能通过改变教学方式来解决。因为文学教学中最为珍贵的"审美理解""情感体验"和"创造再现"目标是传统的讲授方式难以达成的，它需要学生的高度参与，课前的阅读、课中的讨论和发言、课后的总结都是必不可少的。

二、"中国现当代文学"翻转课堂教学模式的建构

（一）教学准备

在传统教学模式中，教师每节课只需要"一次备课"即可，但在翻转课堂模式下则需要"二次备课"——第一次是备"导学"内容，第二次是备"课堂"内容。教师需要根据教学目标对教学内容进行科学的规划设计，区分哪些内容适合课前自学，哪些内容适合课堂互动，且课堂内容要与导学内容紧密联系起来，但又不能完全拘泥于此。一般来说，作品的初步阅读和客观性较强的知识都可以放在导学环节，如文学思潮的变化、作家的生平、主要作品介绍；而主观性较强的知识则适合课堂互动，例如对作品主题和作家艺术风格的探讨、对文学史现象的评价等。

在导学中，应当让学生明确新课程的知识要点，然后设计"任务书"作为学习引导。任务书可以是对作品的阅读，也可以是对问题的思索，还可以描述一种文学史现象，鼓励学生提出问题并思索解决方法，从而形成强烈的学习动机。对于"中国现当代文学"来说，学习难度并不在于知识的记忆，而在于培养宽广的文学史视野和敏锐的审美感受。因此，给学生的自学材料，教学视频只是其中之一，文本和专题性研究文献也同样重要。

（二）导学环节

学生根据教师下发的"任务书"和学习资料进行课前自学。在所有导学材料中，文本的阅读应放在首位。现当代文学研究的著名学者陈思和曾把文学史比作璀璨的夜空，把作品比作星月，他说："我们要观赏夜空准确地说就是观赏星月，没有星月的灿烂我们很难设想天空会是什么样子的，它的魅力又何在呢？……离开了文学名著，没有了审美活动，就没有文学史。"[1]但当下的阅读现状呈现出娱乐化和快餐化趋向，愿意阅读经典名著的同学越来越少。因此，教师必须采取科学的方法检查大家的阅读情况。例如，根据作品设计几个简易的填空题，考查作品中的人物姓名、特点，地点的名称，情节的走向，或某个片段的出处，将起到很好的督促作用。除了文本阅读，其他导学环节也应进行形式多样的考核与评价。

---

[1] 陈思和.文本细读在当代的意义及方法[J].河北学刊，2004(2)：110.

(三) 课堂活动

此前，众多研究翻转课堂的文献都致力于探讨课堂之前的环节，也就是如何制作视频、如何验收自学成果，但课堂上到底应该做些什么，依旧缺乏系统的论述。其实，课堂的优势是学生的群体性特征，学生由于共同的学习目标、学习方式和学习场所而形成了"学习共同体"，所以一切围绕课堂开展的活动应该充分考虑共同体优势。那么，作为共同体的学生在课堂上适合做些什么呢？

一是讨论交流。小组讨论的环节中每个人有不同的分工，组长掌控讨论的节奏，记录员负责记下小组各位同学的讨论观点，发言人代表小组发表意见和看法。问题的设计要能体现教学目的，难易程度要适中，可以是对某个文学作品的探讨，如：巴金的小说《家》在哪些方面借鉴了古典小说《红楼梦》？也可以是对某个文学史现象的研讨，例如："红色经典"属不属于经典？我们应该如何评价？学生们可以参考相关文献，并根据自己对作品的解读归纳、总结自己的观点。这将深化学生对现当代历史文化语境的理解，提高审美鉴赏的水平，增强分析问题、解决问题的能力。

二是协作探究。可以借鉴西方高等教育中研讨课（Seminar）的方式，在课前给学生设计一个（或几个相关的）课题，并准备阅读目录（reading list）。题目是贯通性的宏大课题，目录也要横跨不同的教材和观点各异的文章。学生需要按时完成阅读，对观点做出梳理，针对问题给出自己的见解。这往往是研究生课程所采取的教学方式，但也是可以降低难度引入本科生翻转课堂教学的实践中。例如在讲到作家高晓声的创作时，可以设计这样一个探究性话题：从鲁迅到赵树理，再到高晓声，中国农民形象发生了怎样的变迁？分别折射出怎样的文化内涵？这是教材上提出的一个研究视角，但是并没有给出观点也没有展开论述，故适合协作探究。针对这个题目，学生需要回顾鲁迅、赵树理、高晓声三位作家的主要作品及其农民形象，然后根据教师列出的书目和参考文献进行阅读，在归纳和思考后形成自己的观点。由于题目较大，不可能仅靠一人之力在短时间内完成，故需要通力合作。探究的结果可以由代表进行发言总结，也可以各自写成小论文。对于学生来说，这样的活动不仅加深了对作品的熟悉程度，对文学史的掌握程度，也锻炼了思维能力、合作能力，甚至为今后毕业论文的写作打下基础。

三是成果展示。首先，不论是讨论交流，还是协作探究，最终都要以成果展示的方式进行个人或小组的总结。成果展示不仅是展示结果，也展示思路和材料依据。在上述关于"红色经典"的争论中，就有同学根据文学史的演进规律和文学批评的准则对"红色经典"的"经典"身份提出质疑；也有同学根据红色经典的"民间隐形结构"肯定其可贵的价值；更有同学根据自己的阅读经验和文献资料，指出"红色经典"自有其价值，但对于哪些作品才是真正的红色经典要进行重新界定。其次，还可以展示"评论"和"写作"的结果。例如，莫言的小说具有天马行空般的想象力，语言风格自由奔放，带有粗糙的生命活力。小说《红高粱》中有一句描写女主人公"我奶奶"的话语："奶奶鲜嫩茂盛，水分充足"[1]。这是一句极富表现力的文学语言，它用陌生化的方式表现了女主人公的野性之美，体现了作家莫言天才般的语言创造力。但是，同学们在阅读过程中未必能注意到这一句。

为了凸显莫言小说语言的魅力，在讲解时可预先抛出一个问题：如何用一句（或一段）简短的话语，描写一个健康、美丽、性感的乡村女性？让同学们动脑想、动笔写，在他们分享自己的成果后再引出小说的原文。这能让学生有非常深刻的印象。而同学展示的成果中也有非常不错的创作，例如一个同学用"身形壮丽"一词来形容女性，虽然用词有些怪，但却使其具备了"大地之母"的风范。最后，还可以展示"作品的诵读"。讲解话剧《茶馆》时，分小组、分角色朗读剧本的第一幕；讲解20世纪80年代诗歌时，选取舒婷、北岛、顾城和海子的诗歌，开展诗歌朗诵比赛，都使得学生更好地走进了文本，对于自身素质的提升卓有成效。

四是答疑解惑。鼓励学生们发现问题、提出问题。在人文学科的学习中，提出一个好的问题比解答若干问题更为可贵，教师应当把是否提出了有水平的问题作为判定学生成绩的一个参考因素。当某个学生或某个小组提出某个有建设性意义的问题后，先鼓励班级里了解此问题的学生发表看法，再由教师进行回答。

五是效果测评。教学效果的检测和评价不应唯结果论，学习过程也应考虑其中。对于学生的讨论过程、探究过程、展示内容和提问内容应有充分

---

[1] 牛玉秋. 新中国六十年文学大系·中短篇小说精选（上）[M]. 武汉：长江文艺出版社，2009: 335

的了解，对每个学生付出的努力应有充分的把握，并将其纳入教学检测和评价之中。

（四）课后拓展

鉴于已经实现了课堂的"翻转"，故课后的学习内容不宜过多，而且应当是可选性的。可引导学生根据自己的兴趣进行拓展阅读和评论写作，为进一步提升专业素养，夯实基础。

三、结论及反思

（一）翻转课堂对教师素质提出了很高的要求

对于教师来说，实施翻转课堂需要深厚的专业素养和杰出的教学能力。教师在此过程中的角色比好比"编剧、导演和演员"，三位一体。用于学生课前自学的视频，应如一场"好电影"，而课堂的互动，应如一台"好戏剧"。前者用镜头语言向学生传递知识，是电影的调度方法；后者用教师的语言和肢体动作与学生沟通，是戏剧的调度方法。不论哪一种，都要有"脚本"，即"镜头设计"或"舞台设计"，这就需要教师精心准备每一个环节。

教师不仅要对课程内容更加熟悉，而且要搜集、整理、制作并提供相关的学习资源，要对课堂的互动进行有效的设计和引导，要熟练地应对学生提出的各种问题。这都对教师的专业素养、掌控能力、沟通能力、应变能力提出了更高的要求。

（二）学生的主动参与是翻转课堂成功的前提

对于学生来说，实施翻转课堂需要改变学习方式，将传统的"听课—复习"的流程改变为"课前自学—整理与归纳问题—课上讨论与分享—教师答疑—课后总结"的过程。翻转课堂得以实施成功，很大程度上依赖于学生课前的主动性和课上的参与度。因此，学生需要改变由来已久的学习习惯，而教师更要起到督促和引导的作用。一堂好课应该是由教师和学生共同创作的艺术品，二者缺一不可。但在实际教学中，如何调动学生的积极性一直是翻转课堂最大的难题。目前的主要解决办法是采取"探秘"式教学，让知识环环相扣、层层推进。

例如，讲解话剧《茶馆》的主题时，要有这样四个步骤：第一步是通过阅读文本和观看视频，总结出"埋葬三个旧时代，歌颂新时代"的结论（这是学界对《茶馆》主题的一贯认识);第二步是引导学生反思:为什么结尾处如此悲凉?新时代的希望在哪里呢?第三步是让学生阅读部分历史文献,找到老舍在创作时是"戴着镣铐跳舞"的资料;第四步再进行总结,宏大叙事的背景下,作者有一种强烈的个人情怀要抒发,那就是"末世凭吊"。经过层层推演,学生可知《茶馆》的主题并非只有一种解读,它还有可能是一曲末世的挽歌。实践证明,这种"探秘"式教学方法可以激发学生较强的学习动机。但并非所有课程内容都能照搬这一教学模式,因此尚需不断探索。

(三)问题式学习是翻转课堂教学的有效途径

"中国现当代文学"翻转课堂的教学实践是由"问题"贯穿始终的,从导学环节的任务书的设计,课堂活动中的"讨论交流""探究写作"和"成果展示",几乎都是围绕着"问题"的设计、思考和解决来完成。这符合"问题式学习"的定义和特点。"问题式学习"是一种以学习者为中心的教学(课程)设计方法,让学习者掌控学习和研究的过程,使理论与实践相统一,并应用知识和技能去找出特定问题的可能的解决方案。它由四个主要组成部分:"有意义的问题""小组学习""教师作为协调者"和"自主学习"[①]。因此,"设计一个好问题"是"中国现当代文学"翻转课堂教学的重中之重。首先,这个问题应该是"非良构"的,以开放性和复杂性来保证能够进行自由探究;其次,它要符合教学目标的设定,并致力于提升学生的文学史素养、理论思维、审美理解、情感体验和创造能力;再次,它可以被"抽丝剥茧"并"层层推进",从而激发学习兴趣;最后,它的难度要和学生水平相适应,应属于"跳一跳,够得着"的范畴。

总之,"中国现当代文学"翻转课堂所带来的教学变革突破了传统意义上文学类课程授课模式,改变了师生关系,拓展了学习空间,是实现文学教育创新的一次伟大尝试。尽管还有很多问题有待解决,比如教师对课堂中的"讨论交流""探究写作"和"成果展示",几乎都是围绕着"问题"的设计、思考和解决来完成。这符合"问的驾驭能力、学生进行自主学习的习惯都影响着翻转课堂的效果,但随着进一步的探索,我们有理由期待翻转课堂为文学教育带来更好的成效。

---

① 向佐军. 问题式学习慕课开发的原理与设计——以荷兰马斯特里赫特大学慕课为例[J]. 中国电化教育,2016(6):86~87

第五节　文本细读与中国现当代文学教学

中国现当代文学课程不仅是大学中文系的专业基础课，也是大多数高职院校的文秘专业开设的课程。由于文秘专业的教师很多毕业于中文系，深受传统教学模式的影响，所以教学时依然是以讲授现当代文学史为主，于是现当代文学课程的教与学成了一个"传授文学史知识—记忆文学史知识—还原文学史记忆"的机械、枯燥的过程。很多学生并不是通过阅读来体味中国现当代文学的深厚意蕴，当然也就不能深刻理解文学作品中所蕴含的人文精神。在教学实践中，笔者也发现了一些现象，如果学生喜欢某个作家，就会主动找寻与这位作家的有关作品阅读，而且兴趣盎然。他们对作品的评价也往往是从感性出发，而不是从文学史对作家的评价出发，也就是说对作品的兴趣远远大于对于"史"的兴趣。笔者从中总结，并对文本细读与高职院校文秘专业的现当代文学教学相结合进行了思考和实践。

一、什么是文本细读

所谓文本细读，是指把作品文本视为一个有独立生命的对象，通过对文本的详细读解，以及对文本结构、意象、语义等细致的剖析，实现对文本意义的解读。这种方法有时也被称作充分阅读，即尊重文本，从文本出发，通过细致的阅读和反复的阅读，注重细节的解读和结构的分析，对文本所蕴含的深厚意蕴做出丰沛的阐释。

文学的研究需要直面作品去体验，文学作品的教学也应当如此，只有把个体的感悟转变为课堂上的集体意识，文学作品才能体现出其应有的美学价值。文本细读法正是直觉文学作品的有效途径，因此文学作品教学要推行文本细读教学法。

二、文本细读的作用

中国现当代文学课程的教学应注重对学生能力的培养，而强调文本细读则有助于培养学生的人文精神、审美能力和文学实践能力。

（一）有助于培养学生的人文精神

高职院校的文学教育不是培养文学研究的专门人才，而是给学生打下较为宽厚的人文根底。走出僵化封闭的思路，学生的获益会更大。教学中应始终贯穿文学精神对学生的熏陶和影响，这也是激发学生浓厚感情和生命寄托最有效的方式。由于现当代文学作品与现实社会的关系密切，文本上阅读分析与对现实社会的关注和对社会的认识紧密联系在一起，一定的文本细读实践，将促进学生进一步认识我们的社会文化和社会现实，促进他们的社会关怀热情。我们可以精选的文本为重点，通过文本细读、思考、讨论和辨析，潜移默化地影响学生，培育他们的人文精神：人的权利和责任，人的理想和品格，人性的健康圆满。

在中国现当代文学教学中引入文本细读模式，还有利于学生综合素养的提升。使得高职院校培养的人才能够获得全面的发展，而不是简单的从事某种专业的专职工作人员，因此可以说高职院校文本细读策略在现当代文学教学中的引入能够为学生人文主义精神的培养奠定基础。通过文本细读方式的引入学生会阅读大量的文本，通过阅读的积累使学生僵化的思维得以打破，进而更好的感悟中国现当代文学作品的人文情怀，加深学生对文学作品的理解，从而使学生的人文主义情怀能够更加完备。

（二）有助于培养学生的审美能力

高职院校文秘专业学生的学习，不完全是职业性，更是一种素质教育，他们学习文学这门课程，不是为了研究，而是为了提高文学素养和文学审美能力。这种素养和能力不可能在文化空谈中提高，它只有依靠大量文学作品的阅读和分析，在阅读实践中才能不断深化。教师需要引导学生去体会和认识文学的全部魅力，其中最重要的方式就是注重文本阅读实践，以文学作品本身的魅力去感染学生，培养他们对文学的热爱，建立起对文学的信心。文本细读要体悟作品的文学性，美学意蕴正是文学性的体现之一。

在中国现当代文学教学中引入文本细读策略能够使原本枯燥的教学方式转化成为一种更具艺术性质的欣赏过程。同时通过多次的泛读以及精细的品读能够对文学的遣词造句、文法运用以及段落布局和结构体系等了解得更加透彻，进而感悟到我国传统文化的博大精深，体悟到文学作品的精髓，从而感受文学文化的深奥和厚重。在现当代文学作品中不乏一些具有华丽辞藻、恬然意境以及巧妙的情节布局等优秀作品，这些都能够烘托出我国文学的艺术感和文学魅力。现代文学中的名著名篇就是美的结晶，它集语言美、形象美、意境美、场景美、情节美于一体，文本细读可以加深学生对文本美学意蕴的体悟，提高他们的审美能力。

（三）有助于培养学生的文学实践能力

文学实践具有两个条件：一是对现实的认识能力，二是对语言的感悟及运用能力。由于文本阅读的重点在于对现代文本的分析综合，然后进行适当的表达，这事实上也是现实生活中几乎所有的写作能力所共同需要的，也是大学生需要强化培养的重要思维方式。因此，文本阅读的训练也就成了学生写作和思维能力的训练。大量的文本阅读与分析实践不仅能大力提高学生欣赏文学作品的能力，提高学生的文学修养，扩大学生的眼界，也有利于加强学生对文学语言的直接感悟性与运用能力，同时也为学生进行文学创作实践提供了一些有效的方法，激发他们进行文学创作实践的灵感与积极性。穿行在文学作品中，种种情景、情节、人物、生活片段可能激活学生沉淀在记忆中的生活素材，使他们产生丰富的联想与想象，引发他们跃跃欲试的创作激情，从而使他们的创作实践落在实处。通过对文学作品的大量阅读和品味，还能够使学生对优秀文学作品中情节设置、人物设计等方面有更深刻的印象，进而从文学作品中挖掘人文价值，为学生的文学创作提供有效的资源，使学生的文学创作更具现实意义。

三、中国现当代文学教学中文本阅读策略

（一）注重对文本的阅读

对文本的阅读是理解文学作品，培养学生良好文学素养的基础，所以在中国现当代文学教学中，教师首先需要做的就是帮助学生认识到阅读文本的重要性，同时激发学生阅读文本的兴趣，这是因为对文本的阅读是一个体悟文学、感悟文化的过程，必须要学生的亲身实践，是教师无法替代和强行灌输的。在文本的阅读中，读者能够实现与文本以及作者的对话，进而更深刻的了解文学作品的魅力，实现净化人格、升华情感的目的。同时中国现当代文学作家的作品无论数量还是题材都比较丰富，对于学生来说，如何选择合适的文本还是存在一定困难的，这就需要教师能够给予一定的引导。为了

使学生能够做好阅读的计划，教师需要在现当代文学教学课的第一堂课为学生列出阅读的书目，同时对这些文本提出分体裁、分年代和分阶段阅读建议，然后学生才能够根据教师的建设以及自己的学习计划去阅读这些文本。同时针对不同的文本为了提升学生的阅读效率，教师还可以帮助学生提出精读、泛读等方面的读书建议，进而使学生的阅读方向和方法都是正确的。

在制定了基本的阅读计划后，教师还需要对学生对文本的具体阅读方式进行引导，首先阅读的第一步需要学生直观的感受文本，感受文本所体现出来的文学意境等内容，为学生提供初级的文学体悟。比如对于诗歌来说，教师可以引导学生从其渲染的色彩、音韵以及感受等方面来体验文学作品。对于小说来说，教师可以引导学生通过人物形象的刻画、情节的描述等方面来分析作用，并感受小说情节跌宕起伏所营造的氛围；第二步辅以一定的影像资料，经过对文本的初次体验和感知后，教师可以采用影像引导的方式来使学生更加直观地感受到文学作品的魅力和内涵。影视业的发展，使得很多著名的文学作品被改编成为影视作品，比如《家》《红高粱》《四世同堂》《乔家大院》等。这些作品通过影视改编后人物的性格更加鲜活，情感和画面更加动感，使学生能够在轻松、愉悦的情况下感受文学作品的魅力，并从不同的角度来感受和体验文学作品的艺术内涵。

（二）强调对文本的讨论

通过对文本的讨论能够激发学生的思维，调动学生的积极性，挖掘学生的潜力。每个学生的生活经历、人生阅历、兴趣爱好以及性格特点都不同，所以对同一部文学作品的理解也会不同，通过课堂的讨论能够使学生们的观点和看法都进行分享和交流，从而使学生从不同的角度去理解，实现思维的碰撞和延伸，使学生对文学的理解更加深刻。以《沉沦》这部作品为例，在学生阅读文本，并对文本有较为深刻的理解后，教师可以向学生提问"结局主人公选择跳海与爱国主义精神具有哪些联系？对此你有哪些感悟？"通过提问的方式引出讨论的话题，然后学生根据自己的理解来发表意见，使学生能够从不同的侧面去看待问题和思考问题。

（三）适当的演绎文本

很多文学作品的内涵比较深奥，学生在阅读和理解上都存在一定的困难，容易使学生失去阅读的兴趣，针对这部分文学作品，教师可以通过演绎文本的方式来帮助学生进行阅读，提升学生的学习兴趣。中国现当代文学作品中，有很多优秀的诗歌和小说，学生可以根据自己的喜好，选择朗诵诗歌，同时也可以将小说题材的作品改编成剧本，进行话剧表演。这种方式更能够激发学生的阅读兴趣，同时在演绎和准备演绎的阶段，也为学生提供了深入领悟和研究文本的机会，从而使学生对文本的理解更加透彻，有利于现当代文学教学效率的提升。

高职中国现当代文学教学中还存在很多的问题和不足之处，影响学生文学素养的提升和综合素质的培养，所以还需要能够采用文本阅读的方式来激发学生的学习兴趣，积累学生的文本阅读量，进而提升高职中国现当代文学教学的效率，实现学生的全面发展。

四、文本细读教学法的运用

在课堂教学中，教师需要引导学生进行文本细读，教给学生一些文本细读的方法，并使学生有机会将自己阅读的体会与他人分享、交流。

（一）互文性文本细读

陈思和列举的文本细读方法有直面作品、寻找经典、寻找缝隙、寻找原型等几种，这都是通达文本内核的利刃。这里推举互文性文本细读，也叫比较文本细读，即通过其他相关的文本细读探究其中的奥秘。在文学领域里，大至一个国家、一个民族、一个时代的文学作品与其他国家、民族、时代的文学作品之间进行的比较，小至一个事件、一个人物、一个细节、一个词语等与另一个事件、人物、细节、词语等之间进行的比较，都可以增加读者对作品的审美认识。比如将类似题材的作品进行互文性细读，像张爱玲的《金锁记》、吴组缃的《绿竹山房》、施蛰存的《春阳》、汪曾祺的《珠子灯》，都写了女性遭遇不幸婚姻、长期寡居的故事，但她们每个人陷入这种境况的原因却是不一样的，结局也不相同，她们所应该承担的责任也不相同，作家的叙述态度也有明显的歧义。

（二）评点式教学

评点是中国文学批评的传统方式之一。诗文评点、小说评点与戏曲评点在中国文学批评史上屡见不鲜。评点的批评注重细微的分析，评点最为倾心的是文本本身的优劣，它努力挖掘的是文学的美究竟何在以及何以为美，它注重对文本的结构、意象、遣词造句等属于文学形式方面的分析。这种对文学作品的评点，形式自由活泼，强调阅读时的即时感受，将阅读时灵光一现的审美体验，化作文字表达出来。培养学生的评点能力，注重对文本的研读，在课堂内外对文学作品作出不拘长短、强调自身体悟的评点，有利于学生对文学文本的深入理解。

（三）导游式教学

这是将教学过程看作一次愉快的旅游，教师像导游，学生像游客。教师先布置学生在课外阅读某部作品，第二次上课时教师只对作家作品的相关资料背景作简要提示，然后让学生就教师设置的问题展开讨论。学生对作品的思想意蕴、艺术魅力各抒己见，相互补充、争论。这就像导游将游客带到旅游目的地，并为游客介绍旅游景点的相关历史资料后，旅游者各自欣赏景点中的奇山异水、古迹名胜。教师对学生的发言逐一点评，除肯定他们在鉴赏中的思想艺术发现之外，对学生未能感受到的艺术魅力和思想亮点，以及在赏析方法及思路上应当注意之处亦加以评说。教师在点评中，不仅帮助学生感受、理解作品，而且还应该用它作为例证，从方法论上进行一些总结，力争在鉴赏方法上对学生加以引导。

（四）安排由学生主持的讨论课

这种讨论课，适宜在小班进行。新学期第一次课上，教师为学生提供精选的阅读书目，然后定期举办讨论课，学生轮流主持，拟定议题。对于主持人的观点，教师和同学积极地参与讨论，发表自己的见解，可以补充旁证，也可以进行辩难。这种讨论课能将学生经由文本细读获得的审美体验具体化，并能实现与他人的分享、交流。它可以激励学生反复研读作品，把课外阅读和课堂教学有机结合起来，保证了课外阅读落到实处，提高了学生的学习兴趣和欣赏水平。这种由学生主持的讨论课，通过师生共同参与，每个学生既能充分展示文本细读的心得和成果，又能听到他人的表达，并分析别人的意见和观点，师生都以开放的心态接受别人的评论。这是一种互相观摩、学习和借鉴的学习沟通过程。

高职院校中国现当代文学教学是基础性的学科，同时也是提升学生文学素养、文学审美能力的主要途径，所以通过对高职中国现当代文学的学习有利于学生综合素质的提升。文本细读教学模式引入到高职中国现当代文学教学中，通过引导学生大量文学作品的阅读，使学生能够更好地领悟文学的魅力，提升学生的文学审美能力、实践能力和人文精神。因此，教师需要能够采用多元化的方式在中国现当代文学教学中引入文本细读教学策略，促进学生的文学素养发展，为培养全面型、高素质人才奠定基础。

第五章　外国文学课程教学研究

第一节　外国文学课程教学改革的探索与实践

究竟外国文学是什么呢？其实它就是除了中国文学以外的来自不同国家的文学。国内高职院校的中文系基本上都有着外国文学课程，而且这门课程对于整个培养体系而言有着非常重要的作用。由于经济发展迅速，文化交流加强，中文系也不能完全脱离世界背景而独立存在。国内的高职院校相继根据我国教育部的要求进行了调整，但是也有不少院校依旧根据过去传统的观念进行教学，这就对学生的学习效果产生了非常不好的影响，院校的教学效率也会因此受到影响。

一、高职中文系外国文学课程教学的困境

（一）教学形式

近几年，外国文学的教学在高职院校依旧处于比较尴尬的地位：教师大多习惯于对各个国家的文学分开进行教学。其主要形式还是以教师进行知识讲授为主，这种知识讲授的基础是教学大纲。在进行讲解的过程中，教师常常比较关注的是思潮、运动、文学流派、作家的背景知识等等文学史内容。面对这样的知识讲解，学生习惯于简单地听课，机械地进行内容记录，最后在考试的时候对知识进行机械地记忆。这将导致学生对学习的兴趣渐渐消磨殆尽，很难建立起完整的知识体系。作为人类历史上的辉煌历史和宝贵遗产，外国文学经典对于文学史而言意义重大。近几年由于新媒体技术的迅速发展，传统的纸质阅读已经很难引起受众的阅读兴趣，有些教师也和普通人一样，并没有对文本本身进行认真研读，仅仅会照本宣科，这样的模式是很难使学生感到信服和感兴趣的。

(二)教学方法和教学手段

教学方法和教学效果之间存在着直接的关系,这一点在外国文学上表现得格外突出。对于文化传统以及文学审美习惯,东西方之间有着较大的区别。高职院校的学生对于西方文化历史、相关地方风俗的了解比较有限,当他们学习相关文学作品的时候很容易受到这种知识面上的桎梏,难以领悟到文学中的精髓和灵魂。现在的高职院校常常采用的教学手段还是比较传统的,教师一味地讲解,并没有注意到学生的接受情况,学生对于知识学习并没有参与热情和参与兴趣。尽管不少的高职院校老师已经开始利用多媒体进行文学讲解,但是这种利用依旧停留在初级阶段。对于多媒体教学的利大还是弊大,学界还在探讨,但是有一点大家已经达成共识,那就是不管利用什么样的方法,只要学生喜欢,能够帮助知识讲解,就是好方法、有意义的方法。

二、高职中文系外国文学课程教学的出路

(一)引进先进的比较文学观念

这样一种教学观念并不简单,它将能对整个教学活动产生非常深刻的影响。外国文学和我们接触到的翻译过来的外国文学还是有着一定的区别的,所以教师在进行外国文学课程的讲解时,需要把外国文学教学和比较文学教学进行必要的统一和整理。这二者彼此难以分割,关系密切,但是又不尽相同,存在着不同和差异。所以,教师在进行教学的时候,需要把握好翻译文学的特点和限制,这对帮助学生弄清楚所学知识有着非常重要的意义和价值。

(二)探索新的教学模式

现在的外国文学教学模式有着不小的漏洞,不少的高职院校教师都在探索着符合高职院校需要的教学方法,他们提出了一些新的观点。其中最为受人欢迎的,就是将外国文学阅读和影视观赏进行有机结合,帮助学生了解外国文学作品的风貌,随后安排学生进行讨论。这种模式和传统教学模式有着较为明显的区别,它能够帮助学生在有限的课堂时间里,学习相关知识,对外国文学作品产生一种概况式的认知,进而产生学习兴趣。这对于推进高职中文系的外国文学教学有着非常重要的意义。

(三)用问题带动教学

问题是学习的金钥匙,教师应该对课堂讲解的知识点进行必要的安排和计划。对于那些需要重点解决的问题,教师应该事先准备好有意义的,能够为学生所探寻的问题。教学活动做好是以问题为起点的,这样做能够引起学生的学习兴趣,使他们积极主动的进行学习,提高学习效率,更好地完成教学目标。比如在讲解中世纪文学的时候,教师可以问学生,在宗教统治的时代,文学是以怎样的形式存在的?当学生能够很好地回答出这个问题之后,教师可以继续问,什么是基督教?其本质又是什么?基督教文化相较于古典文化表现出了哪些不同和矛盾?利用这些看似分散的问题,教师能够帮助学生慢慢理解四大文学现象,进而掌握中世纪文学的精髓。这对于提高学生的学习能力非常有效。

(四)倡导研究性教学

什么是研究性教学?这种新形势的本质就是将师生的位置进行对调,使教学活动的中心真正回归到学生身上,这种观点反映出的就是著名的建构主义理论。这样的教学方法可以帮助学生主动去探索和发现,使他们能够发挥主观能动性去发现问题、解决问题。在这样的过程里,教学可以帮助学生真正学会知识,提高他们的思维能力和动手能力,这样的方法能够帮助教师实现最好的教学效果。在学生的研究过程中,他们可以获得更多的掌握知识,运用知识的机会,教师可以利用小组展示的方法帮助学生将自己的想法表达出来,这对于提高学生的学习信心同样有着重要的价值。

外国文学教学活动对于高职院校而言,并不轻松。究竟应该怎样面对新的挑战,真正解决教学过程中的困难,提高学生的学习兴趣,值得每一个教师进行深入思考。

第二节 信息化时代新语境下的外国文学教学研究

外国文学课程是高等院校汉语言文学专业的必修基础课。在信息化背景下,这门课程如何充分利用网络信息赋予的有利条件,通过教学理念、教学内容、教学方法与手段等方面的深化改革,改变固有的教学状态,建构一种新的教学模式,以促进教学质量的全面提高,这是广大从事该门课程教学的教师的殷切期盼和共同追求,也是值得众多同行认真思考和探究的最严峻的课题。

一、调整课程设置,优化教学体系

外国文学囊括了中国以外的全世界所有国家、民族的文学。面对这样浩繁的内容,教师要在有限的学时内完成教学任务,如果处理不当,就很难达到好的教学效果。按照传统的教学观念,就整个外国文学的发展史而言,古代是起点,近代是重点,现当代是难点。而东方文学则几乎成了盲点。因此,在教学中,在教学内容的处理上存在着"偏重西方,厚古薄今,远详近略"的情形。[①] 信息化时代是一个全球化的时代,全球化的语境下,世界已成为"地球村",外国文学课,通过文学将学生与世界相沟通,把中国文学与世界文学相联系,形成一种开放意识和全球意识,显得十分重要。

因此,加强20世纪西方文学的讲解,注重东方文学的介绍,拓展现当代文学的内容,突出教学内容的现代色彩,更符合时代潮流,也更能引起学生的学习兴趣以及对世界当代社会的认识和关注。为了突破传统教学的局限,笔者认为,调整课程设置,优化教学体系,则势在必行。即把传统的外国文学课程,设置为一个课群,包括三个部分:(1)外国文学(从古希腊文学到19世纪末的西方文学),周学时4,开一个学期,共68学时。(2)20世纪西方文学(重点为20世纪西方现代主义文学),周学时2,开一个学期,共30—32学时。(3)东方文学(或亚非文学),周学时2,共30—32学时。这样的课群设置,实现了教学内容重点的转变,在没有增大原课时量的情况下,做到了古今兼顾,东西兼顾,重难点突出,现实性增强。同时,也体现了时代发展的必然,更合乎目前学生对外国文学的接受、期待与借鉴的需求。

除在宏观上调整课程设置外,在微观的教学内容处理上,也应进行整体精选和优化,切实突出重难点。教师在教学中可采用"讲练结合"的形式,把重、难点部分讲深讲透,使学生充分掌握,深刻理解,并能举一反三。对于教材中的略讲部分,由教师设计出"作业与思考",让学生在"练"中完

---

① 李鹏飞.外国文学课程教学的文化渗透研究[J].内蒙古电大学刊,2009(4).

成。这样做,既提高了教学效率,又使学生得到了训练和提高,收到了事半功倍的教学效果。

二、注重观念更新,拓宽教学视野

在外国文学的教学改革中,观念的更新十分重要。尤其是在信息化时代,在全球化语境下的外国文学教学更是如此。可以说,注重教学观念的更新,不断拓宽教师的教学视野,是深化教学改革,提高教学质量的关键所在。就本课程的教学而言,以下观念的树立或更新是十分重要的。

(一)强化学生主体观念

大学里的文学课堂,在传统的教学中,"一言堂""满堂灌"的现象十分普遍。教师是课堂的"主宰者",学生只是知识的被动接受者。外国文学课堂教学也大抵如此。要改变这种现象,很重要一点就是教师在教学中必须切实强化学生主体观念,充分调动和发挥学生学习的主动性和积极性,使学生成为真正意义上的学习的主人。而在今天的信息化时代,恰好为学生的自主学习提供了十分有利的条件。借助新媒体的广泛运用,学生获取知识的渠道已由传统的、单一的模式转变为多元模式,课堂不再是学生获取知识的唯一场所。随着网络信息资源的不断丰富和完善,外国文学的网络资源也越来越全面,这就为学生学习这门课程提供了更为宽广的空间和优质便捷的共享资源。在这种情况下,教师只有快速转变角色,从一味地"教"转向"教""导"结合,真正把学生从权威、教材的束缚中解放出来,让他们在学习中,成为名副其实的学习自主者。

(二)融入人文教育理念

外国文学源远流长,为我们留下了宝贵的精神财富。从这一角度而言,在外国文学教学中融入人文教育理念,提高学生的人文素养,则显得十分重要。

一是人生理想教育。理想教育是培养社会主义"四有"新人的关键所在。而外国文学作品在这方面为我们提供了不少范例。在古希腊悲剧中的正义之神普罗米修斯,为实现造福人类的伟大理想,敢于反抗宙斯,他历经磨难,坚贞不屈,矢志不移,奋勇献身的精神深受后世人类的景仰和赞美。

二是真善美教育。在外国文学中,许多优秀作家往往都是道德家,他们在创作中从各自的立场、观点出发，探索社会道德问题，鞭挞假恶丑，倡导真善美，陶冶读者情操，净化社会风气。具有这类性质的作品，在西方各个时期的文学中可谓屡见不鲜，俯拾皆是。读者可在其中受益无穷。

三是爱国爱民教育。在世界各民族文学中，凡是具有良知和进步思想的作家，无不在他们的创作中表现出爱国爱民这一思想情愫。同时为我们提供了大量可供借鉴的典型人物和典型事例，成为感召后人的力量。可以说，反映世界各族人民这种丰富的爱国爱民情感的作家作品，在外国文学中可谓比比皆是，不胜枚举。

四是爱情观教育。在外国文学中，作家们以大量的爱情故事，演绎出一幕幕惊心动魄的悲剧或喜剧。教师在教学中可以通过正反两方面的典型例子进行比较分析，剔除糟粕，取其精华，以引导学生树立高尚的道德情操和正确的爱情观。

此外，在外国文学中可供挖掘的人文因素还很多。诸如不断追求、自强不息的"浮士德精神"（《浮士德》），崇尚科学、追求真理的探索精神（《巨人传》），不畏困难、百折不挠的"硬汉子精神"（《老人与海》），不怕挫折、发愤图强的奋斗精神（巴尔扎克、塞万提斯）等。这些都是值得青年学生汲取的思想精华。

（三）引进比较文学观念

外国文学是一个包罗万象、错综复杂，各类文学既独立存在又互为联系的整体。而在过去传统的外国文学教学中，大都以时间（年代）的先后和文学思潮的发展演进为序，以东西方地域划块，主要着眼于对国别文学尤其是作家作品的单一介绍、评析，缺乏一种宏观把握和整体关照。尤其是对东西方文学之间，各国文学之间，中外文学之间的关系及各个时期文学与文化的密切联系重视不够，讲授甚少。这就形成学生学习这门课程的局限性和狭隘性。这种现状，既不能适应新世纪全球化语境下对外国文学教学的新要求，也不能满足学生学习外国文学的兴趣和期盼。为此，有必要在外国文学教学中引进比较文学的观念，因为，比较文学的开放性、客观性、跨学科性和综合性特征与外国文学课程所具有的开放性和跨国界视角恰好相通，可以互为借鉴。

首先是比较文学的开放性观念。开放性是比较文学最根本的特性，这种开放性主要表现在它用国际的眼光，在世界文学的大背景下来关照各民族的文学，用关联的思维方式，来探究世界各民族文学之间的相互联系和相互影响。在文学研究中，不受时间、空间以及作家作品本身地位高低、价值大小的限制，把不同民族的文学放在同等的位置上进行考察、衡量，并作出实事求是的评价。在研究内容和研究方法上不断开拓与更新，是它突出之处。这种开放性观念，正是当前外国文学教学与研究需要具备的品质。在外国文学教学中，只有具备了这一观念，才能打破国别文学与世界文学之间的壁垒，从而正确认识不同国家、不同民族文学的特征，正确评价不同国家、不同民族文学的成就，以及他们之间的相互影响和对世界文学做出的贡献，以达到不同民族文学乃至文化的互识、互证、互补、共溶的目的。也只有具备了这一观念，教师才能自觉改变传统教学中相对封闭的状态以及固有的教学模式，从而开拓出外国文学教学的新天地、新气象。

其次是比较文学的宏观角度对外国文学教学十分重要。外国文学从表面看，它是由不同民族、不同国家的文学组成，彼此相互独立，各成系统。但实际上它们之间并非简单、随意的拼凑，而是有着必然的内在联系。因为文学发展的事实证明，一个民族或一个国家的文学乃至文化想要置身世界这个大环境之外而独立存在和发展是不可能的。因此，在外国文学教学中，只有从宏观的角度，在世界文学的大背景下来审视各民族的文学，才能高屋建瓴，对不同民族、国家的文学以正确的认识和准确的把握。也只有把世界各民族文学看成一个互相关联的整体，并通过细致的比较，才能发现各民族文学的共同点和相异处，从而揭示出文学发展的共同规律。这种宏观的视角，也就把传统的外国文学教学中彼此分离的国别文学教学提升到具有整体观照和互为联系的世界文学教学的高度。这正符合21世纪全球化语境下对外国文学教学的新要求。

第三是比较文学的跨学科性。比较文学研究，不仅能跨越民族、国家的界限，也能跨越学科的界限，从而为文学研究开辟一片新的天地。而外国文学的发展、演变，并不是孤立存在的，而是与一系列社会经济、政治、文化的发展密切相关。因此，文学与其他学科之间的关系和相互影响的研究就成为必然。诸如文学与自然科学、文学与哲学、文学与历史、文学与宗教、文学与艺术等等。在外国文学教学中，打破学科界限，无疑为教师拓宽了教学视野,开辟了广泛的联想场所。同时也为教学提供了更为丰富的材料和更为宽泛的内容。如此,教师在教学中就能站得高、看得远、思得深、讲得透,博采诸理,运用自如,左右逢源,进入更高的教学境界,收到更好的教学效果。

第四是比较文学的综合性。综合性是比较文学的重要特点,它是由比较文学的综合素质所决定的。它既包括思维方式的综合,也包括了研究方法的综合。尤其是综合性的思维方式在比较文学研究中,显得特别重要。因为它是一种关联式的思维方式,包括了联系法、分析法和综合法。即在联系的广阔背景下,在清晰分析的基础上,将支离破碎的认识进行和谐关联的综合,以便对文学进行整体性观照。因此,综合性思考实质上是一个辨别真伪,去粗取精,归纳提升的过程。只有通过综合性思考,得出的结论才更精准、更科学、更可靠。由此,这种思维方式运用于外国文学教学也十分必要。因为,外国文学时贯古今,地连五洲,内容浩繁,千姿百态,良莠杂呈,热点问题多,学界观点驳杂,教师置身在这样一片浩瀚的学海汪洋之中,只有对纷繁复杂的文学现象和各种言说进行全方位的综合性思考与分析,才能在教学中廓清杂说,分辨优劣,剔除谬误,彰显正理,并始终站在学科的前沿,传承新说,努力实现知识创新和教学创新的理想境界。

(四)增强"问题"意识和学术观念

外国文学课程教学与其他学科的教学一样,不仅仅只是对一般学科知识的传授,更要注重对学生思维习惯和思维能力的培养。而在传统的教学过程中,往往不少学生只是习惯于对教师讲授内容的被动接受和对书本知识的死记硬背上。而对课程中大量的学术问题不感兴趣,不予重视,缺乏主动思维,人云亦云。发现问题、提出问题的意识淡薄。更少有独立钻研和勇于"质疑"的精神。这种教学现状,既不利于教师教学的提高,也无益于学生学习的进步,急需得到改变。因此,教师在教学中,要针对外国文学这门课程内容深广,热点问题、学术问题众说纷纭的实际,借助新媒体时代网络所提供的功能强大的优秀教学、科研资源共享平台,积极引导学生,从培养他们的"问题意识入手,开阔他们的学习视野,拓宽他们的思维空间,逐步形成他们的学术兴趣、学术观念和学术思维,进而提高他们发现问题、提出问题、分析问题、解决问题的能力。如此教学,就能使教师和学生在教与学的过程中，在学术研究领域，相互交流，相互促进，共同成长，共同收获。这正是教师教学的上乘追求。

三、改革教学方法与手段，助推学生专业能力培养

在教学改革中，教学方法和手段的改革，是其重要内容，也是提高教学质量的重要途径。就本门课程而言，教学方法和手段的改革就是要在网络环境下建构一种师生互动，开放性的、全方位的教学新模式。即在整个教学过程中，实现文本阅读网络化、课程教学网络化、教学资源网络化、师生交流网络化以及学生专业能力培养综合化。

（一）文本阅读网络化

文本阅读是文学课教学的基础和必要准备。外国文学课更是如此。其作品似夜空繁星，如汗牛充栋。没有大量的文本阅读作基础，教师在课堂上无论讲得怎样的头头是道，学生也会入雾里云中，不知所云，难以引起教与学的碰撞与共鸣，使教学呈现出一种尴尬状态。而过去的文本阅读又主要依靠图书馆提供纸质文本，无论阅读时间和文本数量都要受到极大限制，使学生显得心有余而力不足。而今，网络阅读正好解决了这一难题，并为学生的阅读提供了极大的方便。因此，教师可借助这一有利条件，只需提供阅读书目和提出阅读要求，学生就能通过纸质文本阅读和网上电子文本阅读相结合，实现文本阅读量的最大化，为教学提供坚实可靠的基础。

（二）课堂教学网络化

课堂教学是教师传授知识，提高教学质量的重要场所。但传统的课堂教学，教师面对一张黑板，靠着一支粉笔，用"满堂灌"的方式来完成教学任务，实现教学的价值。这种教学形态，无论是教学信息量的大小，课堂气氛的营造，还是对学生学习激情的调动等方面，都受到了很多限制。而网络化的出现给我们的课堂教学打开了一片新的天地，注入了新的活力。教师把网络资源引入课堂，运用多媒体课件，集图片、视频、音频等多种元素于一体，丰富教学内容，优化讲授方法，使教师逻辑严密、声情并茂的精彩讲述与形式多样、美轮美奂的课件展示得到有机结合，从而营造出一种生动活泼，情趣盎然的课堂气氛，无疑会收到美妙的教学效果。

(三) 教学资源网络化

在过去相对封闭的传统教学之中，学生享受到的教学资源，主要限于教师的讲授、教材教参以及图书馆所能提供的纸质文献。这对学生的自主学习极不方便，也在很大程度上影响了学生学习的积极性和创造性。网络时代的到来，给我们提供了优质便捷的共享资源，无论是教师的授课还是学生的自学都有了更为广阔的空间。因此，在外国文学的教改中，建好共享资源平台，实现教学资源网络化，十分重要。一是可在学院的网站开辟"外国文学教学"专页，把该门课程的教学大纲、学习提要、参考书目、作业与练习以及任课教师的教学视频、讲义课件、研究成果等教学资料挂在网上，供学生查阅，增强学生对所学课程和任课教师的了解。二是加强网上教学资源库的建设。可由任课教师负责充实更新网页内容，及时将该门学科的发展动态和最新研究成果进行整理，链接到资源库中，包括全国高校立项建设的《外国文学》精品课程教学视频在内，让学生在网上学习时参考借鉴。三是运用信息技术手段，把与外国文学有关的其他辅助教学资料进行搜集整理并融入教学资源库中。如西方的影视资料、美术资料、音乐资料、历史文化资料等，将这些音像视频资料用于外国文学的教学和学生的自学，既拓宽了教学内容，又丰富了教学手段与方法；既加深了学生对文学作品的理解，又提高了学生的文化艺术素养。可谓一举多得，事半功倍。

(四) 师生交流网络化

在外国文学教学中，要全面完成教学任务，达到教学目标，实现教学质量的优化，加强师生的互动、交流，是不可缺少的重要环节。在过去传统的教学中，师生的互动交流较多地集中在课堂。由于受到班级人数和教学时数的限制，师生之间互动的机会、时间和交流的内容都十分有限。因此，很难达到满意的效果。而随着多媒体和网络技术运用于学校教学，教学方法由传统的单项灌输转变为启发建构，教师的职能也由"教"转变为"导"，使得师生在教学中的互动交流的重要地位日显突出。更为可喜的是，网络的使用又为师生的双向交流提供了良好的平台。过去传统教学中，在课堂上难以完成的讨论、评讲、习题练习等环节，如今在网上不仅可以得到全部实现，而且还可以引发学生的学习兴趣和热情，提高学生的学习积极性和有效性。

(五)学生专业能力培养综合化

外国文学教学,不仅要使学生系统掌握该门学科的有关知识,同时更要在学科教学中注意培养学生多方面的素质和能力,并实现知识向能力和素质的全面转化。根据该门课程的实际,借助网络时代的有利条件,在学生专业能力的培养上可实行"读、看、说、写"相结合的综合化训练模式。

1. 读。指学生在课外阅读外国文学作品及相关资料。教师要根据教学大纲要求,拟出必读书目,引导学生制定读书计划,并通过纸质文本与电子文本阅读相结合的方式,学会浏览、泛读与精读作品的基本技巧。在广泛阅读的基础上,突出对重点作家代表作品的细读、精读。

2. 看。指充分利用网络资源,让学生通过电脑或多媒体教室(实验室)观看由外国文学名著改编的电影、电视剧等,从而加深学生对原著的感性认识。尤其对那些要求学生细读、精读的作品,教师要在学生观看影片前,精心设计一些问题,让学生带着"问题"看,以增强"看"的针对性和有效性。通过"看中想""想中看",不仅要使学生熟悉作品的内容,更要让学生思考文学文本与改编后的影视作品之间的关系及其异同。这样的"看",就不仅为学生的课堂学习奠定了良好基础,同时也有利于培养学生的思维能力和欣赏、鉴别艺术作品的能力。

3. 说。是指在该门课程的教学过程中,通过多种方式,让学生动口,提高口头语言表达能力。一是教师把教材中的略讲章节,分小组布置给学生备课,由学生代表分别登台讲授,其他学生听后评说。二是在课堂教学中,教师精心设问,让学生回答教师的提问,通过师生"互动",直接了解学生学习情况,检验教学效果。三是学生在阅读作品,观看视频,查阅资料的基础上,对教师设置的"热点"问题,"学术"问题,开展专题讨论。通过以上多种形式,促使学生动脑动口,锻炼学生的思维能力和口头表达能力。

4. 写。指学生撰写读书笔记、专题讨论发言提纲(或文稿)、名著精缩与改编、学科论文(或综述)等。读书笔记是学生在阅读作品过程中或阅读结束后,就作品某些方面有感而发并见诸文字。读书笔记不要求对所读作品进行面面俱到的评价,而是自己阅读作品后的独立思考与真切感悟。读书笔记可为日后的学科论文、毕业论文撰写打下一定的基础。

专题讨论稿的撰写,是根据教师布置的讨论题目,让学生在阅读作品,观看视频，查阅资料的基础上写出的书面发言提纲或文稿。它是对写读书笔记的进一步深化，意在培养学生的"问题"意识和学术理念。是把培养学生口头表达能力和书面表达能力相结合的一种训练方式。学科论文（或综述）是在本门课程即将结业时，学生在任课教师指导下进行的一项综合性的写作训练。

学科论文的选题，既可教师指定，也可由学生自主选题，学生在教师指导下，查阅资料，形成论文提纲，写出初稿交教师批阅。然后学生根据教师提出的修改意见进行修改完善并形成定稿。这一训练过程，既是对学生学习本门课程状况的直接检验，也为学生在这之后撰写毕业论文奠定坚实的基础。

四、改革考核方式，创新评价体系

在外国文学教学的改革中，除了教学观念的更新，教学内容、教学方法和手段的改革外，考核方式的改革也是其中不可忽视的重要一环。传统的大学生成绩考核，仍然沿袭中学的考试方法，以标准化的闭卷考试为主。一张试卷分高低、论成败，并把这样的考试成绩，与学生的"评先""选优"以及奖学金的发放等密切挂钩。这种考核导向和考核方法，无疑给教师的教学和学生的学习，上了一道"紧箍咒"，既不利于教师学术智慧的迸发，教学特色的形成和教学境界的提升；也无益于学生的个性化学习，视野的开放和创新思维的形成；更不适应当前全球化语境下外国文学教学的开放性要求。因此，有必要革除其弊端，构建一种新的考核模式和较为科学的学生学习评价体系。

在考核原则上，要坚持"全面考核，科学评价，综合评定，公平公正"；在考核方式上，要打破常规，灵活多样，做到开卷与闭卷结合，笔试与口试结合，课内与课外结合，理论与实践结合；在考试内容上，不要让学生成为题库的奴仆，要大胆抛却以往的标准化试卷，注意引导学生进入更广阔的思维空间。考题中应尽量减少死记硬背的概念化的标准答案，而应更多地看到学生个性化的理解，独立的思考、探索和新观点。在学生学习成绩的评价上，要摒弃过去一张考卷定乾坤的传统评价模式，而应采用多元评价标准，构建出由平时作业、小论文、闭卷考试、课堂表现、网上讨论、创新实践等辅助教学活动组成的综合考核评价体系。其中，平时成绩应占到40%，期终考试成绩所占比例不得超过60%。这样，加大平时考核成绩的比例，注重了对学生学习过程的考量，易于调动学生平时学习的自觉性和积极性；课堂内容的考试，减少了死记硬背的内容，而更多地关注学生发现问题、分析问题、解决问题和运用知识的实际能力。这种考核方式和评价方法，比较真实地反映了学生在学习过程中的学习态度和实际能力，因而其评价结果也更具准确性、客观性。

综上，信息化时代的到来，网络技术的广泛运用，既给我们走出外国文学教学困境提供了便捷的技术条件，也对传统的教学模式造成了巨大的冲击，面对机遇和挑战，外国文学课程教师，只有顺应时代发展的大趋势，积极应对，兴利除弊，更新观念，大胆创新，不断探索教学模式，不断改革和完善教学体系，才能实现新的超越，开拓新的境界，不断满足新语境下学生对外国文学教学的期盼和要求。这是我们义不容辞的职责和不容懈怠的追求。

第三节 外国文学精品课程建设对课堂教学的作用

一、我校外国文学精品课程建设的基本情况

课程建设是教学工作的最基本要素，是学生知识、能力、素质培养的重要载体。2003年，教育部全面启动了高等学校教学质量与教学改革工程精品课程建设工作，作为教育部高等学校教学质量与教学改革工程的重要组成部分，旨在通过精品课程建设，打造一批高质量的优秀课程，促进优秀教学资源共享，全面提高教学质量和人才培养质量。

作为高职高专院校，近年来我校特别重视精品课程的建设。学校大力提倡反映教育特色的精品课程，鼓励广大教师积极投入到精品课程的建设工作中去，在教学改革、专业建设、课程体系建设、教学质量提高等方面已初见成效。尤其是中文系外国文学精品课程建设取得了突出的成绩，被评为省级精品课程。

我校外国文学精品课程建设严格按照高职高专院校精品课程建设的要求定位，制定科学合理的建设规划。主要体现在对精品课程建设的内涵把握、教师队伍、教学内容、教学方法、教材、实践教学条件、精品课程网站的建设等方面。

该课程有自己的特色与理念，是基于教学过程开发出来的课程模式。外国文学课程在文学课程体系中占据着重要的地位。该课程对学生专业能力培养和专业素养养成起着主要支撑或明显的促进作用。该课程高度重视教师素质，体现团队意识，有一支主讲副教授负责的、结构合理、人员稳定、教学水平高、教学效果好的教师梯队。课程组教师"传帮带"，使青年教师在教学业务上取得很大的进步。新的教材、新的教学理念和教学方法已逐步渗入课堂教学。采用的教学方法也灵活多样，有讲授式、启发式、讲练式、互动式、自主式等。积极实行教学内容与课程体系改革，教学内容先进，力求及时反映本学科领域的最新科研成果，同时广泛吸收先进的教学经验，积极整合优秀教改成果。课堂的讲授既注重对基本知识严谨与扎实的传授，又站在学术前沿的高度，体现最新的研究成果，为学生能力的培养和思考的深化提供可能。该课程加强现代化教学手段的应用，努力运用多媒体技术，把教学大纲、教学计划、教案、参考文献、思考练习等陆续上网，加强了课件的制作与教学。使课堂教学更为形象、直观，增加课堂的信息量和启发性；开发网络技术，把材料上网，学生与老师可以通过网络更好地交流和互动，为学生随时提供指导。从而提高了教学和学习的效能，初步满足了学生自主性和个性化学习的要求，基本达到远程教学的需要和教学资源共享，成为普遍受学生欢迎的示范性课程。

二、高职院校外国文学精品课程建设对课堂教学的作用

（一）有利于提高外国文学课堂的理论水平

当代大学生具有活跃的思维、敏锐的观察力和强烈的求知欲望。外国文学精品课程针对这种具体情况，加强知识与技能、过程与方法、情感态度与价值观念三维目标的整合，力求课堂教学从封闭走向开放，从单一走向综合，将教学内容作了几方面的调整。

一是在课堂上简化知识结构，重点理清外国文学史的发展线索，帮助

学生获得一个整体的文学发展脉络，然后在各个国家文学史和重点作家的讲述中简略可以在书中找到的作家生平介绍，重点讲述作家的创作特点，着重分析该作家较为重要的作品，从而突出知识重点，使学生易学易记，快速了解课程的重点和难点，掌握分析作品的方法。这样既可解决课时少、任务重的问题，又有利于学生考试复习。

二是采用比较文学教学视角。在全球化的多元语境中，学习和研究外国文学是为了了解外国文化和文学的发展状况，寻找各国文化之间的相互关系和相互影响，比较各国文化的异同，掌握世界上最新的创作方法和研究方式，促进中国文学和文化的多元化发展。因此，对中外文学进行比较研究，在课堂上对中外文学进行比较讲解，有利于学生了解中西文化的差异，考察各国文学的相互影响和内在联系，发掘文学的发展规律，评价各国文学的个性与共性。如在讲解"古希腊悲剧"时，教师可引导学生比较中西方悲剧的不同，思考西方悲剧的创作特点和中国悲剧的表现方式；在讲解"神话"时，比较中西方神话的异同，思考中西方神话折射出的不同的价值观念；在讲解"诗歌"时，比较中西方诗歌的异同，思考中国有没有真正意义的史诗、西方的泛诗传统与中国的纯诗概念形成的原因等。这样不仅有利于学生对知识点的理解，而且可以从宏观上把握文学发展线索，开阔学生的视野，培养学生思考问题的能力。

三是强化人文精神。大学教育的本质是精神教育。人文精神是当代大学生应该秉承的精神火炬。大学生是最具有鲜活生命力的一群，充溢着青春的骚动和纯真的理想，如果没有正确的引导，他们很容易就会迷失在错综复杂的社会中。人文精神可以帮助学生树立正确的人生观和价值观，帮助学生实现自我提高和自我完善。人文精神是人类自觉弘扬人性与构建人格活动的一种意识反映与情怀流露。典型的人文精神是指那些在人类文化史上影响较大，由社会大群体广泛体现的人文精神，如欧洲文艺复兴时期资产阶级文化思想先驱所体现的人文精神。外国文学尤其是西方文学和中国古代文学一样具有浓郁的人文精神。从古希腊文学这一西方文学的源头开始就倡导人的自由精神、人的生命意识、本体意识和自由观念，再从文艺复兴的人文主义到二十世纪对人性回归的呼唤，几千年的文学历史一直闪耀着人性的光芒。在完成文学思潮和艺术特征等知识点的讲述后，教师应该对外国文学作品中蕴含的人文精神进行层层剖析，与中国传统的文化精神相结合，引导学生树立正义感、荣辱观、是非观等正确的价值观念，培养正确的审美意识，构建积极、健康、完善的精神世界。

（二）有利于将文学经典的研读贯穿到课堂教学中

文学经典的研读是整个外国文学教学的核心与基础。主要在外国文学的课堂上由教师与同学共同完成。先在教学互动中精讲部分作品，引导同学课后读这一文人及相关文人的更多作品；其次是通过专业选修课对外国文学中重要的作家作品做进一步研究。

目前，在中文专业《外国文学史》的教学中，始终存在着两个主要的矛盾：(1)语言差异所形成的文本误读；(2)浩如烟海的史料和作家作品使得学生对文本的陌生化。尽管外国文学所涉及的作家作品都与异国语言相关，但外国文学课程不仅使用中文教材，而且讲读的所有作品亦为中文译本。这样，外国文学教学实际上脱离了外文原著。教师只能通过母语讲授外国文学，学生同样只能借助母语阅读外国文学作品。在教学中，虽然教师对外国文学作品的讲解都力求准确、全面、深入，但因凭借的文本皆为中文译本，这些译本无不与原著存在一定的距离，因而对作品的解读总是难免存在隔靴搔痒之憾，外国文学的教学质量也因此受到一定程度的影响；加之文学作品翻译的良莠不齐，不但影响对作品的鉴赏，而且容易造成对作家、作品的误读。第二个矛盾与文学史课时限制、本身性质等方面因素有关。外国文学史更关注总体和阶段性的文学现象，对具体文学作品的解读则相对较少。这也使一些学生满足于跳过作品阅读，直接记忆别人的关于该作品的各种观点和结论。由于年龄、社会经验等方面的限制，大多数学生的阅历相对不很丰富，这阻挡了学生对文学作品的深入理解。如何才能克服这两个矛盾，让学生真正理解外国文学的艺术魅力呢？笔者认为，只有通过外国文学经典的文本细读，才可能提高学生分析问题和解决问题的能力，提高学生的审美能力。

文本细读通常是指对文本的语言、结构、象征、修辞、音韵、文体等因素进行仔细解读，从而挖掘出在文本内部所产生的意义的一种文学阅读方法。细读从文本出发，通过细致、反复的阅读，注重细节的解读和结构的分析，对文本所蕴含的丰富内涵进行充分的、多角度发掘。具体需要做好以下几项工作。

1. 精选意蕴丰富、具有广阔的解读与研讨空间的文本

对于高等教育而言，以普及常识为主要内容的教科书是供学生自学用的，教师在课堂的任务不是重复或讲解教科书，而是如何引导学生在了解常识的基础上进行深入的创新性思考，挑战甚至质疑教科书所宣讲的常识系统，培育学生的怀疑精神与独立思考能力。外国文学经典选择的标准是文本的文学性与开放性。

2. 强调文本与语境的辩证关系

在细读时，应注重分析作家创作时的生存状态、艺术取向、社会立场、亲友关系、情感经历等，还有当时社会的政经格局，文本的构思，写作过程，出版与销售情况……这些讲述不同于教科书中的作家生平，而是一种实证式的传记梳理，不仅可以帮助学生们对作家形成一个立体生动的认识，而且可以加深他们对作品的理解。既让学生认识到文本的文学史意义，又让学生感受到这种意义不是偶然与孤立的。这也是文学研究中应该具备的辩证史观。

3. 在细读中结合适当的批评理论

一部经典在何处细读，其实在很大程度上与我们采用什么批评方法有关。在解读《简·爱》的时候，引导学生特别注意对简·爱在罗彻斯特求婚以及失明之后的心理描写，注意简·爱如何描述罗彻斯特身边的其他女性，比如英格拉姆小姐和阁楼上的疯女人，关注这些细节有助于学生发现《简·爱》叙事中内在化的男权文化结构。显然，在此是引入了女性主义的批评视角。在分析《呼啸山庄》的时候，引导学生留意其中的叙事者变化与转换，观察不同叙事者的叙事中所体现出来的价值观的差异。解析福克纳的《喧哗与骚动》，就引导学生去发现并记录每一次叙事时间的跳跃与场景转换，体会这种对时间与历史的书写方式中所蕴含的作者的诗学与社会诉求。这些都大大地借助了叙事学的理论。

总的来讲，《外国文学史》教学中对教学理念、教学手段等方面进行改革，为学生制造一个进行文学文本阅读的氛围、环境，增强学生细读文本的功夫和对文学作品的感悟能力。这也是培养"认知素质，审美素质，写作素质"，强调学生创新精神、人文精神与科学素养相融合的教学改革指归。文

学课教学的目的不仅仅在于教给学生文学知识,更在于使学生获得文学审美能力、文学想象能力及写作能力。大学中文系学生的培养目标应该是使学生具有深厚的人文知识、深刻的人文思想、敏锐的审美感悟能力、丰富的想象能力和较强的写作能力。

(三)有利于新的教学理念和教学方法渗入课堂教学

长期以来,外国文学的教学与中文系的其他课程一样,是以教师凭借一本教材、一支粉笔在课堂上讲授的方式展开的。外国文学精品课程的建设,教学资源的数字化,使我们改变了这种单一的教学模式,开展了灵活多样的教学方式。例如讲授与自学相结合的教学方法。本课程具有较强的理论性,教师在课堂上的分析讲授非常重要,而本课程的学习又要求以大量的课外阅读为基础,所以课堂上以教师讲授为主,但同时开列部分书目,以便同学在课下阅读,并通过撰写读书报告、心得体会等方式与教师交流,以便指导。又如提问与讨论相结合的教学方法。课堂提问与讨论是教学中一个相当重要的环节,是教师与学生沟通的重要途径。本课程的教师对此相当重视,经常采取多种多样的提问方式,如重点提问、扩展提问、归纳提问、存疑提问等,并注意让学生在课下准备,然后组织学生在课堂上发言,教师在旁边指导、点拨、归纳、总结,以此来调动学生的学习积极性。同时,现代科技的发展为教学方式的改革提供了可能,本课程较早采用了现代化教学手段和媒介,如利用多媒体教学直观形象、声像并茂的长处,以此来提高教学质量。这些教学方式的创新与改革都取得了良好的教学效果。

目前,本专业已有多位教师运用多媒体课件进行教学。本课程在建设过程中注重学习资源的数字化与网络化。同时,引导学生使用学校网络平台,使用中国学术期刊镜像网、超星图书馆等。课程早在2005年便开始电子化教学资源建设,现在由学科教师共同完成的《外国文学多媒体课件》已经完成并投入使用,从去年开始我们还建设了"外国文学课程教学网站",为师生提供了在线交流平台。这些课件与网站包含大量文史图片资料和电子文本,既可以运用于课堂教学,也作为网络资源向学生开放。在互动中增加学生对外国文学的直觉和感性的认识,提高他们的学习兴趣。从学生课外复习和自学的角度来说,由于本课程对文献资料的依赖性较普通课程,大学生若想深入掌握课程内容,扩大知识范围,尤其是进行毕业论文写作时,需阅读较多的著作，这方面的需要也可以从数字资源中获得一定程度的满足，从而大大提高了学生的学习积极性。学生的基础知识日渐扎实，进取心增强，且有了良好的个人品格。

第四节 外国文学课程立体化教学模式的构建

外国文学课程是中国语言文学专业面向本科生教育的专业基础课程，也是完善学生知识结构进行人格熏陶的重要课程。在教学中如何最大程度凸显外国文学的学科优势，达到对学生的潜移默化的审美熏陶，使学生在对西方文学的解读中读出情感，读出智慧，读出异质文化的美与真，读出自己对自我、他人、社会、世界的重新认知与思考，在审视中反思和构建自我的精神家园是外国文学教学中必然要思考，必须要解决的问题。然而我们现今的高校外国文学课程的现状却堪忧。

一、现状分析

（一）内容多而课时少成为高校外国文学课程的普遍性问题

上下几千年纵横百余国的外国文学是一门涉及面极广的学科。就学科本身而言就涉及宗教、文化、历史、哲学、地理等多种门类，然而高校外国文学课程课时却相对稀少，一般在80-108课时之间。要在这么少的课时中，让学生系统地了解西方文学发展的脉络，对部分经典著作有深入的了解，绝非易事。

（二）重知识轻人文，记录多思考少

如今的大学课堂依然以教师讲授学生记录为主。独立之精神，自由之思想几乎成为乌托邦式的幻梦。很多学生思维凝滞仅只成为教师讲授的笔录者，课堂存在注重知识传授而忽略培养学生质疑精神，进行审美熏陶的倾向。

（三）授课形式单一，方法和手段较为陈旧

文本分析模式上因袭守旧，未能很好地联系贯通其他学科。对学科前沿发展动态介绍较少，20世纪文学比重过轻。在人物分析上固守性格特征—悲剧根源—形象意义的三步解析僵化模式,忽视审美因素、文化生成基础的分析。这些问题的存在严重妨碍了高校教学终极目标的实现,因此高校外国文学课程教学改革是势在必行迫在眉睫。由于存在以上问题,我在教学实践中摸索实施立体化教学模式以期走出困境。

二、立体化教学模式的构建和实施

所谓立体化教学模式就是要在教学中通过多种方式和多媒体的运用来调动学生的学习兴趣;秉承对话精神在教学中与学生建立良好的交流互动,不仅授之以"鱼",更强调授之以"渔",启之得智;联系当下批评理论潮流,对文本做精到细致的多重阐释,教会学生学习探索的方法;突破固有的人物分析模式,从文学审美角度引导学生从中感悟人生智慧完善自我人格;跨越学科界限,建立跨学科的学术视域,提升学生的综合运用能力。总之立体化教学模式实施的终极目标在于实现师生互动,学科互动,智悟并行,知行合一。具体实施措施如下:

(一)深化和细化课堂讨论

课堂讨论是从教以来我一直在摸索总结的教学方法之一。迄今我已开设过《俄狄浦斯王》《美狄亚》《哈姆雷特》《奥赛罗》《李尔王》《麦克白》《红与黑》《卡夫卡的短篇小说》《罪与罚》《安娜·卡列尼娜》等十多项专题讨论课。在讨论课模式上,笔者先后试用了选择个别学生讨论;全班分组讨论;自由选组讨论三种模式。在讨论议题上,先后试用了定文本限题讨论,定文本不限题讨论,定作家不定文本讨论等方式。在讨论评价上,采用个体评价和总体评价相结合,既对总体水平加以肯定,也针对个体发言予以评价指出优缺。可以说讨论课的开展极大地激发了学生的学习兴趣,使学生对经典文本的阅读热情高涨,促进了师生的交流互动。同时在讨论中引导学生运用文学概论,文艺理论课程所学的相关理论解读文本,抒发己见,他们的创造力得以发挥,理论运用实践的能力也得到提高。许多学生在讨论中的发言有新意、有创建,有个人独特的思考和感悟。从教学效果上来看得到广大学生的认同。在讨论模式上可以深化细化为阅、思、听、说,写的连续性环节的建构。在这环节中,教师应以民主平等理解宽容的对话精神与学生共同完成教学相长的过程。

（二）运用比较视域打通学科壁垒，运用多种批评理论让学生领略西方经典的无穷魅力

教学中教师应有意识的建立学科间的融会贯通的通道。如教授古希腊神话时，可以在介绍完古希腊神话后，引入中国神话，进而比较中外神话人物设置的异同，神话人物性格的差别，中外复仇模式的异同，再溯源到中外文化根基的比较，由此建立外国文学与中国文学的学科联系。让学生在具体文本的比较中思索中外文化的精粹之处，建立宏观的文化视野和兼收并蓄的接受态度。

在教学中还应引入多种文学批评理论解读同一作品。这样对于分析作品和理解理论是一种双赢策略。对于作品而言，理论的介入使学生对经典作品的整体感知由表及里，而且多种理论的介入使学生犹如观万花筒般发现经典的无穷魅力。对于理论而言，在具体分析作品的过程中这一理论的亮点和盲点自然显现，那么学生对理论的掌握理解和运用能力也就不断得到提升。同时本学科与文艺理论学科之间的壁垒亦被打通，学生获得的是综合素质的提升。如对《简·爱》的解读，我们就可以运用精神分析、原型批评、女性主义批评、后殖民主义批评、叙事学、接受美学等多种理论多向度加以解读。对文本作多重阐释可以使学生沉醉于经典意义的不断生成和不断建构中，建立了教师、学生、文本与理论之间的立体式对话模式。在文本细读的基础上突破单一的阐释模式，重在多种美学价值的构建。

（三）立足学科本身优势，将贯穿着深沉而强烈的生命意识和人文精神的外国文学化入对学生的审美熏陶中

外国文学对人性挖掘的深度和广度是以抒情文学见长的本国文学难以企及的。因为"对人的自我生命价值和意义的探究是西方文化的传统，也是西方文化演变的内在动因，决定了西方文化自始至终回荡着人对自我灵魂的拷问之声，贯穿着深沉而强烈的生命意识和人文精神的西方文学也因此显示出深厚的人性意蕴和文化内涵"。[1]在教学中，我们亦可以以人之主体性的变迁为主线来勾画西方文学的发展脉络。在强调这一主线的同时，竭力去把文学的发展还原到它的历史语境中去让学生作"同情的理解"。如讲授19世

---

[1] 蒋承勇. 世界文学史纲[M]. 上海：复旦大学出版社，2000.

纪俄罗斯文学时，笔者先运用地图让学生对其地形地貌有所认知，了解处于欧亚大陆连接处的俄罗斯的特殊地理位置以及他们建国历程中对东西文化的接受。进而播放探索频道的一段有关俄罗斯的视频提升学生的学习兴趣，加深他们对俄罗斯国民精神的理解。然后结合东正教、圣愚、斯拉夫派和西欧派的论争，俄罗斯知识分子崇高与苦难等关键词来谈俄罗斯文学中激荡回响的充满历史使命和社会责任的深沉旋律。把地理、经济、政治、民俗、文学结合起来谈俄罗斯文化与文学，学生获得的是全方位立体式的感知。

我们还强调在课程知识的传授中要与时俱进，以文学联系当下生活，引导学生在汲取知识的基础上更获得人文精神的熏陶，得到人格提升。如讲授陀思妥耶夫斯基的创作时，我联系作家的"自由"观念和学生对"自由"的理解以及当下生活中的各类现象，让他们自己发现自由的内涵，以及自由与道德的辩证关系。引导他们认识自由与道德相伴于人生之路。没有道德的规引，自由将如脱缰野马造成洪水滔天；没有自由的相随，道德将会异化为人性枷锁束缚人向理想状态的探求。在课程中通过这样的联系讲解，更有助于帮助学生树立正确的人生观道德观。在讲授托尔斯泰时，我结合作品和作家生平着重介绍托尔斯泰的理想探寻之路以及这种探索如何在作品中通过诸多人物去显现探索的历程。最后结合他墓地的图片展现来解说这片墓地虽然没有墓碑，但是他已经用一部部伟大作品在我们心中建立了一座非人工的纪念碑，这碑上刻的不是头衔和财富，而是作家对理想价值和崇高道德的永恒追寻。通过描述文学家们对理想世界的探求之旅，影响并培养学生对国家民族的使命感责任感，为他们构建出美好崇高的精神家园。

（四）注重应用能力的开发

在课堂教学中，可以从方式方法到内容理解上帮助学生提高教学技能，进一步提升学生对这一学科的课堂实践能力。可以通过讨论课的开展实施对学生读、说、思、写的能力的训练。在教学手段方面应及时更新，与时俱进。教学评价更应多样化，注重对学生综合运用能力的开发和考核，适当加大平时考核的比例。此外我们可以通过设置兴趣小组来深化学生对作品的深层把握，指导他们进行初步探索式的学术研究。还可以通过指导学生排演戏剧如莎士比亚悲剧、荒诞派戏剧作品来调动学生运用各种感官认知体悟外国文学的精髓。在每两年举办的话剧汇演上，学生们或改编经典剧目如《哈姆雷特》或借鉴外国文学文本来创作剧本,获得很好的反响和共鸣。这类实践既深化了他们对经典的理解,同时也培养了他们的综合素质和能力。在教学实践中,笔者通过构建实施立体化教学模式解决课时少内容多的矛盾;解决学生思维僵化、教师教学模式单一守旧的问题;打通学科之间如文艺理论、中国现当代文学等学科与外国文学学科的壁垒,帮助学生建立跨学科的学术视野,鼓励他们独立思考,勇于创新,使学生在既有的学科基础上融会贯通,获得综合能力的提高。

因此,立体化教学模式实施的终极目标是要让学生在课程中完善自我的知识结构;在全球化的视野中运用客观冷静的态度去思索各民族文化的多样性和精华处;在比较和思考中博采众长,在兼收并蓄的状态下更好地去建构本国文化;在知识的探索中获得对人生信仰的不倦探索和不懈追寻。

第五节 现代课堂讨论法在外国文学教学中的运用

在高职外国文学教学中实施现代课堂讨论法,可以使学生深化对外国文学的认识,提高分析鉴赏外国文学作品的能力。本节结合高职院校人文课程教学实践对现代课堂讨论法的运用做一些探索和研究。

一、高职外国文学教学中运用现代课堂讨论法的原因

(一)教学大纲的要求

外国文学课程包括欧美文学和亚非文学两部分,主要介绍外国文学发展的基本线索和文学思潮、源流的基本内容和演变情况,着重介绍各国主要作家的生平创作道路,主要作品的思想艺术特点、成就及其意义。目前高职院校人文类课程开设外国文学作为必修课或选修课。学习本课程,可以使学生了解外国文学历史发展的概况和世界各国重要的作家、作品,提高分析、鉴赏和评价外国文学作品的能力,以便为今后学生走出校门、步入社会打下知识基础,有利于提高高职学生人文素养。教学大纲要求教师在教学中本着指导性、思辨性原则,用启发式示范性的教学方法进行教学。

（二）外国文学课的特点使得课堂讨论成为提高教学效率的有效方法

外国文学教学具有四个方面的功能，即认识功能、教育功能、审美功能、传播功能，由此衍生出教育人、熏陶人、塑造人的作用和目的。外国文学的内容涉及中国以外的世界各国的社会、历史以及作家作品，其中有许多优秀作品中包含了丰富的人文精神，是对学生进行素质教育的好教材。世界各国的历史发展千头万绪，各种文学现象纷繁复杂，作家多，作品多，对作品的分析不易把握，所以争取大量地阅读熟悉作品，搜集资料，深入地探索研究一些热点难点问题，提高认识欣赏水平是教学的重点。而课堂讨论是提高教学效果的一种好方法。

从学习活动的角度来看，一般来说学习活动可以分为两个阶段，第一阶段是信息的获得，第二阶段是信息的组织和使用。课堂讨论在第二阶段中最有价值。有相当一部分学习活动以第一种方式来进行效果最好。如何理解、解释、吸收所学的知识，与原有的知识联系起来，条理化、系统化，在对部分与整体、重要与不重要内容的认识区分中，与他人讨论是非常有帮助的，而且是扩展知识视野的良好途径。在讨论中交流个人的看法和观点，往往有助于从多方面多角度看问题，为学习者的疑问提供解决的方法和线索，有助于学习视野的开阔。此外，向他人转述并说明你的学习，又有助于理清自己的思路。所以，课堂讨论是对课堂讲授法的补充和提高。

从学生角度来看，高职学生已经具备了一定的自学能力，思辨能力、分析能力也有了一定程度的发展。学生个体差异也非常大，传统的讲授法无法适应教学要求和学生的学习要求，运用现代课堂讨论法可以使教学更生动灵活，更有针对性。

二、现代课堂讨论法的优势

现代课堂讨论法是一种研究型（或创造性）的教学法，它是在教师的指导下，让学生独立地阅读教材、收集资料，并进行群体性的讨论，借以交流信息、深化认识、发展智能的教学方法。

现代课堂讨论法具有以下几点优势：

第一，培养学生的团队合作精神。课堂讨论必须分组进行，小组成员间互相合作讨论，这一组织行动能推动学生亲自体认合作的重要性，推动学生对个体差异的认识,促成学生对团队成员的良好态度,养成与他人合作的行为素质和精神。

第二,学生能主动独立地获取知识。学生必须通过观察、阅读了解论题,并尽可能多地熟悉有关资料,通过思考探索研究,分析其中的因果联系,在讨论中进一步激发思维,集思广益,拓宽思路,有利于学生对知识进行深入的理解,同时也能巩固和加强对基本知识、理论的快速掌握。

第三,高层次思维的运用。讨论法有助于重组个人思维,如概括、详述、例示、解释等,这种认知的重建促进了高层次思维。如果建设性地对待异议,将有助于澄清思维、促进认知的重建。学生还有更多的机会目睹他人的思维策略,并交流他们的思维策略。鼓励学生大胆发言,尝试新思维方法和交流方式,倾听他人的观点,并使学生们意识到对问题的认识通常会有各种各样的观点存在,学会倾听、理解、包容和正确地表达。

第四,发展和提高口头表达能力。在讨论中会大量使用言语进行交际,学生一方面要充分理解别人说话的内容,另一方面要快速寻找准确的语言表达自己的意思,这一言语交际过程能有效促进学生表达能力的发展和提高,进一步发展个人的思辨能力。

第五,师生获得的即时反馈信息比较及时。成功的课堂讨论,师生双方都能获得较多的信息量,而且信息交换量大,类似头脑风暴。教师及时获得反馈信息,就能很快地了解和掌握学生的认知程度,及时调整教学内容和进度,提高教学的针对性和教学质量。

三、外国文学教学中现代课堂讨论法的教学模式

现代课堂讨论法往往需要与其他教学方法互相结合使用,形成多种教学模式,这里介绍几种适合外国文学课程的教学模式。

(一)交流式

指文学作品的阅读交流。外国文学的教学内容丰富多彩,作家众多,名著众多。粗略统计下来,要求必读的14—20世纪名著不下80部,有影响力的作家不少于50位。而课时有限,个人精力有限,图书资料有限。同学们普遍对外国文学的学习感到困难,不少同学对复杂难记的外国人名感到头疼,因此产生畏难情绪和厌学心理。对外国文学的陌生感和个人好恶感形成

了外国文学学习的障碍。而讨论法有助于消除这种学习障碍。同学们可以选择自己喜欢的作家作品深入地阅读，并初步进行研究，在课堂讨论中介绍给其他同学。教师也可以将一个班的学生分成若干小组，规定小组的成员在一定时间内，完成对某一时期、某几位作家的某几部作品进行阅读，做好读书笔记和情节摘要，然后在讨论课上介绍给全体同学。或者提倡一种互教活动，即将一篇阅读材料（一部较难懂的名著）分成几部分，小组成员一部分一部分地阅读，学生轮流讲解，找出中心思想、评价内容，这样完成对一部作品尽可能详细的阅读。这样可以比较快地扩大同学们的阅读面，而且在这种集体学习的氛围中，由于相互依赖和个人责任感，小组成员的兴趣、热情、积极性被极大地调动起来，会获得较成功的学习。正相互依赖和个人责任感是教育学上的术语，正相互依赖简单讲是指组员们感到全组成员休戚相关，有利于某个组员的事对全组也有利，有损于某个组员的事也有损于全组。个人责任感，简单地讲，即指小组中每个人积极参与帮助全组成功。在组员的共同学习中，学会倾听、表达、交流、质疑、思考、接受不同意见，看问题将更加全面、客观、宽容，观点上可减少偏激。

（二）评述式

这是对文学作品的评述。在外国文学中，可评述的热点很多，如西方文学中的人文主义精神、莎士比亚作品中的女性形象、《红与黑》的爱情心理描写、卡夫卡的变形手法，等等。许多学者对这些问题已做了不少研究，有不少参考资料，为了能很好地组织评述式的讨论，最好采用"写作—讨论—交流—总结"的模式。这指的是学生先单独把他们对评论内容的想法观点写下来，接下来小组成员讨论他们的想法观点，最后与全班其他人交流他们的想法和观点，教师做总结发言。在这一过程中，有分组的问题。是混合编组还是按性别分组，或者按过去的成绩分组或者由学生自由组合，面对不愿分组的同学该怎么办，教师必须根据学生的情况认真思考妥善解决，确保讨论的顺利进行。在交流的过程中，为了顺利有效地进行讨论，有必要对同学们讲授一些口语表达的技巧，并进行多次训练。

（三）合作辩论式

合作辩论是从传统辩论的基础上发展而来，可以适用于对文学作品中有争议的问题组织辩论。传统辩论中，人们持一种立场直到辩论结束，而且不让其他人知道他们对某一问题的真正想法；合作辩论的过程中人们可以改变立场。传统辩论中，目标是击败对方，而不是力争与对方达成一致；合作辩论结束时人们努力形成一致的立场。根据合作辩论倡导者的观点，这种达成一致的努力恰是这一过程的核心，因为它能引起真正的参与和对语言的准确运用。这种方式难度较大，可以在班级之间利用活动课时间进行，最好由学生们组成学习团体（如文学社）自发地组织进行。

（四）填表讨论法

填表法是让学生先阅读教材，以设计的问题为引导，在小组的共同讨论、研究中，互相启发，互相补充、修改，合作完成教师制作的表格，进行高效率的学习。比如对于"19—20世纪现实主义文学（一）"的作家作品概要（法国）部分，教师可以列出表1，让学生通过阅读讨论填写。这种方法可以大面积地覆盖知识点，学生的自学可以减轻教师的负担。表中的部分内容可以让学生在课外完成，表可以由学生个人完成，也可以由小组集体完成。

表1　19—20世纪现实主义文学（一）作家作品概要

法国部分					
作家	代表作品	主人翁	作家地位	作品意义	艺术特点
司汤达					
梅里美					
巴尔扎克					
福楼拜					
左拉					
都德					
莫泊桑					
罗曼·罗兰					

四、实施现代课堂讨论法过程中应注意的问题

第一，讨论前师生双方都要从思想上、知识上、资料上做好充分准备。

从学生方面来说要对老师选定的讨论课题进行认真思考，写出发言提纲或发言稿。教师要了解教材的重点和难点部分，精心设计和选择要讨论的论题，开出具体的参考资料书目，合理分组，指导学生做好准备。

第二，讨论中可能会出现跑题。冷场或者与主题毫不相干的题外话，这是讨论的必经阶段，教师应该合理地进行教学组织，避免跑题，使学生充分发挥主观能动性，达到真正有效的讨论。

第三，讨论中给足充分讨论的时间，激发学生的思维，提高效率，深化讨论的论题。

第四，讨论后要及时总结。课堂讨论结束后，教师要及时总结，指出讨论组的优缺点，总结经验和不足，每一次课堂讨论都能让学生有收获，才能形成良好的学习氛围。

第五，讨论后要给予必不可少的奖励。奖励可以是口头鼓励，也可以是加分式的奖励，总之必不可少，这能形成心理学上所说的正刺激，养成学生对课堂讨论法的浓厚学习兴趣。

第六节　文本细读与影视鉴赏在文学课堂教学中的融合应用

　　高校中的文学课教学，涉及古今中外浩如烟海的文学名著，有不少的名著已经改编成电影电视作品。在教学中，我们应该引导学生以文本为主，立足于文本，对文本进行细致研读，并结合对这些名著改编成的电影和电视作品的鉴赏，通过比较、类比、联想的方式，调动学生学习的主动性和积极性，激发他们的怀疑、质疑、解疑、答疑的思维，培养和提升他们的创新意识和创造能力，达到促进教师和学生教学相长的目的。下面，笔者将以外国文学的教学为例，从文本细读的内涵和意义、影视鉴赏的植入与辅助手段、文本细读与影视鉴赏的对接与结合等方面，探讨如何通过文本细读与影视鉴赏的结合，培养和提升学生的创新精神与创造能力。

一、文本细读的内涵和意义

关于文本细读,国内外有不少学者曾经有过探讨。鲍昌主编的《文学艺术新术语词典》中对"文本细读"是这样定义的:"美国'新批评'派的文学主张之一。读(close reading)指细密地研究作品的上下文及其言外之意,它要求批评家注解每一个词的含义,发现词句之间的精微联系,包括词语的选择和搭配、隐呈程度不等的意象的组织等等。只有经过这样细致的分析,才能见出一部作品的总体,从而确定其艺术价值。"[①] 通俗来说,文本细读就是对文学作品原著在文字上进行认真细致地阅读和琢磨,认真地领会作品文字中所蕴含的思想文化意义,把握人物形象的性格特征,进而从审美的角度感悟作品的艺术精髓的一种阅读方式。如果说阅读方式包括了普通的不求甚解的阅读和细嚼慢咽的精读两种,文本细读指的就是对文本进行字斟句酌的精读,通过品读作品文字传递出来的思想和艺术信息来把握作品的思想内涵和艺术特色。

文本细读在外国文学教学中具有非同寻常的意义,它提倡以文本为基础,避免了以往传统授课中侧重于讲授文学史发展脉络、文学思潮、文学流派而对文本重视不够的教学形式。文本细读可以说是提高外国文学课堂教学质量、培养和提升学生创新意识与创造能力的一个重要方法和途径。著名的学者刘亚丁也指出:"我国大学的外国文学教学走入了极大的误区,多数教师在课堂上讲思潮,讲流派,或者脱离文本讲研究方法,就是不涉及具体文本阅读体验,学术刊物发表外国文学方面的论文的导向也与此相若。""文本阅读的教学方法在外国文学教学未受到重视,其后果是比较严重的"。

外国文学是大学中文系的一门专业课,也是一门必修课,涉及的国家范围广,内容丰富,作家作品星罗棋布。课程开设的目的就是要求学生通过对外国学作品的阅读、理解和赏析,了解世界各国的风土人情和人文历史,把握外国文学史发展的脉络,以及各阶段出现的文学思潮和文学流派,进而学会对外国文学现象、作家、作品进行鉴赏和评述。外国文学又是一门综合性很强的课程,涉及的知识面广泛。要学好外国文学,就要求读者对外国

[①] 鲍昌主编.文学艺术新术语词典[K].天津:百花文艺出版社,1987:316.

文学作品的文化背景要有所把握，包括社会政治背景、宗教文化背景、心理学背景等影响外国文学的种种因素。而要把握这些背景，就要从作品阅读入手。就以法国著名作家司汤达的长篇小说《红与黑》为例，如果不认真地阅读原著，不了解于连的身世、他的理想和抱负、他和德瑞那市长夫人、和侯爵小姐的恋爱，就很难对人物性格复杂性以及性格形成、发展的过程有深刻的领会，也很难理解那个时代法国严酷的社会现实和变幻的时代风云。阅读文本，我们可以看到当时复杂的社会政治背景，例如波旁王朝复辟、拿破仑被推翻、大贵族和大资产阶级掌权、教会势力的猖獗、平民青年受到压制等等，也体会到像于连这样的有为青年，由于出身低下，费尽九牛二虎之力却无法实现自己的雄心壮志，即壮志难酬，内心充满苦闷与彷徨的心情。同时，我们可以从作品中德瑞那夫人对于连的爱情中既有情爱，也有母爱，但是迫于宗教的压力，她在享受着爱情的甜蜜时又有一种负罪感。这些情节方面的信息，都要通过对文本的认真细致地阅读才能捕捉到。特别是作家运用独特的心理描写手法来揭示人物丰富的内心世界，需要读者认真地阅读、反复地揣摩，才能品味得到作品的思想精髓和艺术的魅力。

当然，在有限的课时内，不可能对所有的经典都要求细读，而是要有所选择。一般选择每个历史时期具有代表性而且影响巨大的作家的代表作，同时也兼顾选择那些在人类发展的历史长河中有着深远影响的著作，特别是要选取那些具有很大的解读空间，能够激发读者极大的兴趣和好奇心的经典名作。例如：荷马两大史诗、莎士比亚的《哈姆莱特》、雨果的《巴黎圣母院》、司汤达的《红与黑》、巴尔扎克的《高老头》、托尔斯泰的《安娜·卡列尼娜》、哈代的《德伯家的苔丝》、肖洛霍夫《静静的顿河》，等等。这些作品都蕴涵着丰富的思想内涵，具有娴熟的艺术技巧，代表了某一国家某一个阶段文学创作的成就，而且都是具有世界影响力的经典名作。

教师在布置学生细读这些经典名著时，可以分几个步骤进行：第一步，是粗读，谈谈自己对作品的总体印象，提出自己的疑问和问题；第二步，针对自己的疑问和问题，查阅相关资料，与老师和同学探讨切磋，寻找解决问题的答案；第三步，再次回到作品，寻找那些对自己问题解答有益的片段进行再次阅读，进一步验证自己的答案。对一些悬而未决的问题，可以记录下来，留待今后再慢慢探讨。

以《哈姆莱特》为例，正所谓"一千个读者就有一千个哈姆莱特"，对《哈姆莱特》的细读，对哈姆莱特形象看法的多角度探讨，既是对人物形象的再创造，也是对学生创造性思维与创新精神的训练和培养的过程。我们可以遵循以下步骤进行：布置学生先初步阅读作品，理清作品的情节，把握作品中的一些关键性情节，例如：父王之死、叔父篡位、母后改嫁、"活着还是死去"（也有翻译成"生存还是毁灭"）经典独白、误杀老大臣、"戏中戏"等。就情节内容，让学生提出一些疑问，如果学生提不出来，教师可以启发或者自己提出一些问题供学生思考，例如：（1）哈姆莱特是否曾经快乐过？你从文本的哪些句子可以看得出来？（2）为什么悲剧一开始哈姆莱特就陷入忧郁之中？造成哈姆莱特忧郁的原因有哪些？（3）从"活着还是死去"这段独白中，你看得出哈姆莱特对社会、对人生都有哪些探索和迷惘？（4）从哈姆莱特与母亲、叔父、奥菲利亚、霍拉旭、罗森格兰兹、吉尔登斯吞这些人的交往中，你能看得出他对亲情、爱情、友谊是持一种什么态度？……经过学生的初步阅读，了解作品的基本情节，并提出自己的疑问，培养学生的质疑精神。接下来让学生带着这些疑问，再次阅读作品，教师可以提示他们寻找作品问世以来对哈姆莱特形象有过精辟评论的一些观点和看法作为参考，例如：本·琼生、拜伦、屠格涅夫、叔本华等对哈姆莱特形象的看法和评论，现当代一些评论家的观点，等等。引导学生认识不同时代不同国度不同身份的作家、评论者眼里的哈姆莱特形象。其实，读者、评论家在不同的时代，站在不同的角度和立场，从不同的层面，都可以得出不同的哈姆莱特形象。从作品中的具体情节层面来看，哈姆莱特对母亲的怨恨、诅咒中可以看出他的"恋母情结"；从他对奥菲利亚的冷言冷语中，看出他对女性和对爱情的失望，是一个"男权主义者"；从他对人生、对社会的怀疑和揭露，看得出他的"虚无主义者"的性格。从整部作品层面来看，悲剧从头到尾都是在写哈姆莱特复仇的故事，哈姆莱特无疑是一个"复仇者"。从莎士比亚创作的文艺复兴时期这一社会历史背景来看，剧中的哈姆莱特具有先进的人文主义思想，对人类、对人生、对爱情、对友谊充满了美好的理想并为之奋斗过，也有人文主义思想的局限，例如对宗教的笃信，行动的犹豫不决，等等，看得出他是一个充满时代特色的"人文主义者"。如果把哈姆莱特放到整个人类社会历史发展的长河来看，他所探讨的人性的善与恶、爱情的忠贞与背叛等问题，一直到现在都还是普遍存在的状态，从这个层面上来说，哈姆莱特无疑是"人类迷惘的探索者"。这样，通过对文本的细读，层层剖析，既完成对哈姆莱特形象的全方位多角度的认识，学生的创新意识与创造能力也得到了锻炼与提升。

文本是文学作品的载体，是文学的根本，它承载了作家对社会对人生的感悟。如果离开文本去谈作家和文学思潮，那就犹如无源之水无本之木。只有对文本进行深入细致地分析，才能深刻地了解作家，才能充分挖掘作品的思想和艺术的魅力，把握各个时期的文学思潮和文学流派。

二、经典影视作品的植入与鉴赏

随着影视艺术的兴起和发展，外国文学的不少名著已经改编成电影或者电视作品。这些影视作品，利用灯光、音乐、色彩、对话、场景、蒙太奇手法，等等，充分地调动观众视听感觉器官，把人物爱恨情仇、悲欢离合呈献给读者，而且都具有直接、形象、生动、活泼的特点。电影是一种银幕艺术，它把文本转换成了光、声、影、画相结合的综合艺术，带给了读者很多感官上的愉悦。"电影的出现把世界名著传播给了更多不同文化阶层的人，用一种更加容易理解的方式传播文化和精神。一部好的影视作品能够更加深刻地演绎名著，使名著重新散发新的魅力"。[1]

传统的文学课堂教学往往停留在对阅读材料表层意义的理解，集中于作品的语言表达特色或思想内容分析，使得那些既有民族特色又兼具时代性的作品因为有一定难度而成为学生学习的障碍。对外来文学，单纯的文本解读模式不能有效地帮助学生提高对作品的认识。影视辅助教学具有文化性、真实性、交际性、趣味性和艺术性等特点。随着视频成为现代文明生活的重要组成部分，外国文学中的典范之作陆续被转换成影视脚本，因而赏析文学影视作品自然成为对原著的一种有效的解读方式。在塑造人物、美化情节和表现作品主题等方面，影视艺术的直观表现力、现场感染力和视觉冲击力是文字手段无法达成的。影视辅助教学既可以使学生通过影片情节去直接感受作品刻画的人物形象、性格特点，又能够更准确地把握作品所传达的异文化

---

[1] 吴燕.《巴黎圣母院》所折射出的雨果内心世界 [J].环球纵横，2015(7)：146.

信息，还能在有限的课堂时间内去了解和体会作品历史背景与审美意识，完成对作品的多元解读。

影视技术快速发展，视听环境日益逼真，提供了不断完善的教学辅助手段。学生对影像表现出的接受程度要高于文字小说本身，因而完全可以借助影视手段来提高阅读作品的积极性，从而消除学习外国文学的畏难情绪。学生首先通过观摩由名著改编的电影，了解作品全貌，体验自然场景与生活语言。然后教师结合影片情节展开教学，通过台词对白揭示文学名著中社会状况、各时代人际关系的亲疏、人物的社会地位等，帮助学生强化对作品中细节的感受，在活跃的气氛中组织、引导学生进行讨论，同时导入语言文化规则。"知之不如好之，好之不如乐之。"经典名著的影视教学不仅给学生带来外国文学所特有的艺术享受，而且还能帮助他们加深对原著的理解，从而提高阅读能力和文学鉴赏能力。

电影对文学名著的改编，使得文学名著更加容易被人们认识和接受，使文学名著从高雅的文学艺术殿堂走向了平民大众。我们应该充分利用丰富的影视资源，为外国文学教学提供直观又形象的资料，使课堂教学更加丰富多彩。在现代的信息化大数据背景下，新媒体的发展方兴未艾，文学与影视、动漫、游戏的结合已经成为一种趋势。以前教师授课，往往是一张嘴巴、一支粉笔就可以掌控整个课堂的教学活动，而一些经典名著的情节，很多时候要靠老师向学生以讲故事的方式来传授。现在授课，往往要运用到多媒体手段来教学，传统的教学方式要与幻灯片、动漫、音乐、电影、电视相结合才能完成完整的课堂教学活动。如今，由教师"满堂灌"、学生被动听课的老一套的教学方法早已经一去不复返，新的信息化授课方式，例如多媒体、网络化、慕课、微课已经进入课堂，而且深受学生的欢迎，教学氛围更活跃，教学效果更显著。在这种信息化时代背景下，更需要教师借助丰富的影视资源，让学生通过影视作品间接地认识外国文学名著"文本"。

例如，我们可以通过播放动画片《奥林匹斯星传》来帮助学生认识古希腊神话；通过播放电影《特洛伊》来认识荷马史诗《伊利亚特》，通过播放《奥林匹斯星传·奥德修的冒险》来了解荷马史诗《奥德修纪》的故事情节。其他的名著改编的电影也不少，例如《哈姆莱特》《巴黎圣母院》《德伯家的苔丝》《安娜·卡列尼娜》等都有多种版本的电影。教师可以选取那些公认为优秀的电影版本，挑选一些精彩的、最能突出作品亮点的片段在课堂上放给学生看。这些电影虽然是直观形象化的，但它并没有限制学生的想象力和创造力，而求知欲、好奇心、想象力正是一个人创新和创造的动力和源泉。教师可以布置一些讨论题目、影评小论文等形式，围绕电影中所体现的主题、思想内容、情节片段、人物形象、艺术上的特点，结合现实社会，让学生展开讨论，开发学生的发散性思维，挖掘他们的创新意识与创造能力。以电影《巴黎圣母院》为例，该电影1956年由法国和意大利合拍、让·德拉努瓦导演、吉娜·劳洛勃丽吉达主演，电影基本上忠于原著，成功地塑造了爱斯梅拉达、加西莫多、克洛德等人物形象，而且也把雨果的"美丑对照"的浪漫主义创作原则充分地体现出来。学生观看这部电影，也可以参照对文本的认识来理解电影中的人物，在原著文本的基础上对人物的性格特征有了更深一步的认识。欣赏这部电影的同时，学生要调动很多的人生体验、阅读经验来理解这部作品。欣赏的过程，是一种对人物认识的再创造过程，也是一种创新思维的开启和发散的过程。在电影中，吉普赛少女爱斯梅拉达不仅外表美艳惊人，心灵也是那样的完美无瑕；敲钟人加西莫多外表丑陋到极点，心灵也美到极高境界；副主教克洛德却是从外表到心灵很肮脏，灵肉俱臭；宫廷卫队长菲比斯是个纨绔子弟，外表风度翩翩，内心却空虚放荡。真善美、假丑恶，孰是孰非，学生会调动自己的所有人生体验去把握。教师可以引导学生带着问题、联系现实来观看这部电影。例如：（1）电影中的人物在现实生活中能找到原型吗？即使有，这些人是否具有普遍性？（2）爱斯梅拉达、加西莫多两个人物形象给了我们哪些正能量？雨果在这两个人物形象的身上寄托了哪些美好的理想？（3）在生活中，我们应该如何对待爱情、困难、挫折？……通过这样的影视鉴赏活动，可以锻炼学生的探索、思考、联想等创新意识和创造能力，使学生可以深入地认识和把握文学名著的思想和艺术的精髓。

三、外国文学课程影视辅助教学的设计

外国文学课程教学以学习和理解外国文学作品为目标，引入影视是为了更好地实现这一目标。作为辅助手段，影视在教学中不能喧宾夺主，教师仍须发挥主导作用。一方面，影视辅助教学不是简单的影视欣赏，要配合原

作的阅读来进行，另一方面，小说与影视及其脚本本来就是不同的艺术形式，而且作品改编成剧本后，对原作立意的理解和忠实程度也会存在很大差异。所以，教师应当以原作为核心，针对作品及其影视材料的不同特点设计出合适的方案，在教学过程中合理安排并予以正确引导。

教师首先要熟悉影片内容，涉及的语言知识、风土人情、文化背景等，了解其难易程度，尤其是与文学原著的相同点与相异点要进行归纳，使之系统化，更适合教学目标和学生的水平。影视教学题材的选择要能反映其他国家社会不同时期的文化，合理分布文学知识点，不能过于偏向商业性、娱乐性影片。

影片观赏，要组织学生了解作品涉及的历史背景、内容提要、人物关系、语言风格，甚至影片中出现的重要道具及其寓意等，提出观看后需要思考的问题，使学生的观赏具有针对性和目的性。要求学生结合文本作品中的景物、细节和人物等的写作特点，抓住影片的重要片段进行必要的内容复述，对作品反映的社会现象进行剖析，对一些精彩的对白、独白或旁白，可暂停播放或通过回放，及时讲解，帮助学生加深印象、深入理解作品的主题。影视辅助教学，以直观、动态、形象的艺术表现形式和强烈的感染力，改变了枯燥的学习氛围，能激发学生学习的积极性，有利于学生鸟瞰名著的全貌，而不是囿于对语篇词句的表层理解。总之，在科学合理的设计下，影视辅助能够大幅度提高教学效率，更好地实现专业的人才培养目标。

其次，教师要围绕原作的主题思想进行评述，使学生对影片的视听感受上升到社会文化层面的理性认识，强化文本中传达的审美意识、美学理念；要求学生将影视情节与文本描述进行比较、对照，鼓励他们进一步深入学习。

外国文学课程教材中不乏近代文学史上的名篇，对于学生把握近代小说发展脉络，熟悉不同文学作品体裁的构成、特点和表现形式，培养语言综合运用能力很有帮助，然而由于文字体裁的局限，普遍缺乏直观性和视野切入点，使得学生阅读吃力，难有共鸣。因此，选取被数度搬上银屏的经典小说，如《傲慢与偏见》《罗生门》等进行影视教学实践，就取得了很好的效果，学生对外国文学作品被动学习的局面得以改观。

第三，对于那些剖析社会现象、寓意深刻或不易理解的作品，需要以教师为主导,对其内涵予以细致的讲解。例如,诺贝尔文学奖获得者川端康成的代表作《伊豆舞女》,这部带有浓烈日本传统文学特征的作品,不仅突出人物的感受、知觉,展现人物的感情世界,表现一种优美而典雅的情趣,又具有悲哀的意蕴,是心与形、主观与客观、自然与人生的契合。无论是著作中着重描写的日常生活里的琐碎之事、自然景物,还是影片中直观的影像景观,都体现了日本民族那种谨小慎微、重视人情、善于观察和感受事物的特性。这种小中见大、由景入情的表现手法,需要教师进行精心讲解,才能使学生从影片中得到对原作中日本传统"物哀"美学理念更深刻的理解,更强烈地体验清纯哀婉笔调下的细微情感,从而感受到川端文学"美文"中的风景美、人情美和女性美。对于那些需要从整体把握的文学素材及其影片,可以根据作品主题设计问题,组织学生通过课堂观片展开讨论。

在外国文学教学中加入影视元素,影视只是辅助手段,目的是为了拉近学生与文学课程的距离。尤其是在多媒体技术高度发达、影视播放变得十分容易的今天,特别要注意避免文学课演变成电影电视赏析课。教师主要对作品及其影视材料进行选择,设计教学环节,解说欣赏情节,组织开展研讨;学生则通过影视赏析,更好地领会作品细腻刻画的人物形象和性格特点,把握作品感性的一面,加深对其他国家语言、社会文化和民族特性的了解,实现对作品的多元解读。总之,外国文学课程影视教学的设计必须服从教学需求,包括作品的遴选、学时的分配以及讨论的主题等。

四、文本细读与名著鉴赏的对接与结合

任何的文学名著都是文学发展过程中优秀文化的积淀,是文学中的精华。外国文学名著也不例外,同样凝聚了各国作家的智慧和创造力,是高校外国文学教学的重要内容。然而在现代社会,"快餐式"的生活方式,五花八门的视听享受,浮躁而急于求成的冲动,使得很多学生对文本阅读的积极性不高,外国文学的课堂教学遭遇到前所未有的冲击。很多教师根据学生对电影的热爱而采取了影视教学的方式。这对于传统的文学讲授来说是一种有益的补充,但是我们决不可简单地照搬电影作品。甚至以电影鉴赏替代文本细读。我们既不能单纯地采取细读文本的方式而否认影视鉴赏教学的作用,也不能只是依靠影视鉴赏的方式来代替文本的细读,否则会从一个极端走向

另一个极端。这不仅不能激发学生的创造性思维，培养和提升他们的创新意识和创造能力，反而会遏制其求索创新的精神。最合适的方法就是既要重视文本细读，也要适当地使用影视鉴赏的方式作为教学的补助手段，两者相结合，相互对接，相辅相成，才能取得良好的教学效果。而对接的最好方式就是文本细读和影视鉴赏相结合，通过比较、类比、联想等方式，开发学生的创新思维、创新意识和创造能力。

还是以《巴黎圣母院》为例。电影《巴黎圣母院》虽然是在雨果原著的基础上改编的，而且也没有违背原作的基本精神，人物性格特征与原著文本基本一致，电影从思想、人物、艺术上基本体现了雨果原著的浪漫主义色彩。但是，由于受到时间的限制，以及出于情节集中统一的需要，电影省略了一些与主人公有关的情节和人物，电影的结局与小说也不一致。小说中有一个关键人物居第尔，她是爱斯梅拉达的生母，由于女儿在很小的时候就被吉普赛人偷走而下落不明，她万念俱灰，躲在圣母院广场一间阴暗的小房子里隐居起来，每当听到爱斯梅拉达的歌声以及众人的喝彩声，她总是狠狠地咒骂"可恶的埃及女人""该死的埃及女人"。小说的结尾，克洛德把爱斯梅拉达从圣母院中诱骗出来，拉到绞刑架下对她威逼利诱，而她毫不就范、宁死不屈。克洛德只好把他交给居第尔，自己去找警察来抓走爱斯梅拉达。居第尔在摸到爱斯梅拉达胸口的一只绣花鞋时，才知道她整天诅咒的埃及女郎竟然是她的亲生女儿，她拼尽全力想保护女儿，最后女儿还是被士兵抓走，居第尔抱住女儿不放，被刽子手摔死在青石板上，爱斯梅拉达最终被送上绞刑架。雨果出于人道主义的激情，通过爱斯梅拉达母女的遭遇，谴责了封建黑暗势力对下层民众的摧残和迫害，表达了作家自己对下层民众的悲惨境况的极大同情。而电影《巴黎圣母院》却是写巴黎流浪汉去攻打圣母院，想救出爱斯梅拉达，最终他们打开了大门把爱斯梅拉达救出来，不幸的是爱斯梅拉达被守候在外面的国王派来的军队乱箭射伤，最终被送上绞刑架绞死。很显然，电影的这一处理却使得其批判力量没有小说的强。在上课时，教师可以布置学生以对照的方式来对比电影和文本的情节有何不同，并探讨其原因，同时可以让学生思考：如果你是这部电影的导演，你将如何处理爱斯梅拉达的结局？说说你的理由。另外，电影中的克洛德形象没有像小说中的克洛德那么丰满。小说中的克洛德，从看到爱斯梅拉达第一眼后就不顾一切疯狂地爱上了她,由于爱斯梅拉达千方百计地拒绝并爱上宫廷卫队长菲比斯,这令他钻心的痛苦,对爱斯梅拉达,他爱恨交加,他爱斯梅拉达的纯洁善良、美丽大方,但是又恨她无情拒绝了自己的爱情。他跟踪爱斯梅拉达,派加西莫多劫持,劫持不成又诬陷她对卫队长菲比斯行凶,纠集法庭、军队、教会势力陷害她。但是他内心也是很矛盾的,他也不希望爱斯梅拉达马上死,在这一点上,电影和小说的表现手法各有千秋,但都有异曲同工之妙。电影多从行为上来表现克洛德对爱斯梅拉达的所谓的"爱"以及欲罢还休的矛盾心情。小说里更多的是借助人物的心理活动来体现他对爱斯梅拉达那份既爱又恨、又妒忌那种复杂的心情,运用了很多的"内心独白"。在这一点上,可以让学生对照文本的有关部分进行细致阅读,然后和电影有关情节进行比较,并说说电影和文本各自描写的好处在哪里?同时也让他们思考,如果你是导演,你会如何处理爱斯梅拉达最终的结局?这样,通过文本细读和电影鉴赏的对比,既落实到了文本,又使学生对作品人物和作家雨果有了更深入的认识,学生的各种创新想法也得到了很好地发掘和提升。

　　文本细读和影视鉴赏各有其优劣,两者应该结合在一起。借助电影鉴赏只是一种教学的手段,教学的最终目的不是要学生学会欣赏电影,而是要回到文本上来。电影的改编也是从原著的文本开始,从电影来认识名著只是一个辅助的手段,我们不能盲从电影,也不能以电影欣赏来代替文本的阅读。所以我们要教会学生首先要立足于文本,从文本来认识作品的思想内涵和艺术魅力。同时,外国文学的教学也应该将文本细读和电影欣赏结合起来,在教学过程中发掘、培养和提升学生的创新意识和创造能力。

第六章 比较文学课程教学研究

第一节 比较文学教学中存在的问题及对策

1997年我国教育部进行学科调整，将中国语言文学之下的"比较文学"与"世界文学"合并为二级学科后，"比较文学"成为汉语言文学专业的一门重要课程，并被安放在必修课的位置上。许多高校纷纷开设"比较文学"。许多学者对比较文学的学科发展和课程建设发表了一些精辟的见解。学科建设和教学改革也取得了很大成效。但这一学科从课程设置到教学内容体系的形成也还有许多问题值得我们思考。

一、关于"比较文学"学科教学的定位

比较文学作为高校中文系的基础课程虽然已经为时不短了，但是和其他主干课程相比，它还是一门新课程。尽管教育部非常明确地将比较文学列为中文系的一门必修课程，但是在高职院校中将比较文学作为必修课开设的高校并不多，尤其是在一般高职学校这种现象显得更为突出。相当一部分一般高职学校将比较文学作为选修课开设，或者干脆不开设。这使得比较文学在目前成了一门可有可无或有名无实的学科。

我们认为，这种状况并不符合比较文学这一门学科本身的发展，也没有体现一学科应有的重要性。要恰当地解决这一问题，最关键的是应正确定位比较文学的教学。我们认为比较文学课作为中文专业的必修课是必要的，而且在一定范围内具有迫切性。这可以从三个方面来看，一是从知识结构来看，比较文学研究在国内外正蓬勃发展，大学阶段应该重视这一学科的基础教学。二是从能力培养来看，比较文学的"边缘性、开放性"已使其研究方法渗入了多种文学学科的研究实践之中，但在某些具体研究中又界限模

糊，似是而非，比较文学课程的开设，有助于学生系统地了解比较文学的基本理论。三是从学科建设的角度看，尽管有学者认为高职生教学是否开设此课无所谓，因"比较文学作为专业本身事实上是从研究生阶段起步的"。的确，目前比较文学研究生一部分来自非中文专业，即使是来自中文专业的，也有一部分没有修过比较文学课程。但我们仍然认为，比较文学课程的重要性还在于为比较文学专业教育打下一个基础，使有志于深入学习该专业的学生在进入研究生之前，对学科有一个初步的了解。因此我们认为，比较文学课程除了在中文专业应设为必修课外，还应在外语类或其他相关专业设为选修课。

二、关于"比较文学"的教学目的

在探讨、研究比较文学教学问题时，笔者认为首先应该考虑的问题就是它的教学目的。我们的高职院校里开设这门课程的目的是什么，这是一个十分重要的问题，可以说这是从事比较文学教学的指导思想。那么，高职院校学习比较文学课程的目的是什么呢？对这个问题学界的看法也是见仁见智、不一而足。有人强调必须重视比较文学的学科理论，维护比较文学的学科体系的完整性和系统性；有人则认为应该注重比较文学教学的实践性和实用性……

笔者认为对这个问题可以从宏观和微观两个方面来考虑。从宏观的角度来看，对比较文学的学习并不应该仅仅局限在比较文学的课程范围之内，学习比较文学的目的，是培养学生从事文学欣赏和文学研究的一种宏阔、开放的视野、思路、观念及其方法，提高学生从事各种文学活动时的认识水平和基本素质。因此，在高职院校中文专业和其他相关专业的有关课程的教学中，都应该贯穿比较文学的精神。例如，我们不论在中国古代文学课程教学还是外国文学课程的教学中（特别是在外国文学课程教学中，因为比较文学课程大都是由外国文学教师承担的），涉及神话这种古老文学形式的教学时，都可以将中外各民族的神话放在一起进行比较，从而使学生在了解、把握神话的基本形态的同时，了解中外神话的不同特征，加深对这种人类社会发展早期阶段、并且对后来的文学产生较大影响的文学体裁的认识和把握。例如，在中国古代神话传说中常常把那些意志顽强者和勤劳者形象视为英雄来歌颂,如《夸父逐日》中的夸父、《精卫填海》中的精卫、《愚公移山》中的愚公等。而在西方,人们崇拜的就不一定完全是以勤劳为特征的英雄,而常常是智慧和力量而见长的英雄,如希腊神话中的奥德修斯、英雄传说中赫拉克勒斯和圣经故事中的大力士参孙等,通过比较可以看出中西神话和英雄传说中的差异及其深层原因,使学生不仅知其然,而且知其所以然,打通学生中外文学的知识储备,从而使学习能够深入进去。

从微观的角度来看,通过具体的比较文学课程教学等教学活动的实施,使学生初步了解和掌握比较文学的基础知识和基本理论。换句话说,也就是让学生初步弄清楚什么是比较文学,什么是影响研究,什么是平行研究以及跨学科研究;什么问题具有比较研究的意义和价值,为什么要从事比较文学的学习和研究以及如何进行比较文学学习和研究等问题,从而培养和增强学生学习比较文学的兴趣和爱好,为进一步学习奠定基础。

三、关于"比较文学"的教学内容

高职院校的比较文学的教学内容和教学目的,长期以来都是根据所选教材的内容而定的,而这些教材一般是重点高校的专家编写的,在很多情况下它们并不适合高职院校的学生。

教学内容是由教学目的决定的。许多专家认为,比较文学的教学就是让学生掌握学科的基本理论,包括什么是比较文学,可比性问题,学科史问题,学科研究的基本类型问题等。因此,在实际教学中教师也以学科的理论知识的阐述为主。但是,在教学实践中,教学的实际效果并不是很理想。学生在学完学科的基本理论知识后,仍然不清楚什么是比较文学,学习本学科有什么用,比较文学的论文应该怎么写。

比较文学对中国学生来说,学习和接受上存在一定的障碍和难度。一是因为长期以来比较文学一直被视为一门理论课,学习起来本身就有一定的难度。二是因为相对来说比较文学是一门较新的课程,学生在中学和大学低年级从来没有接触过。三是因为比较视阈的养成不是短时间内能完成的。这门课程要求学生转换思考角度,转换单一的国别文学的研究视野,从跨民族、跨文化、跨学科的视野来审视文学现象。四是因为比较文学要求有学习的扎实和充分的知识积累,尤其是对外国文学知识和理论的了解和熟悉。而对中国学生而言，尤其是高职院校的学生来说，外国文学和理论的知识储备往往是比较薄弱的环节。因此，虽然教师备课准备了许多理论和实践的知识，但教学效果并不是很理想。

鉴于上述原因，我们认为高职院校比较文学课程的目的不应单纯是教学生学习学科理论，而应把本课程当作一门实践性很强的课程，教会学生运用具体的方法和角度解决实际问题，从实践的操作中养成一种开阔的视野和培养比较分析的思维习惯和能力，扩大学生的视野，使他们能综合运用各门课程的知识，更重要的是让学生懂得从宏观或者整体的角度去分析文学现象。从这一目的出发，课堂教学的内容重点就不再是对纯学科理论知识的学习，而在于具体研究方法和研究角度的学习，包括比较文学的基本类型和研究方法，文学范围内比较研究的领域，以及每一种研究应该怎样去操作等。比如在讲授比较文学的可比性时，我们不仅应该讲清楚什么是可比性，更重要的是让学生明确在实践中如何确定可比性，并布置相关作业。考虑到学生涉猎的学科领域不够，跨学科研究并不一定要放在本科阶段学习。

四、关于"比较文学"的教学方法

在目前高职院校，学生的学习状态不太乐观。相对宽松的多元化文化环境和注重实利的社会环境无时无刻不在影响着学生的价值取向和学习态度。多数学生认为比较文学理论性太强，深奥难懂，太枯燥，所以没有兴趣学。学生把大量的时间花在技能性课程上，尤其是专业课和计算机。因此，应该如何调动一切教学手段和方法去引发学生的兴趣，就成为首要的问题。

在教学目的和教学内容基本确定之后，如何将其贯彻、落实，教学方式方法就成为一个关键的因素。至于运用什么样的方式方法进行教学，当然也要根据不同学校、不同的教学对象、不同的教师来具体考虑。但笔者认为对于本科阶段的比较文学教学来说主要的教学方法不外乎以下几种形式。

第一，课堂教学、奠定基础。课堂教学应该说是一种最基本、最普通、最常见的教学方式，通过课堂教学把比较文学的基础知识和基本理论传授给学生。但是，教师的任务并不是简单地把比较文学的基础知识和基本理论传授给学生，而是在向学生介绍比较文学的基础知识和基本理论的同时，引导学生结合已经学过的中国文学和外国文学知识来观照和学习比较文学。在教学过程中，教师可以通过大量的具体案例（包括作家、作品、文学现象等）的介绍和分析，向学生讲解什么是影响研究，什么是平行研究，什么是阐发研究，什么是跨学科研究等，从而使学生通过具体可感的文本的学习以及文学现象的了解，真正掌握比较文学的基础知识和基本理论。

在理论的学习上，比较文学教学还是选择已经有定论的基本理论较合适。告诉学生最基础的概念、方法。让他们对学科理论有一个感性认识，逐渐训练其思考问题的方法。在此基础上，教师选取好的比较文学理论文章直接给学生分析，作为补充，可以起到画龙点睛的作用。当然理论文章的选择要有标准，从正反两个方面入手。平时多注意学者们在实际中对比较文学理论的应用，挑选出非常优秀的和较肤浅的文章形成自己的资料库。在实际教学中，笔者多会选择学术大家的文章和书籍，一方面这些学术大家视野宽阔，文章的容量大；另一方面文章的理论性强，分析深入透彻，逻辑明晰，概念周延。学生可以直接以这些文章为起点，不必走弯路。选择文章时，要注意学生的知识积累，挑选学生熟悉的知识背景，这样学生才能更深刻的理解文章的观点和思路。学生就是在教师引导和文章的示范的共同作用下学会知识的，对于比较文学的学习尤其如此，要使理论具体化才能让学生建立起感性知识，再通过实践过渡到理论，最后把比较文学的方法运用到所有学科的学习中，真正起到方法论的作用。

对于中国学生来说，在参与比较文学的教学过程中还有一个值得注意的问题，就是应该立足于中国文化的根基来学习比较文学，以体现中国比较文学教学的特色，正如杨周翰先生曾经说过的那样：研究外国文学的人必须要有一个中国人的灵魂。在当前的比较文学教学、研究领域存在一种偏颇，即对西方文学重视而对中国传统文学忽视。不少学生谈起西方的理论来能够侃侃而论，而对中国的文学理论则比较陌生、知之甚少，这不能不说是当前比较文学教学中的一大缺陷或弊病。而朱光潜、钱钟书、季羡林等前辈学者之所以成为公认的比较文学界的泰斗和大师，一个重要的原因就是他们除了在西方文化和西方文学方面有很深的造诣之外，都具有扎实的中国文学的修养和中国文化的根基。

第二，在大量形象、生动、有趣的例子中渗透与贯彻学科知识。在第一节课讲解了基本的方法论和原理之后，第二节课可以通过一两篇相关论文的示范分析，引导学生理解论文的结构和线索。在具体范例的分析过程中掌握相关的理论知识。比如在讲到主题学这一章时，主题学有不同的研究角度和研究内容，教师可以分节讲解，前一节课讲理论，后一节课就用示范论文来引导学生理解具体的研究方法，明白了解理论和方法是如何运用来解决实际问题的，怎么样的论文才是一篇完整的比较文学论文，怎样才是将问题研究透彻完整，另外还能够扩大学生的知识面。

第三，课外阅读、拓展思路。在比较文学的教学活动中，如何引导学生以比较文学的眼光去重新解读和阐释经典也是一个非常重要方面。比较文学的学习更应该建立在大量阅读中外文学作品和一定的理论著作的基础之上。

第四，设置适当的讨论课。要设置一次好的讨论课，首先要选好论题，其次是要有效地控制和引导学生的讨论不要偏题，再次就是做好讨论结束后的总结。

在教师讲解的同时，积极引导学生参与，培养他们的理性思维，这也是比较文学教学中重要的一环。在此，笔者更多的是选取合适的论题供学生思考讨论，在讨论的基础上完成小论文。在问题讨论与论文撰写方面，采取集体协作方式，不要求一人一个问题或者一人一篇论文，而是用分组的形式进行。在两步中笔者一般会选取同样的论题，这个论题可以是学界已经讨论过的，也可以是没有人接触的，只要能开发学生的思维。比如鲁迅和外国文学的关系的讨论，这个问题已经有专著和大量的文章，我们在课前要求学生下去查阅相关资料，对学术史进行梳理，然后提出问题。在讲解影响研究的理论之后，让学生进行分组探讨。讨论前要求每一位参与发言的学生或者小组选定一个小的角度：或者是某一个外国作家对鲁迅的影响，或者是某一种外国文学样式对他的影响，也或者是某一个国家或民族的文学对他进行的影响，反方向进行鲁迅对外国文学的影响也可以。在讨论过程中我们可以把学生分组，让他们分别讨论，然后再推选代表发言，一组发言时其他组可以发表不同意见，进行质疑。讨论结束后，任课老师可以选取其中的一个研究方向，进行演示性总结，并将议题深入化和理论化。最后要求每一个讨论组提交一篇小论文。在这里要注意的是，教师在学生讨论的过程中要注意点评，引导学生使用比较文学的研究方法，培养其学术规范意识。

在这里我们还要注意的是，由于受到新媒体的影响，学生的阅读和学习范围往往出乎教师的预料,关心的话题也是没有时间、地域和学科限制的,这就要求教师在教学中虚心向学生讨教,和学生展开讨论,取长补短,达到教学相长的目的。

有效设置作业。一次好的作业的设置,不仅可以让学生把课堂上学到的理论知识在作业中实践出来,还可以让学生在做作业查资料的过程中,了解更多的相关知识。如在讲"影响研究"之前,先让学生找出《源氏物语》中有关白居易诗歌的内容,在正式上课时,让学生把找到的内容进行解读,分析以白居易为代表的中国文学对紫式部文学创作的影响。这样,学生就可深入了解"影响研究"的研究对象和方法。

第六,科研写作、学以致用。学习的目的在于运用。通过对比较文学的学习,使学生能够运用所学的知识和理论在一定程度上进行一定水平的比较研究,结合学年论文和毕业论文的写作要求,写作具有一定水平的、比较文学意识的文章。

综上所述,在比较文学教学中确确实实存在着不少问题,如果真的要把比较文学这个学科在教学中更好地贯彻施行,那么,对比较文学教学的正确定位,在教学中对教学内容的把握与选择,教学方法的改进是值得我们深思的。

第二节　文化自信背景下比较文学课程教学探讨

"文化自信"是习近平总书记在党的十八大以来多次提及的文化理念和文化观,是提升中国文化软实力的内在驱动力。教育部也提出必须培育和弘扬民族精神,使学生受到优秀文化的熏陶,塑造学生热爱祖国和中华文明的品格。中国作为一个文化大国,既要增强国家文化软实力,努力展示中华文化独特魅力,又要切实提高对世界优秀文化的鉴赏能力和交流水平。高校目前的比较文学课程应该凸显课程自身渊源中的文化自信基因特色,在教学过程中注重培养学生的文化身份自信与兼容能力。在教程的选择上,比较文学课程要使用世界文学经典文本,使学生了解世界文学发展的基本脉络,增强对世界文化的了解,拓展知识领域,丰富审美趣味。高校要通过运用比较文学课程这一媒介，提高高校学生的跨文化理解与兼容能力，同时在文化自信的背景下强调跨文化理解与本土文化传播并重，以达到丰富彼此文化之和谐境界。

一、突出课程的文化自信基因特色

学者乐黛云提出，"比较文学"应该从我们的民族文化出发，应该以中国为主体，也必须以中国为出发点和根基，以文化自信增强主体自信。那么，在高校教育中，如何才能在比较文学课程教学中做到文化自信？要做到这一点，关键是教师在教学过程中要传承比较文学课程自身发展渊源所带的文化自信元素与内涵，让学生充分感受到这门课程的博大精深与魅力，并深刻体认其文化渊源。

比较文学是跨民族与跨学科的文学研究，其研究对象是从过去到现在的世界各国的文学作品。当这些文学作品进入高校比较文学课程中时，教师必然要有明晰的教学理念来指导学生阅读用各种语言写成的世界文学作品或其译作，引领学生通过对比历史、政治、艺术和不同国家的社会环境来理解这些作品。[①]

学校是社会的缩影，教师会因教学的互动而将自身的思考、行为价值与规范传递给学生。在学校中，教师是推动学校教育的灵魂人物，其价值观点或教学信念会自觉或不自觉地反映在教学历程中，因此，教师在培育学生的文化自信方面扮演着非常重要的角色。一位具有文化自信以及多元文化理念的教师，必须能回应学生多样的特质，并能鼓励学生积极探讨世界范畴中的文化间的相互关系。培养学生对异文化的学习理解与兼容能力，可以有效避免学生因为对民族文化自信力不足而不能深入地知彼（世界经典文化），也不能正确、全面地知己（本土文化和民族文化）。文化自信教育在教学中承载增强文化自信力的有力担当。

（一）比较文学在世界

早在古罗马时期，因拉丁语的形成，各民族语言和文化之间的差异逐渐受到重视。但是，在强烈的民族意识和民族自尊心作用下，各民族之间

---

① 陈淳，刘象愚. 比较文学概论 [M]. 北京：北京师范大学出版社，2005：1.

的比较在当时较为缺乏客观性和历史性。随着18世纪法国启蒙运动的兴起，欧洲各民族之间的接触更加活跃。在稍后的德国，比较文学研究亦开始萌芽。从文艺复兴时期以来，欧洲各民族之间交流频繁，文化比较的意识已经萌芽，零散的比较批评或研究亦逐渐发展。在随后的19世纪，浪漫主义思潮在欧洲蔓延，学术研究和文学创作纷纷走向新面貌，伴随着"世界文学"概念的出现以及实证主义方法和进化论的盛行，比较文学也随之诞生。1816年以来，陆续出现以比较文学为名的作品选，即收纳各民族作品的选本。随着相关著作的增加，越来越多学者意识到全世界的文学无论是观念还是事实上，只要彼此有关联性即可进行相互比较研究。[1]

法国比较文学学者保罗·梵·第根主张，比较文学应如历史学科般尽可能将来源不同的事实采纳在一起，以便对每一事实做出充分的解释。因此，他认为比较文学是各种不同文学相互关联的研究学科。[2] 有别于法国的影响研究，美国学者强调平行研究，以拓宽比较文学研究的领域。其中：亨利·雷马克确立了平行研究和跨学科研究在比较文学学科中的地位；伯恩·海默则强调以理论分析文本的重要性，主张将用文学理论解构文本作为比较文学的实践方式。平行研究的前提为不同国家、民族、时代的文学存在共通的文学规律。这使文学与其他领域具有可比性，他们均强调文学性和作品的美学价值，这为比较文学提供了新的横向跨学科研究视角。

（二）比较文学在中国

比较文学在中国的正式确立与西方学术的大量传入以及深受西方学术影响的人才大量出现有关。自19世纪下半叶以来，中国比较文学研究以平行研究、影响研究、阐发研究为主。由于受到苏联的影响与干扰，1949年至1978年为中国比较文学的停滞期，中国比较文学研究无法顺利发展。自1949年以后，受政治影响，中国比较文学的研究阵营分成大陆与港台两部分。直到20世纪80年代至90年代，大陆与港澳地区的比较文学才相互交流逐渐形成合一之势，并渐趋兴盛。这主要体现在三方面：其一，建立了专门从事比较文学研究与学术人才培养的系所；其二，产生了大量高质量的比

---

[1] 杨乃乔.比较文学概论[M].北京：北京大学出版社，2014：36
[2] 保罗·梵·第根.比较文学论[M].戴望舒，译.台北：台湾商务印书馆，1995：18~25.

较文学研究成果；其三，编撰了众多比较文学教材，促使中国文学在英语世界甚至在世界文学中立足。

进入 21 世纪，全球亦迈入了一个更加多元化的新时代，世界文学的组成也愈加多元，世界文学的经典文本将越来越体现在不同的国家、种族、性别、宗教和语言等方面的互异上。世界文学中的所有国别文学都属于这种多元形态中的一部分，其文学思想和表达都是独特的，而且都应受到尊重。随着时代的变迁，多元文化存在的事实使多元文化兼容能力和文化自信能力都成为一个现代公民必须具备的素质之一。国内的教育改革也逐渐开始重视此课题。文化自信教育理念和多元化教育理念核心都在于肯定人的价值，重视人的潜能发展，使每个人不仅能珍视自己族群的文化，而且能欣赏并重视不同的文化。另外，了解自我与发展潜能、欣赏表现与创新、文化学习与国际理解、独立思考解决问题等，也是文化自信教育与多元文化教育所强调的目标。

二、培育学生的文化身份自信与兼容能力

文化身份是某一特定文化所特有的，也是某一具体民族与生俱来的一系列特征。[①] 要在教学过程中践行文化自信，必须重视文化身份的建构。比较文学课程的学习本身就是一种跨文化交际活动，比较文学课程的学习不仅涉及语言文字的解读，而且涉及跨文化的理解。教师和学生在教学过程中需要清醒地意识到这是一个文化多维构建过程，学习者在学习过程中并非被动的，其文化身份也影响着对世界文学文本的选择和文化形态的不同理解。教师和学生只有保持稳定的文化立场，维系对中华文化的挚爱与传承，才能保证中外文化的有效交流。

（一）借助课程实施

培育学生的文化身份自信与兼容能力需要依仗课程实施。课程实施是指课程实际使用的状况，也就是指教师运作课程的情形。在教学过程的各阶段中，课程的设计和运作是教学是否具有成效的关键。因此，为了有效率地推动文化身份自信与兼容能力的培育，教师在课程实施的过程中，不仅要注

---

① 景春寒. 电视对外传播探索与思考 [M]. 北京：中国广播电视出版社，2013：29.

重对各国经典文本的解读，而且要在课程运作的历程中兼顾到学生情意态度的改变，以及文化应对的技巧。教师只有具有文化身份自信与多元文化的教学信念，才能设计具有多元文化脉络的课堂，实施具备文化回应的教学。这种教学强调教师通过评估学生带到教室中的个人的、文化的和社会化的文化经验，协助学生加以充分发展，促进学生将课程内容和他们所熟悉的文化经验衔接起来。

（二）借助阅读经验

世界文学的目的是承认其他民族文学的优点，然而更重要的是从中寻找本国文学的新灵感。具有文化身份自信的大学生在阅读世界文学经典作品时，一方面应该感受到作品中具有普适性的那些价值观与美学意蕴，另一方面又应该在异国民族文学作品中找到相异性，从而加深对本国文学经典的更高层次的理解。因此，教师将学生对西方经典文本的阅读经验当作教学资源，既要注重跨文化的理解，又要尊重和鼓励他们的母文化表达方式。将学生的阅读经验与教学信念融合，学生在课程中的学习才不会产生文化的危机以及学习适应的问题，而且学习的动机及效能将会大大提高。

（三）借助形象塑造

美国文化理论学者斯图亚特·霍尔指出，人们透过各种叙事想象民族的本质。如通过历史、文学及媒体上的流行文化，反复再现国家或民族共同的故事、象征及仪式，等等。斯图亚特·霍尔指出，认同一直处于变动的过程中，是行动者的设定，人们的认同会随着主体位置的变化而出现相应的变化。民族文化建立身份是通过生产对于民族的意义、故事及记忆，使人们可以认同，一如本尼迪克·安德森所提出的"想象的共同体"概念。安德森认为，民族是一种想象的政治共同体，此共同体基于文化的根源。而促成群体共同的想象尚需归因于王朝、宗教等历史演变，而印刷术以及小说与报纸的出现、出版物的流通，则提供了民族再现的想象群体（共同体），巩固了民族的概念。

文学理论批评学者弗雷德里克·杰姆逊也曾指出，第三世界文学文本经常呈现出民族叙事（他称之为"民族的寓言"），即以小说人物遭遇影射民族全体的命运。[①] 杰姆逊认为，文学是意识形态的产物，文学或经典经过意识形态角力及运作而生。文学作品如诗及小说，透过内容叙事及读者的身份建构（其对于民族的叙事也是透过不断重复而塑造出身份的认同），建立其想象的共同体。民族认同不是与生俱来的认同，是根据想象再现、形塑出来的认同。文学多元系统发展下的文学作品，对于国家（或民族）文学的形象塑造有极大的影响。

（四）借助学科研究

从学科研究到基础教育，我们要将民族文化自信和个人的主体自信结合起来，从根基上实现文化自信。教师的教学信念对学生文化身份自信的建构以及多元文化教育的实施具有不容忽视的影响力。就国外的研究而言，由于文化主体性教育以及多元文化教育在国外已行之有年，且在师资培训过程中多设有文化主体性教育与多元文化教育的课程，因此研究结果显示，接受过文化主体性教育与多元文化教育课程的准教师们较未曾受过相关教育的准教师们更能表现出文化自信的引领能力以及多元文化教育的态度，且较能欣赏及包容学生不同的文化思考角度。综上，中国高校的师资培育课程有必要开设相关课程，以增强教师之文化自信与多元文化教学信念。

三、培育文化自信与文化多元并重的信念

比较文学课程教师在多元文化教学中，应让学生及早拥有包容多元价值的信念、经验与能力，懂得尊重及欣赏自己与他人的文化历史与贡献，包括不同的国别与族群、性别、团体、个人等，激发学生形成人性与正义、自由与平等的观念。因此，在教学上，教师应提供足够丰富的世界文学作品，让学生了解世界各国文化的丰富特色，进而能接纳与评价。

（一）讨论世界文学不能忽视民族的脉络

歌德在1827年曾预言世界文学时代的到来，指出文学乃全人类所共有，他乐见其作品译至其他语言。世界文学的概念后来为比较文学领域提供了新的立足点，成就了许多文学研究方向。戴维·戴姆拉什指出，世界文学并非无止境地纳入所有国家文学，世界文学应经过流通阅读而产生他者研究。世

[①] [美]弗雷德里克·杰姆逊.后现代主义与文化理论[M].唐小兵，译.北京：北京大学出版社，2005：65.

界文学可视为一种特殊网络，目的是将各国文学生产源地的文学作品送到世界上不同的读者手中。

戴姆拉什指出世界文学是透过出版、翻译及阅读而产生的。文学作品经过此过程，被重新赋予了生命。文学作品在翻译中，在源文化及异文化中被重新建构。世界文学观念强调的是必须超出单一语言和文化的民族文学传统。[①] 然而，戴姆拉什也认为，民族文学根本上不可能消失或被世界文学取代，除了少数可称为多元文化的文学作品外，几乎大多数世界上的文学都是源自民族文学的。因此，讨论世界文学仍不能忽视民族的脉络。

(二) 了解世界文学不能忽视中国文化元素

高校比较文学课程既要引导学生感受世界文学多元文化之美，进而尊重、欣赏及包容多元文化的国际社会，又要引导学生学习和了解世界文学中的优秀中国文化元素，感受这些优秀作品的作者如何分享自身的中国文化经验，并进行文化传承。

比如，在学习到华裔文学板块的时候，就是很好地培育学生文化自信的时机。教师要引导学生了解华文文学目前在世界文学领域的成就，同时引导学生了解除了大多数用华文创作的作家之外，也已经有不少海外华裔作家使用其他语言来进行创作并已经取得了诸多成就，如汤婷婷、谭恩美等人。她们创作的作品很多时候都来源于中国传统历史文化。汤婷婷的小说《女勇士》《中国佬》《孙行者》等，确立了汤婷婷在华裔文学史上的地位，她借此于2008年获得美国国家图书奖的杰出文学贡献奖。谭恩美首部作品《喜福会》在1989年《纽约时报》畅销书排行榜连续9个月上榜，使她成为美国华裔女作家的新星。1989年，《喜福会》获L.A.Times书籍奖及美国国家书籍奖，于1991年获美国最佳小说奖。《喜福会》前后一共被翻译成25种语言，1994年被拍成电影The Joy Luck Club上映。

华裔作家的作品选题凸显了中国经典文化符号，如《女勇士》中的花木兰形象就具有族裔性特点，作品在文化自信与世界视野范围审视自身所一直面对的社会地域与文化身份认同等问题。作品文化主体性的呈现随时间而变化，呈现多重认同，使其在世界文学领域中也成为经典。

---

① 张隆溪. 从比较文学到世界文学 [M]. 北京：北京大学出版社，2012：156.

在学习华裔文学优秀作品的同时，要引导学生理解，即使不用母语创作，也能写出反映民族文化的作品。美国犹太或非裔作家使用英文来寄情抒怀表达民族感情与生活也一样运用自如，不一定非要用犹太文或非洲文书写不可。①作家在异地用非母语回想、记忆原乡，以多元而细水长流的方式，和母国的源源大河形成对应。原本位于边缘位置的"海外文学"，在跳出中心与边缘、异乡与故乡、自我与他者的二元对立模式后，以另一种铭记的方式，记录了文化记忆。

（三）培养文化自信、文化多元的信念

个体并非生来具有文化自信以及文化多元的信念，而是在心智成长的过程中学习到社会对各种差异所附加的意义。人们在逐渐成熟以及习得更多的经验时，对于特殊的文化属性特征会特别地去强调它，并下意识地将其所选择的信息加以诠释。为了减少学生文化间的偏见及误解，教师除了帮助学生发展多元文化的态度，更应让学生透过文化的接触，认识其他文化的存在，了解彼此的差异，并经由文化学习的过程，达到丰富彼此文化之和谐境界。

人们必须先了解自己的文化，这样才能去了解其他文化。培育高校学生文化自信与多元文化理念的目的在于帮助学生增强国家认同，让学生乐于学习和了解其他国家、民族的文化，并能实在地向他人叙述本土文化及他者文化。因此，要充分运用比较文学课程这一媒介，提高高校学生的文化自信与跨文化理解能力，增强我国高校师生的人文素养。只有这样，才能为跨文化交际奠定坚实的基础，并由此提高我国文化的国际影响力，真正做到文化自信。这种自信不仅仅是对我国传统文化魅力的自信，更是对整个中华文化发展壮大的自信。

第三节 个案教学法在比较文学教学中的应用

如今素质教育越来越受到重视，学生的思维能力及创新能力的培养越

---

① 张京媛. 后殖民理论与文化认同 [M]. 北京：中国社会科学出版社，2012：76.

来越成为受关注的重点。大学的比较文学教学中，传统的讲授法已经很难适应人才培养的需要。比较文学是一门兼具理论性和实践性的课程，讲授法往往容易陷入对于庞杂理论的讲解而缺乏对方法论的指导及对学生实际运用能力的培养。而且单纯的知识灌输容易造成教学内容与实际脱节，较难引发学生学习的兴趣。在比较文学教学中引入个案教学法将会有助于学生更好地理解理论知识，提高学生的思维能力及运用知识解决实际问题的能力。

一、比较文学中引入个案教学法的意义

个案教学法是一种以个案为基础，以问题为导向，通过讨论和分析培养学生推理判断能力及解决问题的技巧的一种教学方法。个案教学法很好地搭建起了理论和实践的桥梁，被证明为是一种行之有效的方法。

（一）个案教学法有利于改变学生在教学环节中的地位，使学生从被动的聆听者变为主动的参与者

经典的个案设计、富有启发性的问题往往能够刺激学生的大脑活动，使学生思维进入异常活跃的状态，从而积极思考分析问题，寻求问题的最佳解决方案。比较文学课程一般在三、四年级开设，学生已经具备了中外文学的基本知识，比较文学个案教学法的引入有助于对这些知识的融会贯通的运用。比如以《德伯家的苔丝》与《黑骏马》的比较研究为例，可以从人物形象、心理分析、时代主题、民俗风情、诗化手法等方面设计不同层次的问题，引导学生进行广泛而深入的讨论，最后在文化层面探究两部作品的异质性。这两部作品学生都比较比较熟悉，且具有多层次的可比性，便于学生充分发挥个人主观能动性。一次经典的个案教学并不是课堂上短短几十分钟的教学活动那么简单，它往往包括课前的精心准备、课堂上的思想交流与课后的回味反馈，然后又将思维结果带入下一次课，这样就形成一个非常完美的循环。在个案教学中，学生面对实实在在的具体材料，必须运用自己所掌握的理论知识对材料进行多角度的分析解读，才有可能提出富有针对性的问题；同时学生必须进行足够充分的知识积累和问题思考才能在讨论环节言之有理，说服别人；最后讨论过程中激烈的观点交锋和思维对撞有助于参与者清楚地认识到自己知识储备和思维方式所存在的问题，这对于提高思维能力是极为有效的。

(二）个案教学法有利于在师生之间、学生与学生之间形成良性互动

个案教学法是一种双向互动式的教学方法，在此教学模式下，教师不是唯一的提问者，学生也不是唯一的学习者，借由教师的问题引导、学生的多方讨论、教师的进一步补充和启发，师生的思维能力和对认知水平都会得到不同程度的提升和深化。比较文学是处于不断发展中的一门学科，学派林立，异见迭出，一言堂式的传授教学法不能很好地适应学科特性，教师权威者的身份也在教学中难以为继。通过个案教学，加强师生互动，在广泛的探讨中共同寻求对于问题的意见，更加有利于营造师生之间平等互动的良好学习氛围，有利于培养具有独立思维能力、敢于发表个人见解、具有强烈问题意识的新型知识者。另外，思想的交锋促使学生学会倾听他人意见，包容不同的思维方式与多元化价值取向，开拓学生的理论视野，这对于比较文学学科来说是非常重要的品质。

(三）个案教学法有利于变知识传授为能力养成，有利于培养适应时代需要的新型人才

在当今这个信息技术高度发展的时代，信息的占有已经不能体现一个人的价值，如何利用已有信息分析解决问题才是个人能力的体现。在文学学科中，比较文学具有最为广泛的研究范围，而比较文学打通中外、兼及古今的研究方法又对学习者和研究者的能力提出更高的要求。如何使学习者更加深入地领会比较文学理论，更为快捷、牢固地掌握比较文学研究方法，是比较文学教学中的突出问题。个案教学法对教师来说，不再是给学生提供现成的知识，而是把主要精力放在促进课堂讨论上，不断地引导、提问、假设、鞭策和评论；对学生来说，不再是忙于领会所谓的权威思想，忙于做笔记，而是在特定情境中主动参与，自己做出评价和判断，自己寻求答案，这一过程极大地调动了学生的主动性，以一种强化的方式系统地训练学生能力。

二、比较文学教学中个案教学法的实施

个案教学法对教师和学生都提出更高的要求，教师对教学案例的选择与编写、课堂节奏的把握、讨论情境的控制等等，都直接影响个案教学的效果。学生也必须在课前做适当的预备工作。课堂组织和课后的评价同样关键。

（一）教师的个案选择

选择恰当的个案是个案教学法成功的前提。比较文学的研究范围非常广泛，要在浩如烟海的材料中选择贴近教学内容的个案，要求教师不仅要对教学内容有高屋建瓴的理解，而且还要求教师占有大量材料，同时还要有敏锐的问题意识。一般地说，好的个案应当具有以下特征：

1. 适应性

所选择的个案首先必须贴近教学主题，是针对影响研究还是平行研究，是侧重实证分析还是倾向于文化研究，都要有明确的目标。其次还要兼顾学生知识水平，如针对外语能力强的学生可以选择原著作为个案，外语能力不强的则选择译本作为个案；如果理论水平高就可以选择哲理性强的作品，理论水平弱则选择情节性强的作品等等。

2. 典型性

适应性只是个案选择的基本原则，典型性则是更高要求。所谓典型性是指所选择的个案不仅要能适应当前教学内容的需要，而且还应具有更为广泛的代表性，能够在以后的教学中被反复引证，如此则可以达到举一反三的效果。因为在个案教学中，师生都投入了较多的精力，对材料的把握相对透彻，个案的反复引证有助于促进学生思维的拓展。

3. 开放性

比较文学个案教学的目的在于通过对现实情境的模拟和典型材料的讨论，开发学生的逻辑思维能力，训练学生运用比较文学理论独立思考分析问题，如果所选择的个案开放性不足，则不利于问题的扩展和深化，从而难以实现预定的目标。

选择了恰当的个案还只是第一步，教师需要根据教学需要和学生实际情况对个案进行一定的加工，比如对于过长的个案应该进行适度的剪裁，但以不违背作品主旨、不损害作品主体特征为要。此外，在提前下发给学生研读的个案后应附上相应的讨论问题，供学生思考，也是课堂讨论的基础。

（二）学生的课前准备

讲授式教学法中学生上课只需带着耳朵听就行了，课前不需要做大量的准备工作，而个案教学法则要求学生课前进行充分的准备，不仅要熟读材料，而且要认真思考材料后的问题，有时还需查阅相关资料，在上课前就对问题有一个初步的解答,并能对自己的观点进行论证。同时还需针对材料提出自己的问题,以便课堂上的进一步讨论。这一环节也许还要求学生重新回顾已经学过的理论知识,借此形成自己的思想体系,寻求解决问题的最佳途径。

(三)课堂实施

比较文学个案教学中,教师应该扮演好引导者和协助者的角色,明确提出讨论的原则和要求,在讨论过程中控制好节奏,同时确保不要过于偏离讨论的主题。在课程最后应该对本次课堂情况进行简短的总结和评价。除此之外,应该充分将主动权交予学生,不做过多干涉。学生则应积极参与,每一个人都应发出自己的声音。不仅要勇于发表自己的见解,还要善于倾听,吸收他人观念中的合理成分,对不合理之处进行质询。

三、个案教学法的局限性

(一)教师也需要学习

我国的比较文学教师大都是在传统教育机制下成长起来的,自己所接受的教育主要以讲授式为主。对于教师来说,采用个案教学法是一个需要学习的过程。如何选择恰当的个案,如何控制教学的实施,如何对一次教学活动进行合理的评价,都需要教师花费大量的精力去思考,去解决,这对于本来就工作强度很大的教师来说,无疑增加了额外的工作负担,这也是为什么大家都认为个案教学法值得采用,却鲜有人真正实践的重要原因。对此,学校应当采取适当的激励机制,为个案教学法的实施提供良性发展的土壤。

(二)班级太大

当前的比较文学课程一般都在中文专业开设,而中文专业学生较多,一个课堂往往有好几十人,人数过多不便于个案教学法的课堂实施,难以取得预期的效果。在无法改变班级人数的情况下,可以适当采用分组的方式,以克服人数方面的局限性。

(三)学生和教师身份转换的困扰

如果说前面两个方面的局限性尚比较容易克服的话,那么教师和学生身份转换的不适应则非一朝一夕可以改变。这往往一方面表现为教师对课堂过多的操控,另一方面表现为学生的参与度不足,而且这两方面的问题常常同时存在。这就需要教师处理好适当引导和过度干预之间的关系，同时想办法调动学生的积极性，提高课堂教学效率。

第四节 比较文学研讨式教学的实践与研究

一、研讨式教学法述评

研讨式教学法发端于德国的大学教育，如今在西方国家高校中已是首选的教学法则。而该教学法在国内高校中的初试，以上世纪90年代湖南师范大学郭汉民教授的引入和实践为标识，发展至今，虽然尚未形成蔚为大观之态，但也早已风生水起，正值方兴未艾之势。

所谓研讨式教学法，不是"研究法"和"讨论法"的简单叠加，而是一种将"讨论法"和"研究法"有机结合、科学运用的教学模式，一种将教学与研讨统筹合一并贯穿于课程知识传授和习得及体验感悟和认知中的一种教学方法。易言之，是指在课程系统知识的教学过程中，始终以学术研讨范式为教学载具和牵引动力，通过科学研究与讨论交流彼此结合，推动师生之间、生生之间、理论知识与现实场域之间、课堂教学与田野体验之间的有效互动，使教师"导"的基础同学生"演"的主体交融互摄，从而在学生主体性原则、启发性原则、循序渐进原则及和谐性原则中，形成教与学彼此相长、知识与技能并举的共振效应，以此激发学生能动性和创造力，达到培养综合素质的目的。简言之，研讨式教学法的基本内涵和精神实质，借教育学家陈钧之精辟论述就是：在教学方式上，变"讲授式"为"研讨式"；在教学目标上，变"授人以鱼"为"授人以渔"；在教学形式上，变"一言堂"为"群言堂"；在师生关系上，变"主一客"改造关系为"主一主"合作关系。①

二、"比较文学"研讨式教学实践

"比较文学"是一门意在打破时空界限、国家民族界限、学科界限甚至

---

① 陈钧.一个可资借鉴的成功教学模式——《群言》序 [J].湖南师范大学学报（社科版），1996（6）：92~93.

文化体系界限的文学研究学科。"一国文学与另一国或多国文学的比较"及"文学与人类其他表现领域的比较"①乃是其基本内涵和根本要义。简言之，它一方面通过对超出一国范围之外的文学进行纵横比较和剖别，另一方面通过检视文学与其他知识和信仰领域之间的关系，从而对文学的美感、美韵和美境以及人类共通诗心与文心真谛进行深切体会，达到健全人文知识结构、培养人文精神、提升人文修养和审美感悟能力、求索文学艺术活动本质和规律并最终"形成开放眼光和比较意识、辩证理性地体悟'自我'和认知'他者'"②的目的。

就内容言，除了具象性论题及其相关文献资料的搜集整理和田野数据的采集梳理外，仅就课堂内需要完成的教学任务论，"比较文学"课程主要涉及"学科史""学科身份危机""方法论原理""跨越特性与文学根性""可比性与学理性""影响研究""平行研究""跨学科研究""新专题研究"等方面和重难点。作为一门"可比性""文学性""跨越性"兼具的学科，"比较文学"因此常常被誉为"精英"学科。法国比较文学家艾田伯曾经指出，"倘若没有百科全书学者的才能，根据一般的规律，我以为大可不必去搞比较文学。"③换言之，"比较文学"工作者理应具有狄德罗式的雄心大志和渊博学识。

循此可知，"比较文学"课程教学既要求学生具有较好的文学理论功底，需要具有较扎实的中外文学文化基本知识储备，具有主动将外国文学与中国文学比较观照的自觉意识，又需具备厚实的外语功力，加之受教学内容多、教学课时少等困难所限，在教学的实施过程中，大多沿袭以"满堂灌"或"填鸭式"教师课堂讲授为主的传统模式，把教与学彼此疏离，将晦涩的抽象概念、空玄的基本原理和具象性研究类别，同学科的历史脉络、已然的研究范例和多彩的活态田野相互脱离，从而造成了学生对本课程学习兴趣淡薄、主动参与性较低、研修能力欠缺等一系列问题。毋容置疑，如此一种运行情态和发展趋势，有悖于高等教育"创新人才培养模式"的基本要求。"比

---

① [美]亨利·雷马克. 比较文学的定义和功用[M], 张隆溪译. 比较文学译文集, 北京：北京大学出版社, 1982: 1.
② 刘振宁. 论"比较文学"的教与学——基于双语实践和问卷分析的视角[J]. 教育文化论坛, 2012(6): 95.
③ [法]艾田伯. 比较文学之道：艾田伯文论选集[M]. 胡玉龙译, 北京：三联书店, 2006: 32.

较文学"课程教学模式改革动因，正是源于这样需求和考量之下。客观上讲，"比较文学"课程开设时间并不久，而对研讨式教学法的尝试教改时间则更晚。该课程对推进双语教学示范课程建设，革新传统教学模式，优化教学效能，凸显教学中学生的主体性和能动性，培育学生综合素质特别是自主研修意识及创新能力具有重要作用。

就操作步骤言，在教学活动正式展开前，按照研讨式教学法的基本原理并结合课程教学的知识体系，将每部分教学内容分解成了六个相互连接、彼此贯通的环节，即"要点引介""选题指导""独立探索""小组分享""大班讲评"及"总结提高"。撇开基本的"要点引介"环节外，其他五个环节间的内在逻辑是，"'指导选题'是教师指导下学生着手研讨，'独立探索'是学生个体课外的自主研讨，'小组交流'是课内交互式的研讨，'大班讲评'是课内集中式的研讨，'总结提高'是全体同学研讨的升华。"反过来，六个相辅相成环节，又可划分为三个递进阶段："教师重点指引"阶段（含"要点引介"与"选题指导"两个环节）、"学生自主探究"阶段（含"独立探索"与"小组分享"两个环节）及"师生互动研讨"（含"大班讲评"与"总结提高"两个环节）阶段。

阶段一：通过提纲式阐明要点和破除难点，旨在发挥"明路径""清路障"功效。对于初学者，虽然此前分别开设过的中国文学和外国文学课程，为比较文学的教学奠定了些许基础，学生储备的或多或少中外文学文化知识，对初步感知比较文学的知识体系提供了一定条件。然而，当面对比较文学这门既有别于中国文学课程也相异于外国文学课程的新学科时，绝大部分学生常常对其庞杂的内在体系、宏富的思想内涵和纷繁的研究类型倍感陌生。

鉴于此，对于相关学科历史、发展阶段、危机冲突、研究方法、基本理论、前沿问题、未来走向等核心内容，授课教师根据教材内容和教学进度加以适度地要点引介和扼要阐发，显得十分必要甚至不可或缺。否则，学生将不得要领，难以获得系统而全面的学科知识，获得的只是碎片式的知识点，容易造成只见树木不见森林甚至一叶障目行性的错误认知。"要点引介"环节具有铺垫性功用，是串起每个知识点而形成内在逻辑线，再通过逻辑线联动而构筑起知识面的必由之径。

同样，第二步"选题指导"的示范作用和实用价值也不容小觑。它既契合并承续着课程教学内容，更是从学习到研讨有效推进的关键一步。教师对于选题的设定，不仅需要同教学进度和主要内容深度关联，而且需要就选题的信度与效度进行缜密规划和科学研判。如果预设选题过于平淡或过于高深，都将难以达到促进学生自主探究、助推研讨式教学有序展开的期待效果。因此，围绕各章节的知识要点提出若干既有价值又具可操作性和针对性的研究论题，无论是对教师的教还是对学生的学都极为重要。

阶段二：通过引导学生主动介入研究选题，旨在求得"知""行"结合、身份转换、协作共享的功效。研讨式教学模式的核心理念，在于反对教学控制和去教师中心化，培养交互式"对话"教学体验基础上的问题发现、论题参与和学术探究意识。就实践路径言，需要按照精练课堂要点、强化参与互动、活化课外实践原则，结合教学进程，以精心设定的选题为载体，让学生主动投入到对选题的探究、讨论、交流等环节中，初步掌握研学方法，养成研学习惯，在协同互助中学会发现问题、提出问题、分析问题和解决问题，从而使课内学习有效地向课外研究延伸和拓展，以此构建起以学生为中心、教师为主导、问题为导向的新型教学模式。

为此，在教学内容推进到一个新阶段或全新研究类别时，有意识地抛出预先设计好的紧扣教学内容的众多"选题"，让学生分组认领（每组限定为五人），要求在一周内完成包括从选题题解到形成研究报告在内的各个步骤，经小组成员充分讨论和完善后，将主要内容制作成PPT，以备"大班讲评"和"总结提高"阶段之用。在该环节，学生按照教师传授的方法进行独立探索，奔向图书馆等文献收藏地查找有关课题的索引、阅读论著和参考资料，甚至有些选题因依据现实场景或文化场域而设，除需要学生进行书本知识和文献资料梳理外，还需要深入"活态"田野进行短期体验和数据采集。在消化吸收和分析综合的基础上，通过独立思考和广泛合作，撰写出文献综述、框架结构、基本方法、主要内容、重点难点、创新价值等研究内容的文本草案，并制作好对应的电子演示课件。据问卷调查统计，超过90%的学生参加了"自主探究"活动，无论是在"独立探索"环节还是"小组分享"过程中，先各司其职后通力合作，较为圆满地完成了小组承担的选题研修任务。其中92.8%的学生对"小组讨论"很感兴趣。

阶段三的"师生互动研讨",旨在通过相互砥砺和互学互鉴,达到升华理论和提高能力的目的。倘若说阶段一以老师为主体,重在编与导,阶段二以学生为主体,重在行与知或体与演的话,那么,阶段三则人人皆主体,重在领与悟。在该阶段,通过集体参与和体演,遂将前阶段的独奏、协奏化生为合奏,求得了境界和高度的跃升。在"大班讲评"环节,各小组推选出的宣读者(每次要求轮流)走上讲台,展示根据本组承担选题所形成的研讨结果。展示者需PPT形式面向全班师生进行演示,文稿内容须紧扣选题并简明扼要,每组宣讲时间限定在15分钟内,全班其他学生必须认真听课和评课。待各组展示完毕后,听课学生相互交流并现场提问,问题所涉及的小组需即刻做出应答。当然,对于演示专题内容,听课同学有权进行补充和修正,也可以提出不同意见或看法。

历经组员间的协同合作与砥砺互助,辅以班员间的思想交锋和激烈争鸣,学生对课程知识结构的习得与体认渐次清晰起来,加之有了小组讨论、登台演示、大班评课等环节中的锻炼机会,从而使学生在独立思考、团结协作、口头表达和思辨应对等能力有了明显提高。

据统计资料显示,93%的学生对听同学上台展示极为重视,94%的学生都先后在全班评课中发了言,其中发言两次或两次以上的(含代表小组演示的场次)达46%。

最后进入到教师主导下的"总结提高"环节。在该环节,教师一方面对学生演示和讨论内容进行学术性评点,对学生的研究思路加以引导和提出修正意见,既要鼓励学生敢于大胆质疑、大胆假设、大胆创新,又要教导学生注重基本理论知识的积累、关键理据材料的收集以及科学求证方法的运用,另一方面,紧密结合课程教学内容,对知识要点加以强化和补充。进而在此基础上要求学生根据负责演示的选题,对文献进行进一步完善,对框架逻辑进行进一步调整,对选题内容进行进一步充实,对初步结论进行进一步疏证,撰写并提交一篇学期论文,以此对研讨式教学法在比较文学课程中的实践运用价值及意义进行省思,从而进一步锻炼学生的思维能力、分析能力、评价能力和表达能力。

就近几年来的教学效果看,学生对本课程的认同率逐年上升。在此,根据问卷各板块的得分均值,就学生的反馈意见做扼要梳理。针对研讨式法则下"比较文学"课程的"教学作用",93%的学生持肯定态度,其中,86%的学员明确表示对该课程有浓厚兴趣;论及"教学效果",88%的学员认为课程开设后产生了良好成效,其中认为理论体系完整者达91%,认同教学模式有效性的达88.4%,认为教学法则对学生综合素质提高特别是科研能力培养有益的达89%。

三、教学实践省思

通过数年间的不断尝试、不断修正和不断总结,研讨式教学法在比较文学课程中的实践,总体上取得了较好的效度,也达到了预设的教学目的。积极调动和激发了学生学习的自主性与研讨热情,有力地发挥了学生的主观能动性和实践创新性,实现了教学过程中学生传统配角身份向教研主角定位的嬗变,而且较为理想地达到了教学目标由"授人以鱼"到"授人以渔"的功效,从而全面培育和锻炼了学生的综合素质与研讨能力。

当然,预期教学效果之所以能够基本实现,其决定因素是复杂而多元的,绝非仅仅在于教师科学地导与学生主动地演两个方面,对此前文已做相当论析,故不再赘述。不可否认,研讨式教学法在"比较文学"课程的实践运用,由于受到开设课程的自身特性、开设场域现有软硬条件以及实践对象的个体差异和整体素质等因素影响,也显现出了一些难以破解的问题甚至矛盾,其中部分长期存在的难题,在一定程度上制约着甚至阻碍了该教学法的有序高效进行。具体而论:

一是教学对象学科基本知识的贫乏。"比较文学"是地道的舶来品,对于初学者既全新又陌生,加之学科自身庞杂的体系结构,纷繁的发展阶段,众多的研究类别,宏富的知识内涵,前沿的理论主张,导致学生对系统知识和发展脉络难以掌握,对流派方法难以消化。当直面新奇的教法、众多的专业术语、陌生的研究范畴、深奥的解析机理时,或惊慌、或迷惘,倍感吃力甚至无助。与此同时,国内绝大多数高校中(除几所专设有比较文学系学校外)都将该课程的开设时间限定在一个学期内,如此的培养方案和课程设置体制,无疑进一步限制约束了研讨式教学法的有效开展。

二是科研实践能力严重不足。学习者由于此前从未涉猎过学术研究领域,缺乏研讨的有序进路和起码知识锻造。在独立探索阶段投入度和参与性欠缺，在实际操作过程中，往往不得要领甚至茫然无措，对所研究选题理解不透彻，或者思想上没有足够重视，普遍存在着资料查询不积极，文献整理不到位，问题意识淡薄，分析和解决问题能力差等不足，个别学生的演示文稿纯粹是资料堆砌，毫无逻辑和个人观点，学生水平的差异也会造成对某一专题研讨效果的影响，所以较有学术价值和独到见解的研究十分罕见。"为了解决存在的问题，收到良好的教学效果，教师必须对自己和学生提出更高的要求。在课前准备阶段，教师必须制定详尽的计划，精心准备有意义的选题，并教给学生查阅资料的途径和方法，使学生在独立探索时能够有所收获。在课堂上，教师应该引导学生的讨论，防止讨论内容偏离主题，并根据讨论主题和学生发言的具体情况调整讨论的时间。在进行总结时，既要强调重点，又要避免将某一观点强加给学生，打击学生的积极性。"①

综上所述，探讨研讨式教学模式下的"比较文学"教学实践，具有重要的实践意义。通过教师引导、师生互动、主动参与环节，借助教学内容相关的既有研究范例，辅以讲授者获得的课题项目及已有成果，中外文学文化史中业已发掘出的可资利用史料，以及田野考察数据，使学生实现从被动接受为主动索求，从纯粹受众甚至观众到演员乃至集编导演于一体的多重身份角色转换，全面提升学生的求知兴趣，提高教学有效性和实践性。简言之，"实行研讨式教学法的宗旨是在实践中培养学生多方面的能力，即自学能力、思维能力、写作能力、口头表达能力、教学能力、研究与创新能力，提高学生的综合素质。这是实行研讨式教学的基本出发点和主要归宿，也是实行这种教学改革的最突出、最根本的特点。"②

---

① 朱峰.研讨式教学法在美国文学教学中的尝试[J].徐州教育学院学报，2008(1)：133.
② 郭汉民.探索研讨式教学的若干思考[J].湖南师范大学社会科学学报，1999(2)：110.

第七章　文学欣赏课程教学研究

第一节　学生文学欣赏能力培养途径探析

《文学欣赏》是一门人文素质教育课程。这门课程旨在通过了解文学作品的阅读赏析的基本方法以及中外文学史常识，中外重要文学时期最具代表性的作家、作品，来培养学生对文学的鉴赏能力、形象思维能力，提高大学生的文学艺术修养及审美能力等，进而提高大学生的综合人文素质。

一、提高高职生文学欣赏能力的意义

(一) 培养爱好兴趣，陶冶情操

提高高职生的文学欣赏能力，不但可以陶冶高职生的情感及培养高职生的兴趣爱好，而且还可以使他们在学习中得到精神的放松，从而提高他们的心理素质和学习效率，营造和谐的学习氛围。朱光潜先生曾经说过："我认为文学教育的第一件要事是养成高尚纯正的趣味""文学的修养可以说就是趣味的修养"。[①] 至于如何养成高尚纯正的趣味，朱光潜先生认为唯一的办法就是多玩味第一流的文学作品。当然第一流的文学作品需要学生有相应的欣赏能力。

(二) 提高审美能力，满足需求

提高高职生的文学欣赏能力，可以加深其对文学的认识，准确把握欣赏文学的方法，树立正确的审美观及语言的感悟能力和表达能力等。《文学欣赏》着眼点是人的塑造，但是进入人心的途径则是作品。一部好的文学作品，既能够引导高职生感受和发现作品具有的真、善、美，又能够给予高职

---

① 朱光潜. 朱光潜美学文集：第2卷 [M]. 上海：上海文艺出版社，1982.

生以审美的享受和精神的愉悦，满足审美的需求，提高其审美能力和语言感悟能力。

（三）培养创新能力，启迪心智

培养学生的创新能力是当前高等教育的一项重要任务，培养创新能力的核心是创新思维能力的培养，欣赏文学作品不但可以获得美的享受，而且可以培养学生的创新思维能力。历经岁月的淘洗、筛选留下的文学经典都是人类艺术的精华，其触及灵魂、涵养精神的力度，与"快餐式"的普通读物自然不可相提并论，如苏轼《题西林壁》四句28字，言简意赅，意蕴深邃，欣赏此类作品可以发散思维，启迪心智，从不同角度、不同侧面看待问题，大胆质疑，勇于创新，从而全面地分析并解决问题。

（四）升华思想境界，抵制丑恶

提高高职生的文学欣赏能力，可以帮助他们形成一种抵制丑恶、向往美好的心灵，使学生的思想境界得到升华。中外古今的文学作品名篇都蕴涵着一种时代的声音，或者是超越了时代的伟大的灵魂的呐喊。学习它，领悟它，不但可以使高职生的思想境界得到升华，而且还可以打开高职生的人生视界，领略更为丰富的人生内涵。

（五）提高综合素质，终身发展

大学的弹性学习方式让多数大学新生难以适应，不能正确理解学习的目的和意义。文学欣赏课程精选的优秀作品激扬着对祖国的赞美、对人民的热爱和对理想的追求……大学生需要的正是这种人文精神熏陶。如曹操《短歌行》通过对时光难留、贤才难得的反复咏叹，抒发了作者渴望贤才，共建伟业的心情，表达了积极进取的精神；诗文中展现的人生态度激励着大学生重新思考人生。同样，孔子的"知者不惑、仁者不忧、勇者不惧"、诸葛亮的"鞠躬尽瘁"、范仲淹的"先天下之忧而忧"和顾炎武的"天下兴亡、匹夫有责"等文学名句，在思想、情感及道德品质等方面为大学生的终身发展奠定了基础。

二、高职生在文学欣赏中存在的问题

（一）阅读经典作品少，审美能力较低

欣赏文学作品需要欣赏者具备一定的条件，才能很好地去欣赏作品。

包括欣赏者的社会阅历、政治思想水平、文化修养、道德情操、艺术修养等，这些将直接影响到他是否能很好地欣赏文学作品。

马克思曾经说过："如果你想得到艺术的享受，你本身就必须是一个有艺术修养的人。"① 文学欣赏也是如此。优秀的文学作品是按照美的规律创造出来的，多读这样的作品，能从中受到审美教育，并进而提高欣赏能力。然而，当代高职教育存在"过弱的文化陶冶，过窄的专业教育，过重的功利导向，过强的共性制约"②的弊端。尤其是在理工科高职院校的学生，认为学好专业课就万事大吉了，很少去阅读文学名著，相当一部分学生没有读过四大名著《西游记》《水浒传》《三国演义》《红楼梦》，不知道巴尔扎克是谁，不了解托尔斯泰是哪个国家的再加上他们对文学知识和艺术知识非常欠缺，不具备一定的审美能力。

（二）欣赏方法把握不准确，欣赏态度存在庸俗化

经典的文学作品有着深厚的人文意蕴，能够陶冶情操，升华思想。余秋雨说过，阅读经典是课外阅读的最高境界，也是一个成熟的阅读者必须经历的一段生命历程。③ 爱因斯坦也曾表示："艺术作品给我最高的幸福感受。我从中汲取精神力量是任何其他领域所不能及的。"④ 但是，随着科技的发展，网络的普及，大多高职生也只是看一些网络作品。即使阅读到比较优秀的作品，欣赏时对其评价与认识也仅仅停留在表面的层次上，并不能从审美知识角度去对作品进行一个科学的评判，往往以一种单纯的快感取代美感，忽略了文学作品美的本质。

三、高职院校学生缺乏文学欣赏能力的原因

由于大部分高等职业院校对于培养学生独立人格、健全心理，以及较强的创新精神和社会适应能力的文学欣赏课程关注较少，认为这样的课程可有可无，结果造成大部分高职院校学生缺乏文学素养，文学欣赏能力普遍尚待加强。主要因素如下：

---

① 马克思.1844年经济学——哲学手稿[M].北京：人民出版社，1979.
② 文辅相.我国本科教育目标应作战略性调整[J].高等教育研究，1996,(6).
③ 刘卫锋.让孩子们阅读经典也要讲兵法[N].中国教育报，2008-09-02(12).
④ 文辅相.我国本科教育目标应作战略性调整[J].高等教育研究，1996,(6).

(一) 社会因素

目前，高职院校偏重培养学生的专业技能的培养，忽略了审美教育。在文化市场和网络文学空前繁荣的条件下，文学生产和消费很大程度受到商业利益的驱动。文学生产质量得不到保证，功利主义和享乐主义甚嚣尘上，使文学欣赏呈"放任"的状态。一些艺术上粗制滥造、思想主题低劣的文学作品的泛滥对学生产生不良影响。特别是近年来随着西方文学艺术大量输入我国，各种文学思潮和流派可谓鱼龙混杂，其作品中流露出的虚无和消极情绪具有很大的精神瓦解作用。

部分学生在专业选择、知识习得和择业等方面存在明显的急功近利倾向，偏重眼前利益，轻视长远发展，价值取向日趋功利化，在一定程度上加大了大学生的思想偏离。有人曾用鲁迅的作品概括当今大学生的生活：大一"彷徨"、大二"呐喊"、大三"伤逝"、大四"朝花夕拾"，这"四种姿态"形象地勾画出当代部分大学生精神生活的贫瘠。面对纷繁复杂的世界，受自由主义的冲击与影响，部分大学生把经济尺度作为引导个人言行的坐标，见利忘义，没有崇高的理想和坚定的信念，对国家、民族和社会缺乏奉献精神

另外，部分大学生受到社会道德滑坡和人文精神欠缺的影响，对社会生活中浅表的、庸俗的东西趋之若鹜，学风浮躁，只讲个人奋斗，团结协作意识不强。他们一切以"我"为中心，不懂得"严于律己、宽以待人"，缺乏"吾日三省吾身"的内省精神，不懂得"己所不欲，勿施于人"的道理；只愿享受权利而不愿尽义务，对他人漠不关心，甚至无视别人的生命，做事不计后果，法律意识淡薄，对家庭和社会缺乏责任感。

(二) 学校因素

一些高职院校的领导缺乏文学欣赏课必要性的认识，没有意识到文学欣赏能力对高职学生职业可持续发展的重要性。所开设的文学欣赏课存在"无完整计划""针对性不强"和"教育理念落后"的现状。部分高职院校盲目模仿普通高校的人文教育做法，按照普通高校的教学模式安排文学欣赏课程，使得文学欣赏教学与专业教学产生在时间安排上造成冲突和矛盾，加上文学欣赏内容脱离高职学生的接受能力和知识起点，课堂效果不佳。特别是许多学校不能针对学生的专业实际和未来从事的工作岗位开展相应内容的文学素质教育，造成职业意识和职业道德的缺失。

另外，部分高职院校文学欣赏课培养目标偏离，人文教育淡化。

首先，对文科教师的培养力度不够。文学欣赏等基础课在高等学校学科地位不高，科研空间相对狭小，教师培训的机会远不如专业教师多，接受再教育的时间极为有限，只有靠自己钻研，所以很难全方位提升自己的业务水平。

其次，文学类课程逐渐被边缘化。由于高等教育的特殊性，特别是高等职业院校的学生在校时间仅有两年多，而培养目标不能降低，这就增加了专业教育的难度。因此，部分高等学校常常挤占人文教育的空间和时间，加强专业知识教育，提高职业技能，这种厚此薄彼的做法导致很多学生重专业轻人文，认识不到文学课的重要性。学生平时阅读的文学主要来自流行期刊、网络小说等消遣读物，这类文学作品的质量良莠不齐，文化积淀、思想内涵千差万别，缺少经典文学作品对社会的积极作用和对人类发展的促进作用。

(三) 学生因素

由于高职院校生源质量参差不齐，学制短，学生大部分时间都忙于专业技能的学习，学生对文学欣赏兴趣不高。很多学生面对丰富多彩的文学作品，不知道文学欣赏应该遵循的原则和方法，不知道哪些是美的作品，不清楚文学审美的内涵，不能深层次的把握文学审美的问题，从而忽略了文学作品美的本质。更不用说运用科学的方法进行文学欣赏了，这对于今后学生的成长是非常不利的。

四、提高高职学生文学欣赏能力的必要性

随着市场经济的不断向前发展，市场日益暴露出许多的弱点，特别容易诱发拜金主义、享乐主义、极端个人主义等消极现象。而这些商品化的人与人之间的关系被反映到许多文学作品文学当中。所以高职学生应该通过提高文学欣赏能力去正确判断事务的美丑和价值高低，在潜移默化中培养审美观念，提高思维能力，认知能力为发展健康个性，培养健全人格打下良好的基础。

(一) 文学欣赏能培养学生良好的道德情操

优秀的文学作品时起到文理渗透、文化科技交融、培育大学生的人文精神、营造大学文化氛围的作用。不仅能帮助大学生更好地学习优秀的传统

文化，训练思维能力，培养良好道德情操，提高审美情趣，丰富和发展良好的个性，而且有利于他们树立正确的人生观、价值观、伦理观、苦乐观、大局观，对提高学生的综合素质，具有积极作用。教师引导学生体验文章所蕴含的思想情感，并使学生潜移默化地树立正确的世界观和人生观。

(二)文学欣赏能使学生更好地理解企业管理制度

文学欣赏课程应注重教学改革与研究，注重课内课外与企业文化相结合。对教学内容的组织注重能在企业中实用的原则。在文学欣赏的过程中充分与企业文化密切联系，通过对古今中外的名作赏析，使学生感受到文学作品的艺术魅力，培养学生的人文素质和健全的人格个性。使学生更好地理解企业文化是文化底蕴、历史传统、共同价值观念、道德规范、行为准则等构成企业的意识形态，企业领导人把文化改变人的功能应用于企业，以"文"化"人"，以解决现代企业管理中的问题。

(三)提高学生文学欣赏能力为社会培养可持续发展人才

高职院校要吸引企业积极介入到"产学研合作"教育中来，满足企业的要求就必须加强文学欣赏能力的培养。而文学欣赏通过对作品的分析、评论，影响学生社会价值观的建立，使学生站在科学的发展观、价值观的立场上，客观、科学地评价社发展进程中的现象，对不断深化经济改革和发展、促进社会进步具有重大而深远的意义。因此，只有加强培养高职学生文学欣赏能力，提高他们的人文素质，才能为社会培养出更多的可持续发展人才。

五、高职院校学生文学欣赏能力培养的途径

高职院校要使学生在学习和生活过程中实现知识和经验的内化，以构建属于自身的知识体系，具备可持续发展的能力，具有较强的社会服务能力，就必须找到培养学生的文学欣赏能力的新途径。

(一)加强人文精神教育理念

高职院校坚持可持续发展，在人才培养模式上突出职业教育同时，还应确立人文精神的教育理念。高职学生以人文精神的教育理念为指导，既是良好的技能、事务、职业、专业培训的真正的、终极的目的，也是对技能、事业、职业、专业发展的最好辅助。在人文精神的理念指导下，高职学生容易树立敬业态度和社会责任感，增强精益求精的工作理念和坚忍不拔、知难

勇进的精神，更易于在职业岗位上做出出色的成绩。高职院校旨在加大、加重人文教育的成分，丰厚的人文底蕴易于激活高职学生的职业热情与创新潜质的良好发挥，也使得高职院校的学生拥有灵活的驾驭知识迁移的能力。

(二) 科学设置文学欣赏课程

高职院校要真正做到按照社会实际需求，并考虑学生能力培养调整专业结构。同时改进教学内容，调整课程体系，实行学科交叉、文理渗透，全面提高学生素质，培养一专多能的复合型、应用型乃至创新型人才。高职院校在调整专业设置时，还应在坚持知识、能力、素质协调发展的教育原则基础上，要确立以学生为本位，以能力为核心，加大人文素质的培养。为此，高职院校在进行课程设置时，应兼顾与专业领域相通的多学科的知识的掌握，做到能力本位与通识教育的有机结合，科学设置文学欣赏课程。

(三) 鼓励高职生多读优秀文学作品

文学欣赏是一个审美认识的过程，也是一个审美再创造的过程。这个过程给人们无穷的教益。所以，要鼓励学生多读一些优秀的文学作品，只有多读，才能很好地做比较，才能品评出作品的高低。刘勰在《文心雕龙·知音》中说"凡操千曲而后晓声，观千剑而后识器"，提倡多读书、多思考，注重于文学作品的数量；歌德认为，"鉴赏力不是靠观赏中等文学作品，而是靠观赏最好作品才能培育成的"，强调起点要高，侧重于审美对象的质量。[①]在文学作品的具体、鲜明、生动的艺术形象中，孕育着崇高的人文精神和真挚博大的情感。所以，多读、多思，并且读优秀的文学作品，才能够扩大人们的认知领域，提高人的审美趣味和文学欣赏能力，提升人的精神境界，净化人的灵魂。

(四) 积极引导高职学生鉴赏文学作品

在现阶段，建设文明、民主、科学、和谐的社会是我们的共同理想。教学中，教师应引导学生系统、深入地阅读原著，完整、准确地领会作者的创作意图，要指导我们的学生正确地观察社会、理解文学反映的社会现象及其本质问题，培养学生学习和运用马克思主义的历史唯物主义观点和方法，从文学的本质属性出发，从社会历史发展的高度开展文学鉴赏和文学评论。加

---

① 歌德. 歌德谈话录 [M]. 北京：人民文学出版，1980：32.

强对青年学生的指导、鉴赏、学习优秀文学作品是十分重要。

(五)教会学生多角度地欣赏文学作品

通过求真、科学、审美、批判等多角度去欣赏文学,达成自我教育的目标等。科学欣赏是要求我们将重点放在诗人、作家的生平经历,诗人所处时代的社会风习、文化状况等方面,力求通过对与作品有关联的方方面面因素的研究,来确定作品的意义和价值。审美的理解是指以感知文学形象、体验作品情感、玩味作品佳妙之处,从而获得特殊的精神愉悦为目标的文学阅读方式。批评性欣赏将文学文本与作者、与时代联系起来,对文本的美学趣味、社会意义、审美价值等作出分析和判断。

(六)教给高职生文学欣赏的方法

提高文学欣赏的能力不是一步就能解决的问题,俗话说,学无定法,贵在得法。只要能够掌握一定的方法,对提高文学欣赏的能力还是有着很大的作用。针对高职生的实际情况,可从以下三方面着手。

第一,稳定注意。稳定注意是指把感受、思考、联想、想象等心理活动指向于某一特定作品,并保持欣赏注意的稳定性,停止有关思维,结束懒散状态,尽快进入作品的虚拟世界,从而在欣赏中得到较为深刻的认识。可以说欣赏注意是文学欣赏的首要条件。

第二,感知形象。车尔尼雪夫斯基说过:"美感与感官有关,凡是感受不到的东西,对美感来说就不存在。"[1]文学是语言的艺术,它通过语言塑造形象并且作用于人们的感官。文学作品的美首先表现在感性的艺术形象。因此,欣赏文学作品要有充分的感知,否则就无法产生真正的美感。如李清照《声声慢》"寻寻觅觅,冷冷清清,凄凄惨惨戚戚"的诗句,如果充分去感知其中的艺术形象,一位万般愁苦的思妇形象就会再现:处境寂寞、凄凉、主人公百无聊赖,寻觅中愁愈愁,独坐时苦更苦。

第三,展开想象。语言形象具有间接性决定文学欣赏需要通过联想、想象进行再创作。因此,欣赏者只有通过联想和想象把作品中的艺术形象再现于自己的脑海中,并按照作者的描述进行表象的组合,感受栩栩如生的艺术形象,感知典型形象中所蕴含的丰富内容,或是感知其景外之景,言外之

---

[1] 狄淦之.审美感官的盛宴——读济慈的《秋颂》[J].铁道师院学报,1986,(2).

意，从而能进入到文学欣赏的较高层次。

(七)加大文学欣赏课教学的改革力度

无论对于企业生产还是高职院校的教学，质量始终是生命线。高职院校教育、教学的质量，尤其是产学研合作教育的质量，就是要在完善其组织机构、规章轨制的同时，按照企业的要求做好校、企合作的筹谋。因此，高职院校改革文学欣赏的教学方法，运用多媒体、新信息等现代教育手段，加强文学欣赏研究性教学质量是非常有必要的。采用"工学结合"的教学法，构建全新的"开发、互动、研训"一体、课内训练与课外实践一体的教学模式。达到提高教学质量的目的。

21世纪的中国需要的人才不仅要有相当水平的文化知识，还要有一定的欣赏美的能力和创造美的能力。鉴于高职生自身的特点，在实际教学中要鼓励高职生多读优秀作品，养成良好的读书习惯，使学生的文学欣赏能力得到切实的提高，逐步培养较高水平的审美和欣赏能力，这将会使学生终身受益，最终有利于国家和社会。

第二节　关于文学欣赏课程教学改革的思考

文学欣赏课程肩负着高职学生人文素质教育的重要使命，它在培养学生的文学欣赏能力、语言表达能力及思维判断能力，尤其是道德情操熏陶等方面，起了重要的作用。社会发展对人的要求更加全面，作为当代高职学生，无论学习何种专业，都必须加强语言文学欣赏这方面的修养。众所周知，高职院校学生在走向社会时需要具备三张"通行证"：

一是学科性的；二是职业性的；三是证明个人事业心、责任心和开拓能力的，而第三张"通行证"就是要求重视人文素质教育的，因此，高职院校必须重视文学欣赏课程的学习，帮助学生提高自身人文素质修养，从而促使其全面可持续的发展。

2006年12月，教育部在《关于全面提高高等职业教育教学质量若干意见》(教高〔2006〕16号)文件中指出：要"积极推行与生产劳动和社会实践相结合的学习模式，把工学结合作为规定职业教育人才培养模式改革的重要切入点，带动专业调整与建设，引导课程设置、教学内容和教学方法改革"。

当前，随着高等职业教育改革的深入，为适应发展的需要，应对传统的文学欣赏课程教学模式进行变革，教师必须更新教育理念和方法，联系现实生活，培养学生文学欣赏学习兴趣，提高学生综合能力。

一、传统文学欣赏课程教学存在的问题

文学欣赏作为一门公共必修课程，越来越受到各高职院校的普遍重视，但是，在实际教学中往往教学效果不理想，无法达到开设文学欣赏课程的真正目的，究其原因主要有以下两个方面：

（一）教学内容传统，教材缺少时代气息

文学欣赏多为文学史上的经典名著，课本版本缺乏变化。近几年，虽然文学欣赏也不断涌现新书，但是课程教学内容传统，教材没有时代感，所选文本和当下的生活联系甚少，实用性不强，无法引起学生的学习兴趣，同时，教材内容也不太适合高职院校学生使用，内容程度深浅不一或前后缺乏内在逻辑层次，不利于学生学习。而且，多年来，高职院校文学欣赏课程始终按照一个大纲、一本教材进行教学，无论什么专业、什么职业岗位，一律是统一的教材、统一的教学内容、统一的课时、统一的考试，这样的结果，往往是事倍功半。诚然，当前各高职院校普遍都开设了文学欣赏课程，但是并没有真正得到应有的重视，往往存在随意减少课时的现象，有些高职院校文学欣赏课程仅安排12周24课时，如此有限的课时学生是很难学到东西的，素质教育也不会有实质性的提高。

（二）教学方式单一，能力训练缺失

文学欣赏课的教学内容主要是文学史上的经典名著，教师的授课多以大班教学，方式比较固定规范，多数以经典导读为主，采用照本宣科式的"满堂灌"和"填鸭式"教学，学生课上课下的参与程度很低，这种教学方式单一、枯燥乏味，从课堂到课堂，从书本到书本，教师整节课讲，学生不停地记，教师讲得辛苦，学生学得费劲，学生是被动地灌输，授课教师根本没有考虑学生的接受情况、学习需求和兴趣节点，这种单一的教学方式，不仅无法提高学生人文素质能力，反而会使学生失去学习乐趣，不愿意投入文学欣赏课程的学习。

二、对文学欣赏课程教学改革的思考

随着高职教育教学改革的深入，文学欣赏课程教学模式必须顺应时代发展，和当代教育模式接轨，和高职的实际相契合，改变单纯的理论教学现状，联系生活，接近地气，增强学生实践能力，充分体现高职职业教育理念。

（一）教学内容兼顾经典与流行

我们在实际教学中发现，许多高职学生不喜欢阅读文学欣赏课本，但却津津有味地看着通俗文学、网络文学等，作为教师应多了解当前学生的关注点，主动了解他们所喜欢的文学作品，当然，从一定程度上讲，这些通俗文学或网络文学等是无法与课本中的经典作品相比较的，但是学生喜欢阅读，这些作品也是当前流行的，学生看得乐此不疲，教师不应熟视无睹，应调查了解，想办法引导学生。如通过经典传统和当下流行相对比的方法，和学生共同讨论，让学生逐步感悟到经典的魅力和永恒，比如《红楼梦》和《甄嬛传》的对比赏析等，多方面、多层次地为学生学习文学欣赏提供便利。此外，还可以充分利用学校图书馆藏书资源，引导学生多读书，在广泛接触中华民族优秀文化经典的基础上，增加或融入现当代作品赏析，让学生了解现在，感悟当代风貌。兴趣是学习的最好老师，只有和当前相结合，与时俱进，以增强学生的学习热情，让学生爱学并且学好，高职文学欣赏的教学才能有新的突破。

（二）教学方法要灵活多样

一是联系实际重视能力培养。文学欣赏课程普遍存在重传授、轻实践的现象，这样反而无法展现文学本身的美，学生也会心怀厌倦。诚然，文学欣赏的教学目的是通过文学作品传承民族文化，提高学生对祖国语言的理解，但是仅仅依靠课堂教学还远远不够，应打破单一的课堂教学方式，改变一味地照本宣科，教师可以少讲，通过精心设计教学内容，创造各种机会，让学生进行自我展示，展示的过程中，教师不间断地适时加以引导和点拨。另外，还应将文学欣赏的学习延伸到课堂之外，通过丰富多彩的校园文化活动、互联网等新兴方式，为学生提供展示的舞台，将文学欣赏与实践活动相联，结合实际，关注现实，关注生活，以提高学生的观察能力和感悟能力。

二是多使用任务驱动教学方式。传统的知识理论授课会使学生感到枯燥，无兴趣，在实际教学中，教师应该转变为以解决问题、完成任务为主的多维互动式的教学方式，通过布置和完成任务的探究式学习，调动学生的学习积极性。如要求学生运用生动形象的模拟，激发学生的自主性，教学中教师是主持人和组织者，学生拥有学习的主动权，学生在自主协作任务完成的过程中，理解分析，发现感受，更能体会学习文学欣赏的成功和快乐。如赏析外国作品《玩偶之家》，教师可以在班级布置任务，以表演的形式再现原著，放手让学生自己分组，阅读讨论，分析排演，师生共同参与，教学互动，这样既能激发学生的学习兴趣，又能培养学生的团队精神及口头表达能力。

三是多媒体教学手段的运用。随着科技的飞速发展，多媒体教学手段已经在教学中普遍使用，文学欣赏教学可以充分合理地加以运用，通过影视动画，将文字、图片、声音和图像综合直观地展现出来，带给学生多彩的视觉听觉体验，达到事半功倍的效果。如赏析白居易的《长恨歌》，教师分析诗文，学生会感到枯燥无味，可以在上课时插播一段精选的影视剧《杨贵妃》的相关情节，通过视觉让学生有切实感受，如临其境，有感性理解才能进行美的赏析。

俗话说，文史不分家。文学欣赏课中的文学作品，不仅具有文学性，也具有社会性、历史性。因此，学生不仅要用文学的手段去分析，也要了解历史背景。在新媒体视角下，要怎样提高文学欣赏课的教学水平呢？

一是采用多媒体教学手段，启发式教学。随着科学技术的不断发展，多媒体教学手段越来越普及，文学欣赏课也不例外。正确、科学地使用多媒体教学手段，能够营造情境，将枯燥的文字直观生动地表现出来，让学生身临其境，对文本有更为深入的了解，进而启发思维，在质疑问难的状态下引发更多的思考，探寻本质问题。比如学习《茶馆》时，其人物众多、时间跨度大，单纯阅读文字，一些学生并不能真正理解文章内涵。这时，教师可以借助多媒体让学生欣赏话剧《茶馆》，让学生对50年的世事变化和不同阶层人民的生活面貌有所了解，再进行课文欣赏，通过一个又一个问题进行启发式教学，就能事半功倍，有力地提高了教学效率。

二是利用网络媒体，深化教学。网络是新兴媒体之一，也是学生非常喜欢、经常使用的媒体手段。如果教师在教学中善加利用，不仅能够激发学生的学习兴趣，也能深化教学内容，对于教学水平的提高大有助益。比如，学习《长恨歌》时，教师可以让学生通过网络媒体自主学习，先是查找白居易的生平、《长恨歌》的历史背景以及创作背景，让学生对"安史之乱"进行详细的了解。那么，学生就容易理解这首叙事诗的感情基调，也对文本有了更为深入的理解。

这样的主动学习，不仅让学生学到更多知识，也使学生感到快乐。

(三) 课程内容多元化和教学形式多样化

文学涉及内容广泛，形式多样，蕴含着丰富而重要的人文资源与文化信息，而在课程总学时有限、保证教学质量的前提下，改革教学内容并使其多元化是必然，以专题讲座形式优化教学内容，开设相应的选修课，如文学欣赏、中国文化概论、国学选读、诗词赏析、影视文学欣赏等，深化教学内容，满足不同学生的兴趣和发展需要。实践证明，通过对文学欣赏等选修课的开发和实施，多层次、多角度地为学生学习文学提供了方便，对提高大学生的人文素养和审美情趣，以及树立正确的世界观、人生观和价值观都具有重要的作用。

教学形式除了课堂上老师讲解、分组讨论外，还可以开展演讲、辩论、朗诵、戏剧表演、点评等活动。如结合"世界读书日"开展读书报告会，对一些不可抗拒的灾难，组织学生开展相关主题演讲活动，在潜移默化中学生的人文素质得以提升。再如，学习诗词赏析时，让学生以诗词为契机，结合专业特点模拟特定场景再现其意境、寓意或主题，领悟精神，汲取营养，陶冶情操。学生在合作交流中相互激励，互相启迪，不仅深层次挖掘出诗词的内涵，而且提高了学习能力，改进了学习方法。这种探究式学习能有效地改变传统教学模式，有助于形成生动、活泼和创造性学习的新局面。

(四) 作业形式应多样化

大多数高职院校都开设了文学欣赏课程，但是课时普遍较少，大多集中在20个学时左右，而且必须在一个学期内完成教学任务。所以，文学欣赏课程的作业只有靠课余时间完成。为了使学生很好地掌握相关知识，作业布置的形式可以是多样的，如写作阅读心得、读书体会，可以让学生收集资料，编撰欣赏专刊等，可以组织学生演绎经典作品，独立或小组集体完成，可以采取自评或相互评定的方式，最后再由教师点评。作业形式多种多样，可以满足学生求新求异的心理，调动他们学习的积极性，也促使学生能够认真地对待每一次的文学欣赏作业。

(五) 考试内容和方法应更新

传统的文学欣赏课程的考核内容以理论知识为主，书面测试和平时成绩比例为6:4，考试方式主要是通过一次笔试，一张试卷完成，单一刻板，这种方式已无法适应当今高职素质教育的需要，必须进行改变。应建立灵活多样的过程性评价体系，过程与结果同样重要，甚至更为关键，以此来调动学生学习的积极性。考试内容上要减少理论知识测试的比例，加大平时学习过程的考查比例，增加学生平时写作练习、作品表演时的表现评分及其在相关竞赛中的得奖情况。考试方法上可以采用笔试和口试结合的方式，这既顺应时代发展需要，也是为了适应当前用人单位对人才的需求。人之成才，重在素质。文学欣赏课程对高职学生人文素质教育作用很大，教师应提高自身的文学修养，不断更新教育观念，探索新思路、新方法，激发学生的学习兴趣，为学生人文素质的提高打下坚实的基础。

第三节　外国文学欣赏课程合作课堂构建探索

文学欣赏是大学生人文素质与创新能力培养的一个重要的路径。根据高职院校的教学实际等情况，开设外国文学选修课是非常有必要的。但是，高职院校的选修课一般课时都不多，而外国文学的内容非常丰富，如何才能在相对有限的时间里有效地提高外国文学欣赏课教学的效果呢？笔者在教学实践中进行探索，借鉴合作课堂教学模式培养学生的综合素质与合作解决问题的能力。

一、合作课堂简介

合作课堂是合作学习的一种范式，小组是合作课堂重要的物理基础。一般情况下，学生分为4~6人一组（以6人组居多）。在实验的学校中，作为一种课堂教学模式，合作课堂有四个基本的组成模块：预习（导学案）、展示、教师精讲和点拨、当堂测评。合作课堂教学模式的实质是"释放学生学习的自主性、主动性，让学生在导学案的指引下，在自主、合作学习的过程中，不断激发自我生命的潜能，发展合作学习的能力，成为学习的主人"。笔者在教学实际中，根据高职学生的学情特点，对合作课堂教学模式进行了改造，探索高职院校外国文学课程合作课堂的新模式。这个新模式的教学理念是：以学生为主体，教师为导向，培养学生自主、合作学习的习惯与能力，提高课堂教学效果。新模式的合作课堂由四个基本模块构成：专题构建、导学设疑、小组讨论、展示点评。

由于外国文学优秀的作品数量众多，文学流派纷繁复杂，针对课时有限的情况，合作课堂的新模式不采用传统的语文课或文学欣赏课以作家、国别、体裁、流派等形式来设置教学内容、教学单元的方法，而是通过专题设置的形式，以专题为主线综合学习文学作品，起到以点带面的作用；课前教师根据专题讨论的需要，投放讨论题，布置各小组自主学习——收集作品与文学评论等的有关学习资源，经过小组讨论，形成本组的讨论意见，在班上进行研究成果展示，师生共同对各组的展示进行点评。通过合作课堂，做到真正把课堂还给学生，调动学生自主学习的积极性，形成合作的习惯与能力，提高高职院校外国文学欣赏课程教学的有效性。

二、高职外国文学欣赏课程的合作课堂教学

（一）专题设置

总的来说，专题设置应在课程定位的思想指导下进行。高职学生在高中阶段已经学习了一些外国文学作品，具有一定的外国文学知识，高职院校的外国文学欣赏课程的要求应在此基础上有所提高。根据高职学生的学情特点和外国文学欣赏的本质，高职院校外国文学欣赏课程定位可做如下设置：从文学本身的角度理解外国文学作品的自身魅力，培养对外国文学作品独特的感受、体验和理解的能力，培养学生的文学素养和人文精神，学会自主、合作学习。专题设置好了，才能使外国文学欣赏课堂得到优化，达到事半功倍的良好效果。

根据以上的定位，笔者在教学中采取的专题设置的原则是：

1. 选择与高职学生学习、生活、思想、专业等息息相关的内容

例如，高职学生都是17~20岁的青年人，正处在青春期，对美好爱情的向往是很正常不过的，但这个阶段他们对爱情的体验、经验也明显不足，有时看法可能会偏颇或偏激，以致可能会不太合理地、不太理智地对待爱情。外国文学作品中不乏优秀的爱情主题的作品，外国文学欣赏课可以开设一个"爱情专题"，专门讨论相关的作品，以期在讨论学习中，不仅学习外国文学知识，也使青年学生学会正确对待爱情，树立起正确的恋爱观。

2. 选择学生兴趣浓厚的内容

高职院校外国文学欣赏课应充分地关注学生的学习兴趣。比如，2013年好莱坞大片《虎胆龙威5》上演，这是由导演约翰·摩尔执导的一部硬汉形象的影片，片中主角约翰·麦克莱恩不仅有着顽强的毅力、超乎常人的技能，更有着俊朗的相貌、发达的肌肉，观众对约翰·麦克莱恩的硬汉形象印象深刻。而且，近年来美国好莱坞的电影中硬汉形象成为一个引人瞩目的类型，学生对这类电影也很感兴趣。针对这种现象，教师设置了"硬汉形象"专题。

3. 兼顾文种、国别、流派

外国文学流派繁多，作品风格各异，单靠课时数不多的欣赏课程难以全部学习这些作品，要解决这个问题，教师在专题设置时就要考虑到在专题中融入更多的具有代表性的作品。例如"爱情专题"就可以选择不同国别、不同风格的作品进行分析，例：英国的《呼啸山庄》《简·爱》《罗密欧与朱丽叶》，法国的《茶花女》，德国的《少年维特的烦恼》，美国的《麦琪的礼物》，匈牙利的《我愿意是急流》，等等，作品风格各异，这样可以较好地达到以点带面的效果。

(二) 导学设疑

导学设疑是为了更好地完成专题学习的重要环节。在此，应注意以下几个问题：

1. 题目设置要合理，覆盖面要广，问题具有典型性。例如"硬汉形象"专题，可以给出如下导学题目：

(1) 外国文学作品的小说中有哪些引人注目的硬汉形象？（选定范围）

(2) 外国文学中的"硬汉形象"具有什么特点？（基本的人物分析）

(3) 怎么看待西方文学中的"硬汉形象"？（深入地讨论）

(4) 除了外国小说作品外，近年来的西方影视作品有哪些硬汉形象？（铺陈，扩大视野）

(5) 硬汉形象的美学意义是什么？（升华，文学本质性的认识）(6) 今天我们需要什么样的"硬汉"？（联系实际）

这些问题覆盖教学内容的面广，也具有典型性，同时问题的设置环环相扣，逐层深入。此外，教师在上课前应提前一至两周将导学方案布置给学生，使学生有充分的时间予以准备。

2. 根据专题的需要，教师列出学习资源目录。例如"硬汉形象"专题，教师可以给出下列学习资料单：

(1) 美国海明威的小说《老人与海》、苏联奥斯特洛夫斯基的小说《钢铁是怎样炼成的》、电影《虎胆龙威5》；

(2) 朱振武《论海明威小说的美学创造》(《上海大学学报社会科学版》2001年第四期)；

(3) 樊朝辉《浅谈〈老人与海〉中桑提亚哥的形象塑造》(《作家杂志》2009年第五期)；

(4) 管军、罗小娟《国内海明威研究现状及趋势分析》(《山花》2011年第九期) 等。

布置学生按导学方案要求去分工合作。

教师给出学习资源的目录，能较好地引导学生快速地寻找到相关资料，以节省查找材料的时间，也避免了学生寻找材料时出现的盲目性。

（三）小组讨论

小组讨论是合作课堂学习中非常关键的一个步骤。完成得好，合作课堂的学习才能得到有效地保障。笔者在教学中主要运用小组讨论的形式来完成合作探究的任务。要求学生结合导学问题阅读材料并进行小组讨论，形成小组意见。在小组收集资料和讨论环节，要注意引导小组的各个成员都要参与其中，避免出现学习小组中只有少部分或个别同学在完成课题、其他同学没有发挥应有的作用的情况，从而达到共同进步。在学生小组讨论阶段，教师作为"导演"参与其中，对学生的疑惑提示解决的方法，引导学生自主解决，而不是代替学生思考问题。

(四) 展示点评

合作课堂的最后一个阶段是展示点评。这个阶段的做法是：各个小组派代表发言，公布本组的答案及研究成果。实践证明，小组代表发言是检验合作课堂学习成果的好方法。

1. 汇报形式灵活多样

这个阶段各小组汇报的形式可以灵活多样，例如，可以进行演讲汇报，也可以采用PPT展示等图文并茂的形式，以促进课堂的生动性。因为高职学生入学后在学校学习了PPT课件的制作等计算机技术，制作PPT课件是大多数学生都能完成的工作。

2. 要求每个小组成员都有上讲台锻炼的机会

每次汇报发言轮流进行，使得小组每个成员都有上讲台锻炼的机会。并采用以汇报带考试的做法，推动学生汇报学习成果的积极性。每个代表的发言成绩就是本组每个成员的学习成绩，这样可以激励小组的学习热情和激发代表的荣誉感，从而进一步启发学生学习的积极性。

3. 师生共同点评

小组汇报后由师生共同进行点评。点评是一个重要环节，通过点评可以发现各个小组的闪光点和不足之处，甚至偏差的地方，及时纠偏。师生共同点评的方式改变了传统的书面考试由教师一人评判学生的做法，以进一步发挥学生发现问题的积极性。以评促学，带动合作学习课堂的良性发展。

三、合作课堂教学模式中教师的主导作用

在外国文学欣赏课程中运用的合作课堂教学模式，教师是学生学习的引导者，引导学生自主、合作学习；学生是课堂的主角，思考问题、探索答案，都是由学生"主演"。但是，合作课堂教学不是放任学生去进行教学。教师的主导作用体现在下面几个环节上：

导学方案的制订环节、引导学生讨论的环节和点评环节上的精讲点拨等方面。例如，教师可以通过简介作品的写作背景和作品所呈现的文化背景等方面的知识讲解来体现教师的主导作用。外国文学作品与国内文学作品最大的区别就是作品写作的文化背景不同，学生学习外国文学作品时，对写作背景不了解，容易导致在理解作品的主题和思想意义上的偏差，就达不到应

有的教学效果。所以教师在进行外国文学作品的精讲点拨时要注意讲解文化内涵和文化背景，通过教师的精讲点拨帮助学生克服因文化差异造成的学习障碍。再如，教师可以在学生代表发言时的点评环节上进行把控。教师应该有自己独到、新颖的见解，在学生发言时能及时发现学生的闪光点和不足之处，有效把控课堂，以免课堂发言流于形式或出现严重的偏差。

高职院校外国文学欣赏课程的合作教学模式体现了先学后讲的特点，激发了学生自主学习的潜能。在合作课堂的教学中学生较为容易形成自主学习的能力，而这种能力与当今的学习型社会的要求是相一致的。相信通过这种能力的培养，可使高职学生形成一种"带得走"的能力，为今后在职场上的发展提供前进的动力。

四、合作课堂教学质量的控制方法

合作课堂是合作学习的一种范式，它强调自主、主动学习，合作成为小组学习的主要方式。但合作课堂教学模式下的教学质量往往难以控制。对此，在合作课堂中，应抓住教师与学生这一对教与学的主体，充分发挥双方的积极作用。同时，构建立体式、动态考核方式等，使科学的考核方式成为对教学质量进行有效控制的重要手段。

(一) 合作课堂教学特点

合作课堂教学作为一种教学模式，它具有以下特点：一是以小组为基本的学习单位。一般情况下，参与合作课堂教学的学生由4~6人构成一个学习小组，并以小组为基本的学习单位。二是以合作学习为小组学习的主要方式。学习小组能分工明确，合作交流，共同探讨，才能较好地完成学习任务。三是强调学生学习的主动性、自主性，让学生在导学案的指引下，在自主、合作学习的过程中，不断激发自我的潜能，发展合作学习的能力，成为学习的主人。可见，合作课堂是一种以学生为主体，以学生能力培养为本位的课堂教学模式，它是当今先进合作课堂教学质量的控制方法探究的教育教学理念在课堂教学中的体现。

这种教学模式得到了师生双方的欢迎，一方面，学生的学习兴趣和学习的自主性更强了；另一方面，教师的主体地位得以强化，这种学习方法优化了课堂教学。

(二)高职院校外国文学欣赏课程合作课堂质量控制现状

在教学实践中，高职院校外国文学欣赏合作课堂收到了较好的教学效果。但是，在高职外国文学欣赏课程教学中，合作课堂教学质量的控制却不是一件容易的事。其原因在于：

首先，学习组织具有松散性，不利于教学质量的控制。学生采用学习小组为主要学习单位的形式开展学习活动，学习组织相对于教师统一组织课堂讲授学习的教学形式来说较为松散；如果对这种松散型的学习组织不能加以科学的管理的话，学习就会流于形式，教学质量就难以得到控制。

其次，课堂开放程度高，不利于教学质量的控制。合作课堂是一种开放式的学习形式，如果没有一条主线串联起教学，教学会变得自由散漫，毫无目的和方向。只有要做到确定目标主线，一切教学活动围绕教学目标来开展，放得开，收得拢，收放自如，才能使合作课堂成为学生学习的沃土。

最后，教学评价的手段和方法的改变加大教学质量的控制难度：传统的教学中在考试时往往采取闭卷式的笔试，似乎比较容易评价学生学习的结果。而高职院校外国文学欣赏课程合作课堂最后一个阶段是展示点评，具体来说，在高职外国文学欣赏课程教学中，合作课堂教学模式的最后一个环节将中小学实行的合作课堂教学模式的"当堂测评"改变为"点评展示"。这个阶段的做法一般为：各个小组派代表发言，公布本组的答案及研究成果。点评展示成为检测高职院校外国文学欣赏课程合作课堂教学质量的一个重要环节，它比起当堂测评等其他通过考试的方式来评价教学质量来讲，更不容易检测学生的学习效度。

(三)合作课堂教学质量监控方法

1.教师做合作课堂舞台出色的"导演"和成功的"监工"

作为课堂教学的"导演"与"监工"，教师的主体作用可以体现在多个方面。

(1)充分分析学生学习的难点。例如，在外国文学欣赏课程中，由于外国文学作品涉及国别多，作品也呈现庞杂现象，加上中西文化背景差异大等原因造成学生学习难度较大，教师要充分认识到学生学习的难点，确定适宜学生学习的难度，制定学生突破学习难点的方法。这样才容易扫清合作课堂学习中的障碍。

（2）精心设计导学案。导学案是教学设计的体现。在进行导学案的设计时，根据学情和课程标准等的要求，确保教学的目标和方向的准确性，包括精心设计学习目标、学习方法等。

（3）引导学生科学地建立学习小组，选择学习小组的核心人物。合作课堂中学习小组由4~6人组成，小组成员的组成也大有学问。合理地搭建学习小组，能保证小组的学习质量。一般来说，可以采取以下几种方法组建学习小组：

第一，学生自主组建学习小组。这种组建方法的好处是学生可以根据自己的人际交往圈来组建，小组相对比较容易协调统一，不足之处是如果该小组成员的学习自觉性较低、学习能力一般的话，该小组的学习能力的提升、学习质量可能会受到影响。

教师指导学生组建小组。笔者在教学中，往往采取教师指导学生组建小组的做法，这样可以既照顾学生的人际关系圈的需要，又可以做到高自觉性人员与低自觉性人员搭配，高学习能力人员与低学习能力人员搭配，达到高自觉性、高学习能力的同学带动低自觉性、低学习能力的同学学习的效果，达成在合作学习中共同进步的目的。

第三，引导学生选出学习小组的关键人物或核心人物，即能带领学习小组及时完成教师安排的学习任务和教学活动的关键人物或核心人物，或称为学习组长。群龙无首的小组是一盘散沙，群龙无良首的小组同样合作学习质量也难以保障。选择、确定了学习小组合适的关键人物或核心人物，这个学习小组的合作课堂学习才顺利进行下去。

（4）督导检查各主要阶段的学习活动。以外国文学欣赏课程合作课堂为例，外国文学欣赏课程教学包括"读、看、说、评"几个环节。"读"指的是阅读外国文学作品。外国文学作家国别多、作品多、作品风格多、流派也多样化，教师可根据专题需要选择具有代表性的作品，同时兼顾文种、国别、流派等；教师给出的书单应能较好地引导学生、快速进入教学研究环节。"看"指的是通过看影视作品的形式，了解相关外国文学作品。因为，由外国文学名著改编的影视作品不胜枚举，比如著名的有《特洛伊战争》《卡门》《威尼斯商人》《罗密欧与朱丽叶》《哈姆雷特》《鲁滨逊漂流记》《红与黑》《巴黎圣母院》《悲惨世界》《基督山伯爵》《三个火枪手》《茶花女》《傲慢与偏见《雾都孤儿》《大卫·科波菲尔》《双城记》《名利场》《简·爱》等。影视作品的一个显著特点是通过声、光、电等的手段塑造人物和传情达意，形象性强，观赏性强，比起单纯的文字也更容易感染作品的受众。这是一种学生喜闻乐见的形式。而且，影视作品往往在较短的时间内呈现，因此，通过观赏影视作品，可以快速地了解文学作品的故事情节和人物，以及作品大致的思想。当前，信息技术已广泛应用到教学中，信息技术等现代教学手段可以帮助课堂教学在有限的课时内获取最大的信息量，节省阅读原著的时间。"说"指的是学生在合作课堂教学中小组代表的发言，学生汇报小组学习情况、公布本组的答案和研究成果。"评"指的是师生共同点评各小组代表的发言，及时发现学生的闪光点和不足之处，鼓励进步，及时纠偏。

教师在合作课堂教学中做到了以上几个方面，教学的控制线就能一直牵在手中，不偏离教学方向，教学质量控制将得以保障。

2. 学生学会做一个优秀的"主演"

（1）深刻领会导学案。学生要想当好一个"演员"，必须在"表演"前深刻领会"导演"（教师）的意图，在学习过程中贯彻"导演"（教师）的意图。教师的意图往往体现在导学案上，所以，学生首先要深刻领会导学案的教学目标、教学标准和达成标准的路径以及方法等。这样才知道走往哪、怎么走和知道自己（包括本学习小组）走得如何等。总之，学生学习主体作用要充分发挥，必须在导学案的指引下，自觉、主动参与合作学习，把合作学习作为自己发展的一个舞台，当一个"好主演"，而不是被动地当教师手中的"木偶"。

（2）学会合作学习。合作课堂的最大特点是学生自主、合作地学习。每个学生要在小组学习中学会与人合作，学会合作完成学习任务。例如，高职院校外国文学欣赏合作课堂，学生在导学案的引导下思考问题、研究问题、探索答案，合作学习，集思广益。在合作学习中，小组长肩负起牵头分工、检查本小组各个阶段的学习落实情况、及时与教师联络沟通等重任；小组内部做到分工明确，分工协作。

（3）全面完成导学案任务。导学案是合作课堂教学的脚本，学习过程、学习效果的检测都依据于此，学生不折不扣地、全面地完成导学案的要求。

3. 构建立体式、动态化的评价方式考核能起到监控教学质量的作用。

合作课堂教学在评价方面应做到立体式、动态式的评价。立体式是指评价维度的多样化，即注重课前评价、课中评价、课后评价相结合，注重过程评价、结果评价和全面评价（知识与技能的评价、过程与方法的评价、情感态度与价值观的评价）相结合。合作课堂教学模式的本色就是一种不仅仅追求学习结果的教学模式，它更注重学习过程，注重在学习过程中学生的情感态度观以及在学习过程中习得的知识、方法和技能等，以上的"双结合"的立体式考核方式才是全面评价学生的方式。用一个所谓的标准答案，无法测评学生。合作课堂教学中学习过程是一个动态的过程，学生的发展也是一个动态的过程。因此应做到动态化的进行考评。只有构建立体式考核方式和动态化的测评，合作课堂教学有效性才能真正得到检验。

总之，合作课堂教学质量控制有一定难度，应将教师的主导作用和学生的主体作用都充分发挥出来，并采用立体式考核方式和动态化，运用科学的考核方式对教学质量进行有效的控制，从而使合作课堂的教学质量得到保障，不断提高合作课堂教学质量，使合作课堂教学模式独具魅力。

第四节　文学欣赏课程与学生人文情怀的培养

为了进一步提高学生综合能力，拓展学生毕业后的就业范围，各大高校均设置了相关的文学欣赏课程，如中国古代文学鉴赏、中外文学欣赏等等，其主要目的就是通过文学欣赏课程的开展达到培养学生人文情怀的主要目的。

一、人文情怀的主要内涵

从"人文"的内涵出发，并没有固定的概念和意义，而是人类社会普遍文化现象的泛指。关于"人文"的阐述，最早可以追溯到《易经》，其中提道："刚柔交错，天文也；文明以止，人文也。观乎天文以察时变；观乎人文以化天下。"这时候，人文的概念是在当代背景之下的礼乐教化之意；除此之外，在文艺复兴和启蒙运动阶段，同样出现了关于人文的理念和主义，重点指向对人的尊重以及对人价值的肯定。在当代环境之下，人文情怀的培养与构建应成为高校教育的重点，这正是体现人文精神对于大学教育的灵魂作用[1]。

二、借助文学课程培养大学生人文情怀的策略分析

（一）丰富课程内容，充实教学形式

文学包含的范围极为广泛，其内容和形式都极为多样化，其中蕴含着其为丰富的人文资源与文化信息，因此文学课程的教育形式也显得格外重要。必须要在保证教学质量的基础之上，使教学内容更加丰富，将教学形式充实。为促使院校文学课程教育内容更加丰富，学校可以通过专家讲座的方式来优化教学内容，同时开设多门文学选修课程，提高学生的选择性，使得教学在多方面的满足不同学生的不同兴趣与需求。同时为了保证教学质量，教师还可开设语文学相关的必修课程，多层次地为学生提供学习机会，加强学生人文情怀的培养。

目前大部分院校文学课程的教学形式大多还是倾向于教师课堂讲解，学生做当堂笔记，这种方法难以引起学生的学习兴趣。因此，在简单的小组学习、辩论会交流、朗诵戏剧表演、文学作品点评等等教学形式之上，教师还可以与实际结合，使教学形式更加生活化。例如在"世界读书日"，教师可以组织相关的读书报告会，同时针对社会上的重大变故也可以进行相关的主题演讲活动，使学生的人文情怀在实际生活的演练中得到潜移默化的影响。

（二）寻找文学作品与实际生活的契合点

当代大学生所面临的社会环境是极为复杂的，充满着机遇与挑战，随时都有可能发生变革，他们的人生观与价值观也受到时代的冲击。除此之外，大学生还面临着课程、考试、就业等多重压力，因此拉近文学与大学生生活的关系就能够在很大程度上引起学生对于文学课程的兴致。也就是说，教师可以通过文学课程的教学来向学生传递：文学就在我们身边，文学完善我们人生的思想，进一步发挥文学的重要价值。

---

[1] 沈东娜.试析文学欣赏课程对大学生人文素质的培养[J].长春教育学院学报，2015，(23)：45～46.

通过文学欣赏课程，不仅仅要让学生了解到文学史、文学常识和基本的文学分析与鉴赏能力，甚至可以激发学生自主创作文学，但文学课程的教育并不是以能力培养为最终目标的，更重要的是培养大学生的人文情怀。教师要从文学艺术的特点分析，在实际教育过程中摆脱应试性教育的弊端，带有目的性的去挑选一些与学生生活环境较为贴近的文学作品，与学生进行读后感交流，使文学作品更加贴近学生心灵，利用教师的启发去诱导学生与文学作品产生共鸣，培育学生的人文情怀。

（三）充分发挥学生的主体作用

人文情怀培养的主体是学生，只有让学生自主意识的自身人文素质的不足以及人文素质对于自身发展的重要意义，才能够使得学生在学习过程中处于积极主动的地位，配合教师对于人文情怀的培养。从教师的角度出发，可以对学生进行积极的引导，让学生将自身的态度摆正，客观地认识到自身的优势与劣势，将人文情怀的重要性从日常的教学活动中渗透到学生的思想中。还可以有意思地引导学生去阅读一些经典名著名，参加学校的文学社团活动，激发学生对于人文知识化学习的主动性，逐渐培养学生深厚的人文情怀。

（四）完善人文素质评价体系

当前院校对于学生的评价体系大部分集中于学生专业知识的评价与能力技能的评价，对于学生人文素质评价体系尚不重视，这对于学生人文情怀的培养是极为不利的。学校要不断完善人文素质评价体系，将基本素质评价纳入学生的总体评价中，人文素质评价的内容可以包括学生的文化素质、思想道德素质等等，通过多个指标来提高人文素质评价体系的科学性。这种悬架体系的构成能够帮助学生有意识地去建立个人的人文意识，能够从思想上为学生起到一定的引导作用，将人文素质教育转变为自我教育，提高学生的人文情怀。

总而言之，在我国教育不断发展的环境之下，逐渐呈现出诸多弊端，学生除专业能力外的其他能力正在急剧下滑，尤其是在大学生群体中，已经呈现出综合素质我整体下滑和人文情怀缺失的不良现象。因此，人文素质的培养势在必行，学校作为给学生传授知识与培养品德的重要基地，理应承担着借助人文知识来培育人文精神的重要责任，文学欣赏课程的不断开设也因此应运而生。

第八章　文学教育与文化传承

第一节　优秀传统文化的传承与创新

2013年，教育部发布了《完善中华优秀传统文化教育在各级各类院校的建设实施意见》，强调传统文化教育在整个国家教育体系中的建构与传承创新。在这样的背景下，优秀传统文化教育开始在各级各类院校分学段有序推进。

传统文化教育，对于高校特别是高职院校来说，犹如重新发现一片思想政治领域新大陆，更像是一片生机勃勃的文化精神沃土。如何开发利用好这片深沉厚重的沃土，使之重焕生机、充满活力、孕育新生，俨然成为当前高职院校面临的全新的课题。

一、中华传统文化内容与构成

(一) 文化

文化是社会成员将生活知识、习惯、道德、信仰等一切生存中产生的能力与习性进行归总的复合整体，是人类精神活动和活动中的衍生品。文化约定俗成般在民族共同体中代代相传，在其过程中又不断变化和发展，涵括历史、地理、行为方式、生活方式、思维方式等，呈现群族在自然基础上的所有活动内容，并逐渐形成一种文化传统，成为群族物质表象与内在精神的集合体，是增强民族凝聚力的载体。文化是人类社会特有的现象，它呈现人类社会意识形态中的世界观、人生观、价值观等，还包括该群族语言、文化、技术、科学等非意识形态部分。

(二) 中华传统文化

中华传统文化是中华民族历史上各种文化思想、精神观念汇集的一个总体，是以老子、孔子、庄子、孟子、墨子等儒家、道家文化为主体的多元文化融合的实体，反映民族物质和风貌，是中华民族语言习惯、文化传统、思想观念、情感认同的集中体现。具体表现在文字、语言、民俗、礼数、音乐等与生活息息相关的各方面，以及其所凝聚的道德规范、伦理纲常、思想品格和价值取向等无形的文化。

二、高职院校推行传统文化教育的重要意义

（一）以德润身，提供道德启示和精神示范

国无德不兴，人无德不立。高职院校学生相对于普通高校学生而言比较消极落寞，整体精神气质偏于颓废，理想信念不够坚定，道德观念相对薄弱，亟待强有力的精神支撑，而中华民族优良的道德传统和精神风尚，亦然成为高职院校思想道德教育的必修内容。中国优秀传统文化提倡"三位一体"修身治国平天下的人生理想，高度重视个人德行修养，将个人修身修德作为人生的第一要义。传统文化推崇"己所不欲，勿施于人"的"忠恕之道"；倡导以诚待人、推己及人，孜孜追求人与自然、人与人的和谐；崇尚刚毅自强的品格和持之以恒的精神；提倡诚信敬业、克勤克俭，鄙视奢侈享乐的生活态度。诸如此类丰富的道德精神，为高职学生重塑价值体系提供道德启示和精神示范。

（二）以文化人，积淀文化底蕴和传统精神

言之无文，行而不远。高职学生普遍缺乏深厚的文化积淀，其相对薄弱的文化素养会直接影响到通过学习能力开发潜能和未来的可持续发展。文化底蕴是锤炼和凝聚的一些基本思想、价值观和思维方式的升华，对一个人整体素质的进步和发展起着重要作用。高职学生在大学期间必须补齐文化素养层次，才能在激烈的竞争下具备突围竞争力。传统文化博大精深的文化内涵和深厚学养，成为最丰厚的文化精神土壤，高职学生必须深入学习自己民族文化的精华和根脉，陶冶心性，通古博今，袭承中华文化精神，将其作为人生底蕴和成长底色，扎下深厚的人生根基。

（三）传承创新，开创新的社会风向和人文景观

古为今用、推陈出新。作为高职院校的学生，一方面要注重道德修养，注重文化底蕴，认真学习中国传统文化的思想精髓和精神实质；另一方面在

继承的基础上实现文化创新更为重要。要大力弘扬以爱国主义为核心的民族精神和以改革创新为核心的时代精神，深入挖掘和阐发中华优秀传统文化讲仁爱、重民本、守诚信、崇正义、尚和合、求大同的时代价值。要将传统文化中最优秀的道德传统和人文精神移植并激活到这个多元的新时代，用传统精神重塑当代价值体系，在当代文化精神中追寻传统精神，将传统和现代精神有机融合，开创健康崭新的社会风尚。

（四）坚定文化自信，建设中国特色社会主义文化

习近平在党的十九大报告中强调，"文化是一个国家、一个民族的灵魂。文化兴国运兴，文化强民族强，没有高度的文化自信，没有文化的繁荣兴盛，就没有中华民族伟大复兴。"

1. 优秀传统文化是实现中国梦的精神支撑

实现中华民族的伟大复兴，是中华民族近代以来最伟大的梦想。习近平总书记指出："实现中国梦必须走中国道路、必须弘扬中国精神、必须凝聚中国力量。"中国道路的坚持、中国精神的弘扬、中国力量的凝聚必须依靠中华优秀传统文化。这是因为"中华文化积淀着中华民族最深沉的精神追求，是中华民族生生不息、发展壮大的丰厚滋养。"可以说，它是实现中国梦的精神支撑。但是，许多优秀的传统文化和传统美德，如诗词曲赋、民风民俗、尊老爱幼、文明礼貌、刻苦勤勉、吃苦耐劳、学而不厌、仁爱诚信等在高职学生中没有得到很好的继承和发扬。因此，把传统文化知识渗透到高职语文教学当中，让高职学生更好地了解我国悠久的历史文化是势在必行的。

2. 优秀传统文化是中国特色社会主义的历史渊源

中国道路即中国特色社会主义道路，这条道路是党领导人民作出的正确选择，是从中华民族五千多年悠久文明的传承中走出来的，实现中国梦，必须坚持和发展中国特色社会主义。习总书记指出："中国特色社会主义根植于中华文化沃土，优秀传统文化与中国特色社会主义有着深厚的历史渊源"。特别在新时期，它将继续推动中华民族满怀理论自信、道路自信、制度自信、文化自信，坚定不移地在中国特色社会主义道路上奋勇前进。对高职学生文化自信的培育是建设中国特色社会主义文化强国、实现中华民族伟大复兴中国梦的必然要求，也是学生自身成长成才的迫切需要。目前，部分

高职学生对于中华优秀传统文化毫无兴趣、知之甚少,反而对于外来文化,特别是西方文化盲从盲信甚至追捧,这都是文化自信缺失的表现。因此,作为高职语文教师应该对症下药、因材施教,要从多方面培育高职学生的文化自信。

3. 优秀传统文化是社会主义核心价值观的思想源泉

习近平总书记提出:"培育和弘扬社会主义核心价值观必须立足于中华优秀传统文化"。社会主义核心价值观是中华民族的核心价值观,是中华优秀传统文化在新的历史时期与中国国情相结合的传承和发展。社会主义核心价值观根植于中华优秀传统文化的丰厚土壤之中,因此中华优秀传统文化中的"爱国""敬业""文明""诚信""友善""和谐"等思想,自然而然就成为社会主义核心价值观的内容,这些思想是符合中国社会发展的客观要求的。作为高职语文教师,在进行社会主义核心价值观的宣传教育时不要忘记与弘扬优秀传统文化相结合,积极引导学生自觉践行社会主义核心价值观,为实现中华民族伟大复兴的中国梦而努力奋斗。

4. 中华优秀传统文化是民族凝聚力和向心力的精神纽带

中华民族是一个具有强大凝聚力和向心力的民族。这种凝聚力和向心力在很大程度上源于中华民族对中华传统文化的高度认同。在高职语文教学中,要进行优秀传统文化教育,教育学生爱祖国、爱人民、爱家乡、爱社会主义,树立远大的理想和抱负,培养学生学习古老又年轻,充满活力、充满凝聚力和向心力的优秀传统文化,在继承前人的基础上不断发展,在实践的基础上不断进行理论创新,推动中国特色社会主义文化的繁荣和发展。

三、高职人文教育发展现状

高等职业教育多年来偏重于培养高等技术应用型人才,工具主义、技艺教育渐次成为其主流教育观,单向度人才培养模式缺乏广阔视野和人文情怀。随着高职教育不断成熟完善,高职人文教育也不断被呼吁提倡,强调人文精神打底、综合素质提升,高职院校也积极着手尝试进行文化的重置和补位,但仅仅是局域性增添架构,论及传统文化这一蓄势待发的综合系统,在高职教育体系一直都没有找到合适的契机启动。

(一) 割裂人文建设，单向度锤炼工具人

高职院校发展前期，普遍忽视文化素质教育，认为在有限时间里搞文化素质教育是对技能教育的削弱和对高职特色的抹杀，因此将原有大学语文等相关人文课程删减殆尽，职业技能学习与文化素质教育之间的关系完全分离，高职院校成为一个真正的职业技能培训领域，学生只专注于专业技能的提高。学生成为单向度工具人而非全面人，缺乏综合素质学习养成，文化底蕴、道德品质相对薄弱。

(二) 重视校企文化，双主体塑造企业人

高职教育进入内涵发展时期后，更多强调企业文化进校园，不断探索校企文化对接融合，为企业量身打造适应岗位、具有职业精神的企业人。高职院校培养出企业人，但不是发展的人，学生缺乏再学习再深造后劲和可持续发展潜力。

(三) 发展人文教育，全方位完善传统文化

近年来，高职教育开始向内转，提倡厚德强能，提出育人为本、育德为先、全面发展的育人理念，高职院校也逐渐开始注重培养学生人文素养，如某些职业技术学院相应增设了影视佳作鉴赏、中国近代史纲要、论语与修身、应用文写作等人文选修课程，但优秀传统文化教育仍然是高职院校文化建设中的软肋和薄弱环节，尚未建构传统文化相关课程体系，没有适合高职院校的人文素质教材，缺乏文化素养过硬的教师队伍，校园文化中营造传统文化氛围不足，因此需要全方位完善传统文化。

四、完善高职院校传统文化教育的实践探索

作为一项综合系统工程，传统文化教育在高职领域的推行必将是一场艰巨持久的教育硬仗，要做好整体规划、分层设计、有机衔接、系统推进。积极发挥高职院校课堂主渠道作用，在高职课程和教材体系中添设优秀传统文化内容；打造一支文化功底深厚的教育骨干队伍；营造校园传统文化氛围熏染、陶冶学生；建立丰富开放的传统德育教育传播网络；建构传统文化传承创新体系，在高职院校逐渐形成一种潜移默化的文化惯性和文化引力，使传统文化教育蔚然成风。

（一）发挥课堂主渠道，在课程和教材中融入优秀传统文化

1. 开设人文课堂，尝试建构人文素质课程体系

课堂是学习中国传统文化的重要平台。高职院校在人文课程体系中，尝试为学生开设必修或选修课，加深并拓宽诸如中国历史、儒家文化和古代哲学等中国传统文化方面的选修内容和文化视野，如在新生入学时，设立"文史经典与文化传承"必修课程，为大一年级新生打下深厚的人文基础。近年来保定职业技术学院先后开设论语与修身、燕赵民俗文化、武侠文化等选修课程，"传统文化"类选修课程的增设，激发了高职学生浓厚的人文兴趣，提升了师生的文化素养水平。与此同时，地方高职院校也要积极发掘并利用本地区厚重深沉独特的精神文化资源，打造富有特色的地方课程和校本课程。如发掘保定城市的人文底蕴、历史渊源及革命背景等，尝试建构保定古城文化课程。

2. 融合德育课堂，尝试建构德育课程体系

中国优秀传统文化承载着积极的道德教化、心灵启迪等教育功能，它深刻影响着高职学生的思维观念、价值选择、道德情操以及心理健康状态，是实现立德树人根本任务的宝贵财富。高职德育课程要充分利用优秀的传统文化德育资源，选择典型案例或经典故事，将传统道德文化、民族精神等巧妙自然地融入思政德育课堂，拓展创新德育课程体系的文化维度。近年来，保定职业技术学院社科部心理教研室致力于传统文化的深入研究，独辟蹊径地将中华传统文化引入到高职学生心理健康教育中，将中华之"道"与西方之"术"相结合，在课堂教学中传承传统文化精髓，在实践教学中渗透传统文化精神在社团活动中强化传统文化意识，效果很理想。

3. 编写高职传统文化教学教材，建构文化课程体系

传统文化强调道德、精神的教化与传播，高职院校要尝试结合高职特色，为高职学生量身定制教材书籍，编写高职文化教材，不仅要使学生了解中国传统文化精髓，而且也要将专业教育与传统文化教育相结合，职业能力和职业道德、职业综合素养相结合，使教学更具有浓厚的人文气息。同时，在传统文化体系建设中，要遵循理性教育和生命教育相结合的理念，在强调传统文化入教材的同时，也要注重让校园文化生活充满传统文化的元素和意境，使学生在传统文化语境、传统文化方式中，润物无声地接受传统文化的

熏陶。

（二）培养传统文化师承者，打造传统文化教育骨干队伍

1. 打造一支中华优秀传统文化教育骨干队伍

实现传统文化在高职院校的有效传播，一支博学多识的教师队伍必不可少。整合高职院校传统文化人才资源，选拔培养优秀的传统人文课程老师，形成传帮带梯队式人才队伍；在高职院校成立大师工作室，设立技艺指导大师特设岗位，积极引进聘请技艺大师、民间艺人等特殊人才参与到高职院校教学。建立非物质文化遗产传承人"双向进入机制"，调动一切师承的积极因素，确保传统文化的延续传承。

2. 加强面向青年教师的中华优秀传统文化教育培训

德高为师，身正为范。为人师表、率先垂范的教师要想真正做到为学生传道授业解惑，自身必须具备优秀的文化传统。特别是当80—90后更多年轻教师走上讲台，他们的价值理念、文化修养、素质水平直接决定并影响着学生的思想素质。所以要加强对青年教师的文化培训，每月组织一次传统文化集中培训，在思想政治理论课骨干教师研修、高校辅导员骨干培训中加大中华优秀传统文化内容比重。多管齐下提升高职院校青年教师传统文化素养，进而提高优秀传统文化教育的水平和能力。

3. 加强中华优秀传统文化教育教学研究

积极鼓励高职院校建立优秀传统文化的研究机构，充分利用人文学科，聚集相关研究力量，深入开展优秀传统文化教育教学研究，重点围绕习近平提出"四个讲清楚"原则，致力于总结中华优秀传统文化的历史渊源、发展脉络、基本走向，深入研究中华文化的独特创造、价值理念、鲜明特色等，为优秀传统文化教育教学提供理论支撑和学理基础。

（三）坚持人文环境熏陶，在校园文化建设中渗透传统文化

1. 书香校园文化建设中熏染、滋养

只有打造好书香校园，方能彰显高职院校传统文化的气质和活力。一是开设经典读书班、国学诵读班，坚持晨读晨练、温故知新等传统学习习惯，激发高职学生对传统文化的兴趣和热爱，并通过举办传统文化读书征文、文化演讲等课余活动，指引师生深入理解传统文化经典的思想精神。二是充分发挥高职院校图书馆、档案馆、校史馆等独特的文化教育功能，结合

各自独有的校情校史研究,挖掘整理彰显特色的学科史和人物史,形成文化深厚、自成一脉的高职校园文化传统。三是积极开展优秀传统文化艺术传承活动,邀请传统文化学者名家、非物质文化遗产传承人等进课堂、进校园,解读传统文化精髓要义,传授传统技能技艺。

2. 职业道德素质训练中植入传统文化

坚持传统文化精神,高职校园文化应首先从职业道德素质的基本要素入手,从礼仪、人格、心理等方面开展素质拓展训练。一是发扬传统文化重"礼"思想,开展职业礼仪训练。通过修身与礼仪必修课程、服务礼仪培训、职业礼仪大赛等,提升职业化仪态仪表。二是职业人格养成。开展"健全人格,提升职业品质"高职大学生素质拓展活动,推进传统文化吃苦耐劳、勤奋务实、自强不息、诚信善良等品格素质的养成教育。三是心理健康教育。引导学生从人格的建构中汲取传统文化的现代价值,以维护个人与社会的和谐。例如开展团体辅导,帮助高职学生从个性、兴趣、能力等方面深入了解自身的优势和劣势,从而培育优势、规避弱点;组织高职学生参加恋爱情感与心理健康教育讲坛,完善其恋爱观和感情观;此外,各年级还应进行各有侧重的心理辅导与测试,建立学生心理档案,为其求职提供依据。

3. 第二课堂主题活动中传递文化精神

充分利用第二课堂,丰富传统文化教育。一是利用特色社团活动传承国学精粹。成立如书法协会、纸艺社团、德新社、茶艺社、礼仪社、武术协会、象棋社等文化社团,开展富有传统文化特色的社团活动,在社团活动中传承文化精粹。二是依托党团组织开展文化传播。利用学生会、团委、学生党支部等组织,开展传统文化主题教育、理论研究、社会实践、志愿服务等丰富多彩的文化活动,培养学生坚韧不拔、越挫越勇、助人为乐、精益求精的坚韧品格和传统精神。三是利用各种节点契机开展传统文化教育。抓住新生入学契机,通过入学教育大会、班导师见面会、职业生涯规划指导、入党启蒙教育、团队精神教育、学校规章制度学习等多项教育活动开展传统文化教育。同时加强毕业生文化思想教育,开展毕业生综合素质答辩与毕业生文明离校系列活动,如以"师恩难忘,母校难忘"等为主题的毕业生寄语恩师活动、师生茶话会活动、毕业班党员畅谈会活动。结合各种传统节日风俗礼仪,做好传统文化的普及推广传播。

(四) 运用现代教育技术与资源，打造传统文化新媒体平台

1. 推进传统文化思想教育网络化

在网络文化带来的全球视野和多元理念冲击下，当代大学生思维方式和价值观正加速变化，在一定程度上弱化了中华传统文化的影响和民族精神的传承。传统文化要想重新回归主流，成为当代中国的核心价值观，必须借势再起，建设不断适应时代需要的中华优秀传统文化网络教育平台。高职院校要充分利用好现有的网络资源共享成果，推动优秀传统文化网络传播，尝试打造传统文化特色网站，或者在高职院校网站开设传统文化专栏。如开办网络"博闻讲堂"，精选傅佩荣讲论语等一批具有代表性的传统文化视频，建设文化经典资源库，便于学院师生学习。高职院校要学会抓住合适的节点和契机，利用校园微博、公众微信平台等新兴媒体，传播传统文化精品佳作，引导学生成长成才。

2. 建立开放互动的传统文化德育教育网络

高职院校首先应尝试建立大学生网络文化工作室、高职网络文化示范中心等，占领传统文化传播的网络制高点，拓展适合高职学生学习特点的线上教育平台，吸引更多的网络学习者。如目前一些示范院校设立优秀传统文化专题网站或教育专栏，推广内容丰富、形式活泼的在线学习。高职院校教师与学生进行博客交流，采用飞信发布文化信息，用微信平台进行即时文化信息推送，利用网络空间与学生进行思想交流与互动等，实现零距离流畅沟通，达到人际和谐理想效果。其次，高职道德教育应积极向外部延伸，延伸到家庭，使更多的家长、教育组织、社会团体参与到传统文化的道德教育网络体系中，将学校的"小课堂"和社会"大课堂"相结合，使传统文化道德教育工作迈向社会化，从而帮助学生丰富知识、开拓视野，缩短对社会的适应期。第三，统合家庭、学校、社会教育，提升高职学生人文素质、文化修养、行为养成、艺术鉴赏水平，增强高职学生的文化自觉自信意识。

(五) 汲取传统文化的当代价值，实现文化的传承与创新

每一时代都有自己独特的历史背景和人文精神，当代文化不仅要继承和吸收优秀传统文化的精髓和精神实质，更要通过赋予新义、改造形式、增补充实、拓宽延展、规范完善等途径，实现对传统文化创造性转化和创新性发展。高职传统文化教育以提高学生自主学习和探究能力为重点，强化学生

文化主体意识和文化创新意识，增强学生传承创新优秀传统文化责任感和使命感。

一是开展高职院校传统文化传承与创新示范专业建设。引进民间大师进校园，成立大师工作室，建立高职现代学徒制，提高文化创新能力。

二是整理挖掘国粹，研究阐释新义，加强非物质文化遗产的继承和创新。如调研顺平桃木雕刻工艺、曲阳石雕、易县易水砚、安新苇编画、定兴宫绣等众多非物质文化遗产资源，积极引进对接非物质文化遗产项目。

三是鼓励大胆创新实验艺术，不断提高文化与学术研究成果和文学艺术价值的影响，拓展传播渠道，创新文化艺术交流。

四是创新载体和抓手。在教育引导、舆论宣传、文化熏陶、实践养成等方面，高职院校要组织形式活泼、贴近学生、易于参与的文化活动，如汉字听写大会、成语大会、家风调查、品读校训、经典阅读、礼仪普及、大众讲座等形式，汲取传统文化的当代价值，实现文化的传承与创新。

五、中华优秀传统文化在高职语文教学中的传承

在新形势下，高职语文教学应当转变观念，改变教学方式，构建具有中国特色的高职语文课堂教学，这是深化课程改革的必由之路。在语文课堂教学中，要想在很短的时间内，最大限度地突出中华优秀传统文化的人文精神，提升学生人文素养，就要积极改变教学模式，具体从以下几个方面实施：

（一）深入挖掘教材中的文化内涵，鼓励学生自觉接受优秀传统文化

高职语文教材中所选取的古代文学作品，源于中华优秀传统文化的深厚积淀，更是学生汲取优秀传统文化知识的重要源泉。作为教师，不应该单纯把传授语言文字知识作为高职学生学习的重点，还要带领学生认真分析和挖掘古代文学作品中的传统文化内涵，挖掘相关的文化常识、文化意趣、优秀的传统美德、崇高的精神境界等，让学生充分认识和理解传统文化的真谛，从而自觉地接受并弘扬中华优秀传统文化。

（二）把中华传统文化经典融入教学活动，全面提升学生精神品格

作为高职语文教师，要准确把握教材的主要内容，深入挖掘教材中的文化内涵，还要在教材之外，给学生更多的选择空间，要适当增加学生文学

作品的阅读量，因为许多文学作品蕴含着中华民族的人文精神，它所包含的理论和思想，都反映了事物之间的必然联系和发展的客观规律，具有超越时空的意义，可以为我们所借鉴、利用。特别是其中关于改造自然、安邦济世、修身养性、成就事业等方面的观点、警句、格言，一旦赋予新意，便可以为现实服务。所以，把中华优秀传统文化经典融入教学活动当中，对学生精神品格的提升具有十分重要的作用。

（三）改革教学方法和教学手段，激发学生学习传统文化的兴趣

高职语文课堂不能单纯使用讲授法进行教学，单一的讲授法不利于培养学生的学习兴趣。高职学生学习成绩一般，学习兴趣不浓，作为职业院校教师要因材施教，要从培养学生学习兴趣出发，改革教学方法和教学手段。高职学生是祖国的未来和希望，单纯的掌握一技之长已经远远不能满足国家对未来人才的需要。高职学生要想成为祖国的栋梁之才，学习传统文化知识是非常必要的。高职语文教师要充分发挥语文的载体功能，在语文课堂中想方设法激发学生学习优秀传统文化的兴趣。一方面，根据教学内容、所学专业以及未来发展的需要，综合运用合作探究教学法、案例教学法、情境教学法、故事教学法等多种寓教于乐的教学方法来激发学生学习优秀传统文化的兴趣；另一方面，利用先进的多媒体教学手段，充分调动视觉、听觉等各种感官，让学生多角度全方位去感受语文的魅力，从而激发学生学习传统文化的兴趣。

（四）引导学生开展丰富多彩的语文实践活动，全面提升学生人文素养

1. 了解我国传统节日的习俗和来源

中国的传统节日多种多样，如春节、清明节、端午节、中秋节、重阳节等，这些传统节日的习俗，蕴含着先人的情感和智慧，它们是中华民族悠久的历史文化的一个重要组成部分。然而，受西方文化的影响，我国许多传统文化急剧消亡和流变，这也潜移默化地影响着学生的思想观念。一些高职学生缺乏民族自信心和自豪感，对传统节日、民族优秀传统文化知之甚少，取而代之的是一些洋节，如情人节、圣诞节、愚人节、万圣节等。这些都应引起高职教师的重视与思考，在语文教学中向学生渗透传统文化流失的危机感，引导学生在实践活动中了解中国的传统节日，学习中国的传统文化知识，从而提高学生的人文素养。

2. 了解我国少数民族的传统习俗和民族文化

我国是统一的多民族国家，各民族在长期的历史发展中形成了独特的民族文化和民俗风情，每一个民族无论人数多少，都在中华文化的形成和发展中起到了重要作用，各民族文化，都是中华民族共有的精神财富。例如，蒙古族的《江格尔》、藏族的《格萨尔王传》和柯尔克孜族的《玛纳斯》并称我国少数民族的三大"英雄史诗"，这些少数民族文化是中华文化的有机组成部分，也是盛开在中华文化百花园中的绚丽花朵。因此，我们要引导学生在实践活动中了解各少数民族文化，学习各民族文化知识，大力弘扬各民族优秀文化，从而提高学生人文素养。

3. 了解中国传统礼仪文化

我国是四大文明古国之一，有着悠久的历史，灿烂的文化。几千年来，形成了完整的道德准则和礼仪规范，素有"礼仪之邦"的美称。"人无礼则不生，事无礼则不成""人有礼则安，无礼则危"，礼仪中有很丰富的文化内涵，它是中华优秀传统文化中不可或缺的重要元素，是中华民族得以延续和发展的精神命脉，尤其在力争实现民族复兴这一伟大梦想的今天更具有现代意义和普遍价值。现如今，独生子女较多，他们是家庭和学校的核心，成长中容易忽视人际交往中必要的礼仪，如尊老爱幼、礼貌待人、站立、行走、坐卧、交谈、宴饮等。礼仪是一个人立足社会的重要条件，也是一个民族精神文明和社会进步的重要标志。因此，教师要积极引导学生了解中国传统礼仪文化，学习礼仪知识，从而提高学生人文素养。

优秀传统文化是中华民族永远不能离别的精神家园，作为语文教师应秉承文以载道、知行统一的教育理念，在教学中积极引导学生走进传统文化，了解和热爱传统文化，借鉴传统文化中的精华，弘扬传统文化，让祖国优秀传统文化大发展、大繁荣。

第二节 优秀传统文化传承的逻辑分析

习近平总书记对传承和弘扬中华优秀传统文化做过多次重要阐述，他明确指出："一个国家、一个民族的强盛，总是以文化兴盛为支撑的。没有文明的继承和发展，没有文化的弘扬和繁荣，就没有中国梦的实现。"高职院校不仅是国家技术技能型人才培养的重要基地，同时，也是优秀传统文化和区域文化传承与发展的中心。高职院校大学文化建设的最终目标是通过不断吸收民族优秀的传统文化、区域文化以及现代工业文化、产业文化和企业文化，凝练和积淀大学文化，为师生创建一个理想的精神家园，为学生建立一个良好的养成环境，以文化人，使学生成人、成才。

一、当今高职院校优秀传统文化传承中遇到的主要问题

1. 纵向代际传递弱化，给高职院校优秀传统文化传承带来压力

传统文化是在民族发展的历史过程中逐渐积淀形成的，辈间相传、师徒相传为其主要的传承方式，这种代际间的模仿与创新体现着传统文化的独特魅力，也蕴含着传统的美德。但随着工业化、城市化以及现代生活节奏的加快，很多优秀的传统文化精髓，如传统节日文化、传统礼仪文化、传统美食制作、传统技艺，等等，已被渐渐弱化和遗弃。

2. 受西方文化冲击，部分学生对中华优秀传统文化持冷漠态度

部分青年学生由于其传统文化方面的知识匮乏，认识上难免带有局限性和片面性，认为中华传统文化是奴性文化，认为所谓的中华传统文化认同就如同古代士大夫一样"克己守礼"。并且受韩剧、日剧和英美影视作品影响，过度崇尚韩日文化和英美文化，使其"浮慕西化而不深知西方文化的底蕴，憎恶传统而不解中国传统为何物"。高职院校必须厘清传统文化传承的基本逻辑，选择有效的教育内容和教育方式，使优秀传统文化融入大学生活融入学生心灵。

二、文化体验既是优秀传统文化传承的逻辑起点，也是文化传承的最终目的

文化传承既是教育过程，也是认知过程，"实践—认识—再实践—再认识"的认知规律同样存在于高职院校文化传承过程中，文化体验即文化实践。体验教育符合人类认识规律和教育规律。对传统文化的体验可分为感官体验、情感体验、成就体验、精神体验和心灵体验。其中，感官体验和情感体验在高职院校优秀传统文化的传承过程中具有重要的基础地位，关系到传

统文化教育的效果和成败。成就体验是建立在文化自觉基础上的较高层次体验，是文化创新的原动力。精神体验和心灵体验是"实践—认识—再实践—再认识"的高级阶段，是幸福感和美感的源泉，也是高职院校优秀传统文化传承与创新的最终目标。

1. 增强学生对优秀传统文化的感官体验

绝大多数情况下，人们最初的选择都来自感官的体验。感官体验是人与外界互动时最基本的反应，是其他体验的基础。通过感官与外界进行信息交换所体会到的愉悦感，是做出选择的首要条件。高职院校在优秀传统文化的传承过程中，应充分发掘各种感性题材，譬如，优秀的传统艺术习作、民乐演奏、戏曲学习、传统美食制作、节日民俗体验、古镇古建考察、乡村社区志愿活动等等，采用多种方式增强学生对传统文化的参与度和体验度，带给他们愉悦感和美感，使他们从内心产生认同，自觉选择优秀传统文化。

2. 提升学生对传统文化的鉴赏能力，增强其情感体验

人的情感会对感官所感知到的对象进行投射，而赋予其本身没有的属性，是感官体验的升华，如传统文化中的诗词、书画、文学作品等通过艺术再现了自然之美、人物之美，给学生一种特定的情感体验，使之联想如小溪潺潺之音、山川高亢之声、花儿窃窃私语、白云来去匆匆以及人物之间的恩爱与情愁等。高职院校在大学文化建设中，不仅要通过传统工艺、传统艺术的体验，以及古代工匠事迹的宣传，培育学生的工匠精神。而且，要强化人文教育，培养学生博大的人文情怀，增强学生对诗词、书画、戏曲和文学作品等艺术的鉴赏水平，并通过社团、讲座、论坛等各种形式，让学生充分体验中华优秀传统文化的美感，增强其对优秀传统文化的情感依附。

3. 激发学生的创作热情，增强学生对优秀传统文化传承与创新的成就体验

人除了基本的生理、安全和情感归属的需要，还有追求尊重和自我实现的需要，这是人的社会性的一种表达。在高职院校优秀传统文化的传承过程中，通过开展文化社团、艺术社团、诗词大会、书画艺术鉴赏与创作、传统艺术创作、节日文化礼仪比赛、传统美食制作等活动，使学生在满足情感体验的同时，获得大家的认可，提升学生的成就感，激发其内在动力，使其进一步深刻体验和领悟优秀传统文化中的精髓。

三、文化选择是优秀传统文化传承的前提

在大学教育中，文化的传承与创新、文化的吸收与批判都离不开文化选择。文化选择的目的就是为了使学生成为主流文化所要求的"文化人"。因此，高职院校在中华传统文化的传承过程中，文化选择的首要功能就是按照优秀传统文化对大学生进行文化模塑。高职院校对传统文化的选择主要在两个层面：一是学校以教育目标为导向，对传统文化内容和教育方法做选择；二是学生以实践为导向，依据个人体验对传统文化做出选择。前者决定着学校传统文化教育的培养目标和方法，后者决定着传统文化教育的效果。

面对浩如烟海的传统文化，我们不能泛泛而谈，而无所适从，也不能不分善恶真伪，对古代文化全盘吸收。必须对传统文化内容做出必要的和适当的选择，使其符合社会和人本发展的需要，符合高职教育人才培养的需要。同时，还要选择适合学生认知特点和认知规律的教育方法和教育手段，以增强学生的文化体验，引导其做出正确的文化选择。

1. 取其精华、去其糟粕

何为精华、何为糟粕既有时代的评判，也有境遇的评判。精华与糟粕的评判具有时代性，也具有现实性。在传统文化的选择过程中，主要看其对学生的学习、生活和发展是否有利；是否能提升学生美感、幸福感和愉悦感；是否能促成学生心灵的升华；是否对社会或他人产生正面影响等。对优秀的传统文化，要大力推崇，而对陈规陋习、落后的思想观念，要坚决抵制。通过对传统文化内容的选择，逐渐培养学生明辨是非、区分善恶的辨析能力，引导学生正确区分传统文化中的精华与糟粕，并且吸收其中的精华，去除糟粕，在很好继承的基础上丰富传统文化。

2. 选择符合高职院校特色的传统文化

针对职业院校的学生来，对传统文化的选择既有通识性选择，也有专业性和区域性选择。"仁、礼、信"作为优秀传统文化的普世价值，应是职业院校开展传统文化教育的通识内容。针对不同类型的高职院校，对传统文化内容的选择理应有所侧重，比如，商科院校重信义，更多的选择传统商业文化中晋商和徽商的历史史料为教育素材，培养学生"君子爱财，取之有道"、讲诚信、重义轻利的品格。而工科院校重专心和精益，更多地选择以

工匠文化为主题的传统素材,培育学生的工匠精神。针对不同区域的高职院校,还应选择具有区域民族特色的传统文化。高职院校不仅是区域技术技能型人才培育基地,同时,其普及性、职业性和区域性的特点决定了高职院校理应成为区域文化传承与发展的中心。我国地域幅员辽阔,经过几千年的发展,各个地域在中华文化的共性基础上,逐渐形成了带有鲜明地方特色的文化,如北方的胡同文化、秦陇文化、中原文化、江南的吴文化、越文化、楚文化、江淮文化、湖湘文化、徽文化、赣文化、巴蜀文化、闽南文化以及各少数民族文化等,这些区域文化与区域经济和社会发展密切相关,在一定程度上影响着该区域人与人、人与社会和人与自然的关系。高职院校重视对区域传统文化的传承,不仅有利于学生快速融入社会,适应区域经济社会发展,而且有利于区域文化的创新发展和区域文化品牌建设。

四、文化自信是高职院校优秀传统文化传承的主要目标

要确立起道路自信、制度自信、理论自信,就必须唤起全民族对于优秀传统文化的自信。没有文化自信就没有文化自强,也就没有民族的文化复兴。"欲人勿疑,必先自信",只有自己对本民族优秀传统文化有坚定的信心,才能从思想上、精神上和行动上获得坚守的从容,奋发进取,焕发出创新的活力。高职院校优秀传统文化传承与创新的主要目标,就是通过教育和引导培养学生的文化自信。通过传统文化教育,引导学生通过亲身经历和实践,充分感受和领悟优秀传统文化的精髓和道德价值,自觉地将传统文化中的"道德人格""人文精神"内化为自己的理想追求,从内心深处对优秀传统文化产生道德的崇拜与敬仰,形成稳固的道德品质,在现实道德冲突中坚持正确的文化选择。

五、高职院校优秀传统文化传承的基本逻辑

从根本上讲,优秀传统文化的传承过程就是对"文化"的认知过程。体验是一种实践,而选择的过程本身就是认知过程。学生经过不同阶段的文化体验而产生不同的认知选择,经过"实践—认识—再实践—再认识",使其对优秀传统文化的认知不断提升。

感官体验的愉悦感使其由最初的被动选择转变为主动选择;情感体验

的归属感使其能够主动深入了解优秀传统文化的精髓，并内化成为自觉的选择和自觉的行动；成就体验和精神体验使优秀传统文化成为其自信和自强的重要精神支柱。

第三节 中国古代文学课程教学的文化传承探究

中国古代文学课程的教学任务主要是向学生系统地讲授中国古代文学的发展历程，以及各个朝代具有代表性的作家、作品和文学思潮。中国古代文学是中国传统文化的一个重要组成部分，因此，在强调文化自信的今天，中国古代文学课程相较于其他课程，其对于中国传统文化的传承与弘扬有着得天独厚的优势，也是这门课程的重要使命之一，探究如何在这门课程的教学中更好地传承与弘扬中国优秀传统文化，是一件既具有教学改革意义也具有现实应用价值的事情。

一、提升课程主讲教师文化传承的使命感和能力

中华5000年的优秀传统文化是我们全民族最宝贵的精神财富之一，它对于人的正确人生观、价值观和世界观的养成，对于新时代中国特色社会主义文化建设，对于树立中国的文化自信都是极其重要的，同样，它也对高校汉语言专业的人才培养质量意义非凡，学生如果能够非常熟知并理解中国传统文化的精髓，对于其综合素质的提升和其他相关课程的学习，都是大有裨益。中国古代文学课程作为传承传统文化的一个重要载体，其主讲教师的责任可想而知。要想更好地发挥这门课程对于文化传承的功能与影响，高校应该重视对主讲教师文化传承意识的培训与灌输，主讲教师本人也应该在主观意识上充分认识到这门课程对于文化传承的使命感，在平时的教学过程中高度重视并始终融入文化传承的功能，想方设法进行教学改革与创新，以提高中国古代文学课程进行文化传承的实际效果，这一点，是至关重要的。

课程主讲教师在提高文化传承的使命感的同时，还需要增强文化传承的能力。课程主讲教师平时应该加强自身的业务学习，大量阅读有关的传统文化典籍与研究文献资料，加大知识的储备量，了解本学科最前沿的学术研

究动态，熟悉一些新观点、新理论、新知识，夯实专业知识和教学研究的基础。此外，课程主讲教师还需要不断参加各种继续教育活动和学术活动，与同行加强交流与沟通，取长补短，相互借鉴。课程主讲教师应该在科研上不断追求突破，积极申报各级各类科研课题，在科研工作中获得灵感，提升素养，开阔视野，并将自己最新的科研成果应用到教学中来，做到以科研工作的突破与收获带动教学工作的改革与创新。课程主讲教师还应该不断学习和掌握各种新的教学工具、技能与方法，比如微课、翻转课堂等，做到与时俱进，让古代文学的课程和现代化的教学手段完美地结合起来，促进教学能力的提升和教学效果的改善。

二、精选重点篇章诠释中华优秀传统文化之美

中国古代文学的发展历程时间跨度长达5000多年，各个朝代的名家名作迭出，作品浩如烟海，因此，如果只是按照朝代顺序进行照本宣科式地讲解，既容易引起学生的接受疲劳，也不能很好地展示中国传统文化的特有魅力。若想取得较好的教学效果，需要精选其中的重点篇章进行精讲，这样会让学生能够非常鲜明而深刻地感受到中国传统文化之美。

笔者以为，在整个中国古代文学的发展进程中，最能彰显传统文化的特色和精髓的代表作品有《诗经》《离骚》、先秦诸子散文、《史记》、唐诗宋词和明清四大名著等。《诗经》是中国第一部诗歌总集，《诗经》中最具光彩的是"十五国风"，国风部分的诗篇具有浓烈的现实主义精神，反映了上古时期的国人热爱生活、纯朴善良、勤奋上进和追求美好爱情婚姻的人生风貌；《离骚》是我国先秦战国时代伟大的爱国主义诗人屈原所作的一首充满激情的政治抒情诗，是一首现实主义与浪漫主义相结合的艺术杰作。《离骚》表现了屈原热爱祖国、为了祖国九死不悔的伟大的爱国主义情怀，《离骚》还体现出战国时期楚人善于想象的浪漫主义文化特质；先秦诸子散文既有很高的文学成就，更有深刻的思想成就。诸子百家的思想学术精髓凝聚在诸子散文之中，尤其是儒道法墨四家，对后世中国影响极其深远，对于中国人的人格、品德、思维方式和民族性格的形成，起到了不可忽视的作用。其中，儒家追求国家统一、关注民生、积极进取、崇尚和谐的进步理念对于当代中国仍然是极其宝贵的思想和理论财富；司马迁的《史记》是我国第一部纪传

体的通史,《史记》"不虚美、不掩恶"的实录精神、进步的大一统的国家观、对底层人民的同情与赞美和强烈的现实批判精神,这些,都具有极其闪光的价值;唐诗宋词是中国古代文学宝库中闪亮的明珠,也是中国传统文化的瑰宝,是中华文化的代表性符号,盛唐诗歌积极向上的昂扬风貌,自信乐观的豪迈气概,对国家和人民的关心热爱,北宋词婉约幽美的艺术特质,南宋爱国词派所表现出的报国热情,这些文化艺术精神不仅让中国人世代引以为豪,甚至广泛影响了全世界的读者;明清四大名著《三国演义》《水浒传》《西游记》《红楼梦》代表了中国古典长篇小说的最高成就,《三国演义》所体现出的智慧、谋略与忠诚,《水浒传》所体现出的勇敢、侠义和抗争精神,《西游记》所体现出的浪漫色彩和对人生目标的坚毅与执着,《红楼梦》所表现出的对自由爱情的追求、对封建社会的批判、对底层小人物的同情与赞美,这些都是中国传统文化中最可贵的部分,值得国人一代代地传承下去。

抓住重点篇章进行精讲,会让学生能够非常鲜明直接地感受到中国传统文化的优美与博大精深。这些重点篇章蕴含了中国传统文化的精髓,讲好重点篇章,不仅在教学上起到了提纲挈领的作用,对于传统文化的传承也会起到事半功倍的效果。

三、联系当前的社会现实探究传统文化的时代价值

中国优秀传统文化凝聚了中华民族几千年的智慧,它曾经对中国历史的发展与演进起到过至关重要的作用,在中国特色社会主义进入新时代的今天,仍然具有不可忽视的时代价值。在中国古代文学课程的教学过程中,主讲教师要重视联系当前的社会现实探究传统文化的时代价值,要让学生感觉到传统文化的许多理念并未过时,从而让传统文化古为今用,迸发出时代的光芒。

在先秦诸子散文这一篇章的教学中,可以比较集中地体现出传统文化的时代价值。先秦诸子散文凝聚了先秦时代诸子的思想精华,其中有许多内容对于今天的现实生活仍然具有可贵的启迪与借鉴价值。譬如,《论语》中所体现的行仁政的政治理想,"士不可以不弘毅"的担当精神,中庸之道的为人处世哲学,有教无类、因材施教的教育理念等;《孟子》中所论述的大丈夫的人格理念,重视老百姓的民本思想,重义轻利的价值理念等;《庄子》中

所体现出的人与自然的和谐共生理念,淡定超脱的人生态度等等;《墨子》中所论述的"兼爱""非攻"的和平思想,崇尚节俭的生活理念等,这些思想精髓在21世纪的今天并未过时,对我们社会生活和人生的方方面面仍然具有较高的指导价值。主讲教师要在课程的讲解过程中,注重将这些作品中所蕴含的思想精华与当今的社会现实结合起来,阐明这些传统的思想精华在当今社会的现实意义,要让学生真切地感受到中国优秀的传统文化的许多理念并未过时,它们是具有时代的生命力的,是具有恒久的学习与借鉴价值的,从而提高学生对中国古代文学课程的学习自觉性,激发他们学习、探究、弘扬与传承中国传统文化的热情。

四、推进课程教学改革,以促进课程文化传承功能的更好发挥

为使中国古代文学课程更好地发挥文化传承的功能,就必须要积极推进课程的教学改革,光靠传统的课堂理论灌输的教学策略,效果肯定不佳。要充分运用多种教学方法和教学手段,来调动学生的学习积极性,提升课程的吸引力,凸显课程的趣味性和实用性,通过课程的教学改革,既可以促进课程教学效果的改善,也可以促进课程文化传承功能的更好发挥。具体途径包括创新课堂的教学方法、拓展课程的实践教学阵地等等。

创新课堂教学方法就是要改变传统的以教师讲授为主的教学方法,运用多媒体演示、分组专题探究、翻转课堂等新颖的教学方法,来提升课程的吸引力,提高学生学习的自主性和学习的兴趣,使传统文化显得更加鲜活、生动,更易被学生接受。

中国古代文学课程对于当代年轻的大学生来说,显得厚重久远,容易使学生产生敬而远之的感觉。主讲教师需要充分运用现代多媒体的教学手段,把历史悠久的古代文学知识和传统文化通过现代多媒体的载体鲜活地展现出来,让学生获得视觉、听觉等多方面的体验,从而提升学生对于古代文学知识和传统文化的接受美感和学习热情。主讲教师在课堂教学中,可以就某些重要的知识点和文化精髓,开展分组探究这样的教学活动,让每个小组围绕各自的专题展开自主学习与探究,再将各自的学习探究体会用 PPT 的形式上台展示,这样也能够调动学生学习的积极性,提高学生对传统文化的理解能力。主讲教师还可以采用翻转课堂等新颖的教学方法,预先设置问题，让学生在课前自主学习相关知识，然后在课堂上针对特定的问题进行深入研讨与探究，提升学生对传统文化的深度领悟能力和持续学习探究的积极性。

在创新课堂教学方法之外，主讲教师还需要重视课程的实践教学环节，积极拓展课程实践教学的阵地，有针对性地开展课程实践教学活动。譬如，开展传统文化主题演讲比赛、利用传统文化学生社团开展系列活动、探访家乡名胜古迹、纪念家乡传统文化名人、撰写家乡传统文化调研报告等。这些丰富多彩的课程实践教学活动可以让学生提高文化修养，拓展知识面，激发学生对传统文化的热情，也可以促进课程教学效果的改善与提升。

在强调文化自信的今天，中国古代文学课程的主讲教师不仅要向学生传授好中国古代文学的相关知识，还需要提升文化传承的使命和担当意识，改革与创新教学方法，培育学生的自主学习与探究能力，促进优秀的传统文化在新时代得到更好的弘扬与传承。

第四节　中华优秀传统文化融入高职校园文化研究

党的十八大以来，习近平总书记大力传承中华优秀传统文化，赋予中华优秀传统文化新的时代内涵。中华优秀传统文化是"中华民族的基因""民族文化血脉"和"中华民族的精神命脉"。高职院校肩负培养社会主义事业合格建设者的重任，校园文化对学生全面发展、提升综合素质发挥着重要作用，必须植根中华优秀传统文化，才能更好地发挥价值导向、凝聚激励、规范引导等育人功能。

一、中华优秀传统文化融入高职校园文化的契合点

（一）中华优秀传统文化是浸润高职校园文化的重要资源

1. 中华优秀传统文化为高职校园文化品格筑基

品格即品行风格。高职校园文化品格指的是高职校园文化的基本特点、基本风格，体现出学校整体的价值取向，有利于创造良好的文化氛围、构建学生健全人格、引导学生健康成长。在5000多年文明发展中孕育的中华优

秀传统文化，是中国特色社会主义植根的文化沃土，同样也是高职校园文化植根的沃土，高职教育必须用中华优秀文化筑基校园生态，夯实校园文化的思想基础。中华优秀传统文化蕴含的教育理念、哲学思想、文化艺术、传统美德是高职院校发展取之不竭的思想动力，可以增强校园文化的底蕴，丰富校园文化的内涵，引导校园文化的价值取向，形成校园文化的基本风格。

2. 中华优秀传统文化为高职校园文化品位铸魂

品位指的是层次、质量、档次。高职校园文化品位指的是校园文化包含的人文底蕴，达到的层次和水平。中华优秀传统文化积淀着多样的精神财富，滋养了独特而丰富的文学艺术、科学技术、人文学术。用中华人文精神来滋养高职校园文化，可以增强校园人文底蕴，促进学生人文意识的养成，培养向上向善、独立自信的人文情怀，提升校园文化的品位，形成高雅、健康、文明、向上的主流文化。

3. 中华优秀传统文化为高职校园文化品牌塑形

品牌是一种无形的资产，是产品的形象。优良的校园文化品牌是校园文化的标识，是学校凝聚力、吸引力的外在表现形态。校园文化品牌体现了校园文化鲜明的个性和特色，具有独特的魅力和持久的生命力，是高职院校在激烈竞争中求生存、求发展的重要出路。校园文化品牌的形成正是基于对文化现象的提炼、归纳和升华，中华优秀传统文化的核心思想理念、传统美德、人文精神正是校园文化品牌塑造的文化根基。应把中华优秀传统文化精髓全方位融入学校的思想道德教育、文化知识教育、艺术体育教育、社会实践教育各环节，扩大其传播、辐射范围，形成高职院校独特的风貌、特征，从而打造出一批融思想性、学术性、知识性、趣味性和服务性于一体的校园文化特色品牌。

(二) 高职校园文化是传承中华优秀传统文化的重要平台

1. 高职校园文化的主体是传承中华优秀传统文化的主力军

正如乐程、陈九如《中华优秀传统文化融入高校校园文化建设的思考》所言，大学校园是传播知识、以文化人活动为主的重要场所，也理应成为传承文明、推动社会发展的重要基地。文化传承创新是新时代赋予高职院校的重要职能。文化传承创新的主体是广大师生，教师传授文化、研究文化，引领文化潮流；学生学习文化、吸收文化，成长为社会主义事业的合格建设者。高职院校师生通过对传统文化的理解和认识，产生文化自觉、文化自信，以及传承优秀传统文化的责任感，影响着优秀传统文化传承的成效，他们是传承中华优秀传统文化的重要力量。

2. 高职校园文化活动是传播中华优秀传统文化的重要载体

校园文化包含物质文化、精神文化、制度文化、行为文化等内容。当前，高职院校都重视发挥校园文化的育人功能，不断完善工作体系、丰富活动内容、创新活动形式。物化的校园环境建设对学生起着潜移默化的影响，体验式的文化活动让学生广泛参与，高度凝聚的精神文化为学生成长提供动力。形式多样的校园文化活动可以承载丰富的优秀传统文化资源，是优秀传统文化传承的重要载体。

3. 高职校园文化的理念是创新传统文化的动力源

没有创新，文化就会失去活力，传统文化只有不断创新创造，才能彰显时代价值、永葆活力。大学生思想活跃，思维超前，富有创新精神，他们的创新意识也引领着大学校园文化创新，给校园文化注入了源源不断的活力。高职校园文化建设的过程其实也是不断进行文化创新的过程，这种创新紧扣时代脉搏，与时俱进，在传承传统文化的基础上，不断孕育出新的时代内涵。

二、坚持"三个统一"，明确中华优秀传统文化融入高职校园文化的基本原则

（一）坚持传承与创新相统一

黑格尔在《哲学史讲演录》中指出，文化传统"通过一切变化的因而过去了的东西，结成一条神圣的链子，把前代的创获给我们保存下来，并传给我们"。高职院校是中华优秀传统文化传承的重要阵地，要坚守中华文化立场，传承中华文化基因，汲取中国智慧，弘扬中国精神，传播中国价值，增强高职学生的文化自信和文化自觉。

但是，没有创新就没有生命力，文化同样需文化民生要与时俱进，否则文化将会逐渐消亡。当前，经济全球化和市场经济快速发展，传统文化面临多元文化的冲击以及外来文化的侵袭，高职院校校园文化建设要在积累文化传统的基础上，取其精华，去其糟粕，扬弃继承，转化创新，不复古泥

古，不简单否定，推动高职院校校园文化建设向更高层次发展。

(二) 坚持育人与娱人相统一

校园文化具有导向、凝聚、激励等功能，其重要作用在于育人。将中华优秀传统文化融入高职校园文化，通过优秀传统文化教育引导学生形成正确的世界观、人生观、价值观，涵养塑造学生的价值取向、行为习惯和职业素养，在潜移默化中发挥了育人成效。但传统文化教育不能是纯粹的理论灌输，要把握当代大学生的成长特点、思想动态、接受方式等，采取灵活多样的形式，确保教育的成效。要赋予优秀传统文化以时代感，用当代大学生喜闻乐见、易于接受的形式表现出来，结合网络化的大趋势，通过网络流行语言、新媒体手段诠释传统文化的精髓，增加吸引力、扩大覆盖面，达到寓教于乐的效果，从而推动优秀传统文化更好地传承、创新和发展。

(三) 坚持高等性与职业性相统一

正如孙毅颖《"高等性"和"职业性"二维视域下的高等职业教育质量评价》所言，"高等性"和"职业性"是高等职业教育的两个基本属性。高职教育是高等教育的重要组成部分，具有高等教育的基本特性，因此校园文化也具有高等性，传承中华优秀传统文化是其应有之义。但高职教育要培养的是高素质技术技能人才，其核心属性是职业性，校园文化建设要突出职业文化，融通企业文化。因此，在传统文化融入高职校园文化建设中要找准结合点，要将传统文化中蕴含的职业道德、工匠精神等理念融入校园，厚植学生的工匠精神，培养学生的职业精神，塑造学生的职业道德，逐步将学生培养成德才兼备的社会主义事业合格接班人。

三、把握"三个基点"，拓宽中华优秀传统文化融入高职校园文化的工作路径

(一) 把握立足点，发挥传统文化融入高职校园的育人功效

1. 立足课程育人主渠道

《完善中华优秀传统文化教育指导纲要》等文件明确要求传统文化要走进高校课堂。但大部分高职院校都侧重培养学生的专业知识和技能，却忽略了人文素养的培养。因此，高职院校有必要加强学生的人文教育，将传统

文化融入人才培养的全过程。要明确学分学时，培育师资力量，完善课程体系，健全考评机制，为传统文化教育提供切实保障。要将传统文化融入专业课程，在专业技术课程中，加入技术、技能的文化渊源、发展演变历史以及工匠精神等内容，让学生在专业教学中接受传统技艺文化的熏陶。同时，高职院校大多以本省生源为主，要大力挖掘地域传统文化资源，开发传统文化特色校本教材，让传统文化更具亲和力，让学生易于接受，产生共鸣。

可以邀请当地的非物质文化遗产传承人、知名手工艺者走进课堂，系统介绍传统工艺、传统习俗，并传授技能、技艺。同时，还要针对高职学生整体人文素质不高、学习自觉性不强等现实问题，积极转变教学方式，摒弃空洞的说教和填鸭式的教学，因材施教，提高吸引力，调动学生学习的主动性和积极性，增强学习的成效。

2. 立足思政育人主任务

习近平总书记在2013年全国宣传思想工作会议上指出，"意识形态工作是党的一项极端重要的工作""能否做好意识形态工作，事关党的前途命运，事关国家长治久安，事关民族凝聚力和向心力"。高职院校是意识形态教育的前沿阵地，要落实立德树人根本任务，充分发挥校园文化的育人功效。要将传统文化的厚重人文、深邃思想、核心要义等精髓作为大学生思想政治教育的重要资源，发挥传统文化道德规范、为人处事和价值导向层面的引领功能，充实思想政治教育的内容，丰富思想政治教育的途径，拓展思想政治教育的资源，彰显传统文化在塑造灵魂和培育人格中作用，实现传统文化内化于心、外化于行。

3. 立足环境育人主阵地

景观环境是校园文化内涵的外在表现。要通过高度凝练优秀传统文化元素，以物化的形式在校园环境建设中予以表达，以物言志。校园的整体规划理念，人文景观的设计，楼宇道路的命名，校风校训的提炼和解读，教学实训场所的布置，宿舍文化、楼道文化的装饰等，都可以是一种文化的表达和思想的传递，显示出独特的文化内涵。

要将传统文化名人、著名工匠等的生平事迹通过雕塑雕像、景观小品、主题文化园等形式在校园内予以生动的表达，塑造具有较高文化内涵的校园人文环境。要重点依托实训基地，从工具、工匠等方面展示技能、技术发展演变的过程，构建实训室传统文化氛围，培育学生的工匠精神。学生生活在其中，耳濡目染，潜移默化中便提升了人文素养，丰富了校园文化底蕴。

(二) 把握切入点，搭建传统文化融入高职校园的有效载体

1. 与主题活动相结合

优秀传统文化融入高职校园文化，最终都要通过各种活动载体来呈现。要精心设计和组织开展内容丰富、形式新颖、吸引力强的校园文化活动，把优秀传统文化渗透到校园文化活动之中，通过思想政治、学术科技、文娱体育等活动的开展，使大学生的思想得到熏陶、精神生活得到充实、道德境界得到升华。

一是根据高职校园文化活动开展的特点，做到人文性与技能性相统一。一方面，抓住中华民族传统节日契机，精心策划主题活动。每个传统节日都包含着特定的文化内涵和文化元素，展示着独特的文化风情和文化韵味。通过深入挖掘传统节日的历史价值和时代价值，开展学生喜闻乐见的体验式活动，让学生深刻感受传统节日的魅力。另一方面，突出技术技能，借鉴传统文化中的师徒理念，聘请非遗传承人、技能大师、民间艺人等走进校园，以讲座或担任实训教师的形式直接参与传统文化教学，传承民族工艺。

二是根据当代大学生的生活方式和思维特点，做到现实性与虚拟性相统一。通过线上的讲座、演讲、征文、经典诵读、知识竞赛、道德讲堂等活动，引导学生感受国学文化的魅力；通过孝信雅行教育活动、爱心教育活动、感恩教育活动、文明礼仪教育活动等，塑造学生的品行；通过武术、书法、剪纸、手工制作等进校园，以及传统文化艺术活动、社会公益活动的开展，提升学生的审美素养。同时，要紧扣互联网时代脉搏，及时占领QQ空间、微博、微信、网络直播等网络阵地，搭建学生互动交流平台，增强吸引力和聚合力，拓展传承优秀传统文化的空间和渠道。

2. 与社团建设相结合

《高校学生社团管理暂行办法》指出，高校学生社团的基本任务是：遵循和贯彻党的教育方针，坚持立德树人的基本导向，团结和凝聚广大同学，……繁荣校园文化，……促进同学成长成才。大学生社团是学生交流的重要平台，也是展示高校校园文化建设的重要载体。团委作为社团的主要管理部门，要大力支持中华传统文化类学生社团建设。诸如武术协会、国

学社、茶艺社、书法协会、琴棋书画协会、地方文化研究协会等与传统文化相关的社团要鼓励学生组建，做到每个社团有"指导教师、挂靠单位、特色活动、经费保障"，加大对社团的指导和扶持力度，引导社团开展纪念传统节日、文化讲座、文化展示、读书交流、知识竞赛等活动，让参与活动的社员学到知识、得到传统文化的洗礼，使之自觉成为传统文化的传播者和践行者。

3. 与社会实践相结合

高职学生的理论基础相对薄弱，但动手能力强，他们往往都有着强烈的参与社会实践的意愿。因此，可以通过引导高职学生参与社会实践，进一步传承中华优秀传统文化。可以通过整合、发掘地域文化资源，建设一批稳定、长效的传统文化教育实践基地，有计划地组织学生参观学习，提高学生对地方文化的认同感和归属感；可以组织学生体验地方民俗文化，学习传统手工技艺，推进非物质文化遗产的传承；可以开展服务社会的志愿服务活动，培养学生奉献精神；可以通过组织校际间的交流、考察以及研讨等，推动传统文化的传播。

（三）把握关键点，培育传统文化融入高职校园的特色品牌

1. 融入校本文化品牌建设

高职院校虽然大多办学历史不长，但都形成了自身的办学传统、办学理念、办学特色以及精神风貌，形成了自己独特的精神追求和价值取向。校园文化品牌培育首先要从学校发展历史中寻找依据，获得动力。只有尊重传统、尊重历史，植根校本文化的土壤，才能保存和延续自身的内在品质和独特个性，形成一脉相承的文化根基。

2. 融入管理文化品牌建设

制度是高职院校加强管理的重要手段和依据。良好的制度规范着师生的行为，维持着校园的教学、生活秩序，对学生起着积极的引导和示范作用。儒家文化倡导以人为本，这是高职院校"以生为本"理念的理论依据。平等、公正、严谨等思想内容，对制度设计提出了更高的要求，必须既强调规范约束，又重视对学生的人文关怀，实现制度的科学化、合理化、人文化。在具体工作中，既要加强管理，更要体现服务，主动了解学生、帮助学生、服务学生，一切为了学生，时刻把学生的需求放在第一位。

3. 培育时代文化品牌

习近平总书记在党的十九大报告中指出:"深入挖掘中华优秀传统文化蕴含的思想观念、人文精神、道德规范,结合时代要求继承创新,让中华文化展现出永久魅力和时代风采。"推动传统文化融入高职校园文化,就是要将传统文化的当代新表达作为校园文化建设的指导思想,发挥其价值引领作用。社会主义核心价值观是优秀传统文化的当代表达,应在高职校园文化中弘扬主旋律,大力开展社会主义、爱国主义、集体主义主题教育活动。同时,探索第一课堂与第二课堂的有机结合,推进新时代中国特色社会主义思想进教材、进课堂、进活动,引导学生树立正确的世界观、人生观、价值观,提升校园文化的思想引导力和精神凝聚力。

结 束 语

　　近年来，伴随着课程改革进程的逐步深入，教育理念、教学模式及教学方法发生了较大的变化，作为高职院校的文化课教师，应紧跟时代的步伐，通过多种教学措施调动学生们的学习积极性。但因为现今文化的多元化发展及对文学课程教学的忽视，造成目前高职院校在进行文学课程教学方面前景堪忧。作为高职院校文学课教师，应认识到文学课程教学的重要性，在教学过程中渗透教育理念，改革教育模式，提高教学质量，为学生们以后的学习及发展夯实基础。这就是本书研究课题展开的背景与所要研究的侧重方面。本书的核心思想表现在以下几个方面：

　　首先，要建立完善的课程结构体系。端正教育的基本思想和教学态度是开展教育文学课程教学工作的基础，在整个文学课程教学结构体系建设过程中要始终坚持以学生发展为中心的原则，要进行课程的合理设置，达到培养优秀人才的目的。此外，想要达到这个目的首先要做的就是要树立科学的教育观念，构建合理有效的课程结构，这样才能不断提升课程设计的质量，完善课程的整体结构。所以想要提升文学课程的教学质量，就是要改革过去的课程结构，要始终坚持以学生为本，将社会实际应用作为方向，结合学生自身的特征做好人才培养工作。

　　其次，要关注学生创新思维能力的培养。文学课程教学要求是让学生具备丰富的经典文学知识素养，但在文学课程教学过程中，教师不能只是简单地进行文化灌输，可以通过开展各种形式的教学媒介和方法调动学生的思维，培养学生的创新思维能力。教师要有鉴定教学创新的意识，进行思维的突破，开辟出更新颖的教育教学思路，在教学过程中做好做到不断探索和前进。

　　再次，采用可行性强的教学手段，提升课堂效率。在开展文学课程教学时，需要做到集合教学目的，科学合理地进行教学方式的选取，教学方式

结束语

并不能整个教学的重点，重点就是要如何运用这些有效的教学手段，很好地完成教学任务，教师要提升对学生语言技能的培养，让学生能够将所学的知识真正地运用到实践中去。教师也需要结合现阶段我国各类文学课程的基本特征来制定可行性高的教学方式，运用合理的教学手段，提升学生的学习兴趣，进而提升整个文学课堂教学效率。

最后，文学课程教学要完善教育理念。教育理念的完善是文学课程教学工作开展的关键。作为高职院校教师，应重视文学的价值，利用多种方法培养学生们的文学素养，让学生对教学产生兴趣，从而更主动地参与教学活动，提高教学质量，为学生们以后的学习及发展夯实基础。在文化素养提升上，重视文化传承，尤其是高度重视中华传统文化的价值，对学生职业发展和文化自信有着深远的意义。

总之，任何学科和教学方式都不是一成不变的，需要我们做好当下形势的分析工作，结合现有的教学策略，找到文学课程中存在的不足，并进行教学策略的探索，找到与时代发展相符合的、最适合学生发展的文学课程教学策略，进而推进我国教育事业的发展，让高职院校文学专业的学生能够在激烈的市场竞争中取胜。

由于时间仓促以及其他条件的限制，本书对文学课程教学和文化传承的研究还有诸多不足。这些都是笔者将在未来一段时间努力加以补充的内容。

参 考 文 献

[1] 高宝立.人文教育：高职院校不可忽视的责任——基于一项调查的分析与思考[J]. 职业技术，2007(11).

[2] 容英霖.略谈高职职业技术教育与人文教育之融合[J]. 职业教育研究，2009(03).

[3] 宋田田.论社会转型时期高职院校人文素质教育的新指向[J]. 东方企业文化，2013(08).

[4] 杨帆.高职学生人文素质状况的调查研究[J]. 佳木斯大学社会科学学报，2005(05).

[5] 朱建童，王珊珊.高职院校学生人文素质状况的调查研究[J]. 浙江青年专修学院学报，2004(06).

[6] 孙鸿.《中国古代文学》精品课程建设的多维立体构架[J]. 安康学院学报，2013(02).

[7] 沈德康.从"教材"到"原典"——论引导学生阅读原典的意义与方法[J]. 戏剧之家，2017(05).

[8] 梁珍明.基于素质培养的高职高专古代文学情境教学法研究[J]. 柳州师专学报，2015(03)

[9] 任佩佩.古代文学教学中运用情境教学法的必要性[J]. 教育，2016(07).

[10] 钟志强.情境式教学法在"中国古代文学"教学中的应用研究[J]. 南昌师范学院学报，2017(04).

[11] 周玉华.古代文学教学情景教学法[J]. 现代语文，2009(10).

[12] 吴桂美.古代文学课程教学方法改革探索[J]. 文学教育，2015(10).

[13] 陈思和.中国现当代文学名篇十五讲[M]. 北京：北京大学出版社，2003.

[14] 张爱玲.张爱玲文集[M].合肥：安徽文艺出版社，1992.

[15] 王先霈.文学文本细读讲演录[M].桂林：广西师范大学出版社，2006.

[16] 胡晓婷.文本细读引入高职现当代文学教学的方案研究[J].西部素质教育.2016(02).

[17] 张洋.高职中国现当代文学教学的审美能力[J].成才之路，2012.

[18] 成良臣.教育思考与探索[M].成都：四川大学出版社，2013.

[19] [苏]艾特玛托夫.对文学和艺术的思考[M].乌鲁木齐：新疆大学出版社，1987.

[20] 陈梦.论信息技术在外国文学教学中的运用[J].教育与职业，2006(12).

[21] 马粉英，等.关于网络时代外国文学经典教学的思考[J].沈阳教育学院学报，2011(04).

[22] 教育部.关于全面提高高等职业教育教学质量的若干意见(教高〔2006〕16号).

[23] 杨宗芬，栗延斌."人文素养：决定高职学生就业与企业可持续发展的基因"[J].鸡西大学学报，2009(06).

[24] 马丽君.论高职院校文学教育的沙漠化及其改变途径[J].哈尔滨职业技术学院学报，2013(03).

[25] 吴永红，常安群.高职院校文学欣赏公选课教学新探[J].九江职业技术学院学报，2014(01).

[26] 于永凤，王状，李棘，董铮，张钺.加强高等农业院校大学生人文素质教育的思考[J].沈阳农业大学学报(社会科学版)，2011(13).

[27] 万薇薇.试论高校《文学欣赏》课程教学的症结及对策[J].现代语文(中旬刊)，2012(01).

[28] 王宏杰，卢晶.高职文学欣赏课教学研究[J].戏剧之家，2014(09).

[29] 林崇德.培养和造就高素质的创造性人才[J].北京师范大学学报，1999(01).

[30] 薛燕华.中美教育比较及我国教育发展之思考[J].教育与职业，2008(06).

[31] 李玉琳，王南，张俊文. 高职院校创新性人才培养模式研究 [J]. 经济研究导刊，2013(02).

[32] [美] 露丝·本尼迪克特. 文化模式 [M]. 何锡章，等译. 北京：华夏出版社，1987.

[33] 封海清，张应强. 大学文化选择论略 [J]. 江苏高教，2006(07).

[34] 姚旭. 中华优秀传统文化在高职院校人才培养中的影响研究 [J]. 河南农业，2017(06).

[35] 刘雪静，任焕茹. 完善中华优秀传统文化教育在高职院校的探索与实践 [J]. 职教论坛，2016(08).

[36] 梁怀超. 高等职业院校德育视域中的传统文化教育 [J]. 中国职业技术教育，2011(12).

[37] 张喜德. 试论习近平的中国传统文化观 [J]. 中国延安干部学院学报，2016(09).

[38] 井琪. 弘扬和传承中华优秀传统文化内涵分析 [J]. 中国领导科学，2015(02).

[39] 李刚. 现阶段大学生中华优秀传统文化认同的困境及对策 [J]. 西北工业大学学报（社会科学版），2016(09).

[40] 马晓毅. 传统文化当代发展的困境及应对 [N]. 中国教育报，2017(06).